*Walter Schilling*

# Statik der Bodenkonstruktion von Schiffen (1925)

*Walter Schilling*

**Statik der Bodenkonstruktion von Schiffen (1925)**

*ISBN/EAN: 9783954270606*
*Erscheinungsjahr: 2012*
*Erscheinungsort: Bremen, Deutschland*

*© maritimepress in Europäischer Hochschulverlag GmbH & Co. KG, Fahrenheitstr. 1, 28359 Bremen. Alle Rechte beim Verlag und bei den jeweiligen Lizenzgebern.*

*www.maritimepress.de | office@maritimepress.de*

*Bei diesem Titel handelt es sich um den Nachdruck eines historischen, lange vergriffenen Buches. Da elektronische Druckvorlagen für diese Titel nicht existieren, musste auf alte Vorlagen zurückgegriffen werden. Hieraus zwangsläufig resultierende Qualitätsverluste bitten wir zu entschuldigen.*

*Walter Schilling*

# Statik der Bodenkonstruktion von Schiffen (1925)

# Statik der Bodenkonstruktion der Schiffe

Von

Dr.-Ing. Walter Schilling

Mit 64 Textabbildungen

Berlin
Verlag von Julius Springer
1925

# Vorwort.

Natur und Technik lehren, daß große, kontinuierlich belastete, ebene Flächen zweckmäßig durch ein Netzwerk von Trägern auszusteifen sind. Diese Erkenntnis hat sich der Schiffbau zu eigen gemacht, und ich bin der Ansicht, daß die aus Längs- und Querträgern gebildeten Trägernetze das Hauptmerkmal der Schiffskonstruktion darstellen und daß sich die Forschung mit den Festigkeitsverhältnissen des Schiffskörpers von diesem Gesichtspunkt aus zu befassen hat.

Die theoretische Behandlung dieser Trägernetze läßt sich insofern auf eine ganz besondere Grundlage stellen, als sich bei der normalen Schiffskonstruktion die Trägernetze durch den geringen Abstand der Querträger auszeichnen und sich daher die Gesamtheit der engstehenden Querträger als eine zusammenhängende elastische Unterlage auffassen läßt. Den Ausgangspunkt meiner Untersuchungen bildete ein graphisch-analytisches Verfahren, das zur Lösung einer Aufgabe, vor die mich die Praxis stellte, dienen mußte, das aber nur zur Untersuchung von Trägernetzen mit einem Längsträger (bzw. zwei bei symmetrischer Anordnung) ausreichte. Auf Anregung von Herrn Prof. Dr.-Ing. K. Pohl, Berlin, wandte ich mich einer rein analytischen Behandlung zu, die zu der hier wiedergegebenen Theorie von Trägernetzen mit beliebig vielen Längsträgern führte. Auf Grund dieser Theorie habe ich die statische Berechnung der Bodenkonstruktion gezeigt; der Anwendungsbereich ist aber keineswegs hierauf beschränkt, vielmehr läßt sich ebenso auch die Konstruktion der Seitenwände, der Decks, sowie der Längs- und Querschotte untersuchen. In meiner Praxis hatte ich mehrfach Gelegenheit, das Verfahren anzuwenden und zu verwerten. Ich würde es begrüßen, wenn das Buch zu weiteren Arbeiten auf diesem Gebiete Anregung geben könnte.

Die Veröffentlichung meiner Arbeit, die als Doktordissertation nur einem kleinen Kreise zugänglich war, wurde mir durch das Entgegenkommen der Verlagsbuchhandlung Julius Springer, Berlin, ermöglicht, die trotz der heutigen schwierigen finanziellen Verhältnisse das Risiko des Verlages auf sich nahm. Ich möchte nicht verfehlen, der Firma Springer hierfür sowie für die sorgfältige Ausgestaltung des Buches meinen besonderen Dank auszusprechen.

Erfurt, im Oktober 1925.

Dr.-Ing. Walter Schilling.

# Inhaltsverzeichnis.

                                          Seite

Einleitung . . . . . . . . . . . . . . . . . . . . . . . . . . . 1

I. Die statischen Verhältnisse der Bodenkonstruktion . . . . . . . 3

II. Statische Untersuchung der Bodenkonstruktion . . . . . . . . . 11

  1. Rahmenberechnung . . . . . . . . . . . . . . . . . . . . 11

  2. Zahlenbeispiel zur Untersuchung des Einflusses der Stockwerkzahl eines Rahmens auf das Einspannmoment des untersten Riegels . 18

     Zusammenstellung der Ergebnisse . . . . . . . . . . . . . . 22

  3. Allgemeine Theorie der Statik des der Bodenkonstruktion statisch gleichwertigen Trägernetzes . . . . . . . . . . . . . . . . . . 25

  4. Behandlung der wichtigsten Fälle der Belastung und Konstruktion des Schiffsbodens . . . . . . . . . . . . . . . . . . . . . . . 40

    A. Belastung durch Wasserdruck . . . . . . . . . . . . . 42

      $\alpha$) Bodenkonstruktion bestehend aus dem Mittelträger und $n$ Querträgern . . . . . . . . . . . . . . . . . . . . 42

        Bestimmmung der Integrationskonstanten 43. Endformeln für $y_I$, $M_I$, $Q_I$, $q_I$ 44. Maxima und Minima 50.

      $\beta$) Bodenkonstruktion bestehend aus dem Mittelträger, zwei symmetrisch zur Mitte gelegenen Seitenträgern und $n$ Querträgern . . . . . . . . . . . . . . . . . . . . . . . . . 54

        Bestimmung der Integrationskonstanten 56. Endformeln für $y$, $M$, $Q$, $q$ 59. Maxima und Minima 62.

      $\gamma$) Bodenkonstruktion bestehend aus dem Mittelträger, vier symmetrisch zur Mitte gelegenen Seitenträgern und $n$ Querträgern . . . . . . . . . . . . . . . . . . . . . . . . . 64

        Bestimmung der Integrationskonstanten 68. Endformeln für $y$, $M$, $Q$, $q$ 70. Maxima und Minima 70.

      $\delta$) Bodenkonstruktion bestehend aus dem Mittelträger, sechs symmetrisch zur Mitte gelegenen Seitenträgern und $n$ Querträgern . . . . . . . . . . . . . . . . . . . . . . . . . 70

    B. Belastung durch Einzellasten . . . . . . . . . . . . . 72

      $\alpha$) Bodenkonstruktion bestehend aus dem Mittelträger und $n$ Querträgern . . . . . . . . . . . . . . . . . . . . 72

        Grundfall: Einzellast an beliebiger Stelle des Mittelträgers 72. Bestimmung der Integrationskonstanten 72. Endformeln 77. Maxima und Minima 82.

        Sonderfall 1: Einzellast in der Mitte des Mittelträgers 84. Bestimmung der Integrationskonstanten 84. Endformeln 85. Maxima und Minima 88.

Sonderfall 2: Zwei gleiche Einzellasten symmetrisch zur Mitte des Mittelträgers 89. Bestimmung der Integrationskonstanten 89. Endformeln 92. Maxima und Minima 98.

$\beta$) Bodenkonstruktion bestehend aus dem Mittelträger, zwei symmetrisch zur Mitte gelegenen Seitenträgern und $n$ Querträgern . . . . . . . . . . . . . . . . . . . . . . 98

$\gamma$) Bodenkonstruktion bestehend aus dem Mittelträger, vier symmetrisch zur Mitte gelegenen Seitenträgern und $n$ Querträgern . . . . . . . . . . . . . . . . . . . . . . 101

C. Belastung durch den Stützdruck im Dock . . . . . . . . . 104

$\alpha$) Bodenkonstruktion bestehend aus dem Mittelträger und $n$ Querträgern . . . . . . . . . . . . . . . . . . . . 109
Bestimmung der Integrationskonstanten 109. Bestimmung von $t'$ 110.

$\beta$) Bodenkonstruktion bestehend aus dem Mittelträger, zwei symmetrisch zur Mitte gelegenen Seitenträgern und $n$ Querträgern . . . . . . . . . . . . . . . . . . . . . . 112
Bestimmung der Integrationskonstanten 113. Bestimmung von $t'$ 114.

$\gamma$) Bodenkonstruktion bestehend aus dem Mittelträger, vier symmetrisch zur Mitte gelegenen Seitenträgern und $n$ Querträgern . . . . . . . . . . . . . . . . . . . . . . 115
Bestimmung der Integrationskonstanten 118. Bestimmung von $t'$ 118.

**III. Zahlenbeispiele** . . . . . . . . . . . . . . . . . . . . . . . 120

Beispiel 1. Kleiner Frachtdampfer bei Wasserdruckbelastung . . . 122

Rahmenberechnung . . . . . . . . . . . . . . . . . . . . 124

Untersuchung I. Bodenkonstruktion bestehend aus dem Mittelträger und 26 Querträgern . . . . . . . . . . . . . . . 125
Bestimmung der Integrationskonstanten 126. Berechnung der elastischen Größen des Mittelträgers 126. Elastische Größen der am ungünstigsten beanspruchten Querträger 128.

Untersuchung II. Bodenkonstruktion bestehend aus dem Mittelträger, zwei symmetrisch zur Mitte gelegenen Seitenträgern und 26 Querträgern . . . . . . . . . . . . . . . . 129
Bestimmung der Integrationskonstanten 129. Berechnung der elastischen Größen der Längsträger 130. Elastische Größen der am ungünstigsten beanspruchten Querträger 130.

Untersuchung III. Bodenkonstruktion bestehend aus dem Mittelträger, den beiden Randplatten und 26 Querträgern . . . . 132
Bestimmung der Integrationskonstanten 132. Berechnung der elastischen Größen der Längsträger 133. Elastische Größen der am ungünstigsten beanspruchten Querträger 133.

Untersuchung IV. Bodenkonstruktion bestehend aus dem Mittelträger und 26 Querträgern, auf dem Mittelträger zwei symmetrisch zur Mitte angeordnete Raumstützen . . . . . . . 135
Bestimmung der Integrationskonstanten 136. Berechnung der elastischen Größen des Mittelträgers bei der Belastung

VI                    Inhaltsverzeichnis.

Seite

durch die Stützenkräfte 136. Übereinanderlagerung der elastischen Größen des Mittelträgers für Wasserdruck- und Stützenbelastung 137. Elastische Größen der am ungünstigsten beanspruchten Querträger 139.

Zusammenstellung der Ergebnisse . . . . . . . . . . . . . . 139

Beispiel 2. Fracht- und Fahrgastdampfer bei Wasserdruckbelastung . 143

    Rahmenberechnung . . . . . . . . . . . . . . . . . . . . . 146

    Berechnung der Längsträger . . . . . . . . . . . . . . . . . 147

        Bestimmung der Integrationskonstanten 147. 1. Wasserdruckbelastung 147. 2. Belastung durch die Stützenkräfte 148. Elastische Größen der Längsträger 149. 1. Elastische Größen der Längsträger bei Wasserdruckbelastung 150. 2. Elastische Größen der Längsträger bei Belastung durch die Stützenkräfte 153. 3. Elastische Größen der Längsträger bei gleichzeitiger Belastung durch Wasserdruck und Stützenkräfte 154.

        Elastische Größen der am ungünstigsten beanspruchten Querträger 157. 1. Wasserdruckbelastung 157. 2. Gleichzeitige Belastung durch den Wasserdruck und die Stützenkräfte 157.

    Zusammenstellung der Ergebnisse . . . . . . . . . . . . . . 158

Beispiel 3. Großer Fahrgastdampfer im Dock . . . . . . . . . . 165

    Aufstellung und Auflösung der Differentialgleichungen zur Berechnung des der Bodenkonstruktion statisch gleichwertigen Trägernetzes . . . . . . . . . . . . . . . . . . . . . . . . 168

        Bestimmung der Integrationskonstanten 172. Elastische Größen der Längsträger 173. Elastische Größen der am ungünstigsten beanspruchten Querträger 178.

    Zusammenstellung der Ergebnisse . . . . . . . . . . . . . . 179

**IV. Schlußbemerkungen** . . . . . . . . . . . . . . . . . . . . . . 183


### Druckfehlerverzeichnis.

S. 57, letzte Zeile statt $\mathfrak{Sin}\frac{\lambda_1}{2}$ lies $\mathfrak{Sin}\frac{\lambda_l}{2}$

S. 68, Gl. (163) „ $+[(B_5\cdot\ldots$ „ $+(B_5\cdot\ldots$

S. 111, Zeile 8 „ $\dfrac{\mu_l\cdot k'\cdot t'}{t+\mu_l\cdot k'}$ „ $\dfrac{\mu_l\cdot k'\cdot t'}{1+\mu_l\cdot k'}$

S. 129, „ 25 „ 4,1488 1/m „ 4,1488

                „ 14,2669 1/m „ 14,2669

S. 157, „ 27 „ Zahlungswerte lies Zahlenwerte

S. 171, „ 5 „ $\sigma_k^{(k-1)}$ lies $\sigma_k^{(k-1)}$

# Einleitung.

Die Spannungen in den Verbandsteilen eines Schiffes setzen sich fast immer aus mehreren Beiträgen zusammen. Diese Einzelspannungen rühren daher, daß die Verbandsteile mehrere Aufgaben zugleich zu erfüllen haben. So kann man z. B. bei der äußeren Bodenbeplattung folgende Wirkungs- und Beanspruchungsweisen unterscheiden:

1. Die Bodenbeplattung bildet einen Teil der unteren Gurtung des als gewöhnlichen Träger betrachteten Schiffes. Sie hat Normalspannungen aufzunehmen, die in bekannter Weise durch eine Längsfestigkeitsrechnung ermittelt werden.

2. Die Bodenplatten sind die unteren Gurtungen der Längs- und Querträger der Bodenkonstruktion. Infolge der Durchbiegung der Bodenfelder zwischen den Querschotten in der Längs- und Querrichtung werden diese Träger auf Biegung beansprucht.

3. Die Bodenplatten überdecken die durch die Bodenlängs- und -querträger gebildeten Felder und werden durch den Wasserdruck unmittelbar auf Biegung beansprucht.

Von diesen drei Beanspruchungsweisen ist die unter 2. gekennzeichnete bisher wenig beachtet worden und bedarf noch einer gründlichen Klärung. Das Ziel der folgenden Untersuchungen ist, für ein Bodenfeld zwischen zwei Querschotten das Zusammenwirken der Längs- und Querverbände bei verschiedenen Belastungen — das Kräftespiel, wie man auch sagt — aufzuklären und rechnerisch zu erfassen. Den Hauptteil dieser Arbeit bildet die Gewinnung theoretischer Ansätze für die Statik der Bodenkonstruktion. An mehreren praktischen Beispielen wird dann die Anwendung dieser Theorie auf bestimmte Konstruktionsfälle gezeigt; eine Kritik der verschiedenen Systeme der Bodenkonstruktion wird jedoch nicht damit verknüpft.

Die hier gestellte Aufgabe ist bisher kaum in Angriff genommen worden. In der Praxis begnügt man sich mit der Untersuchung der Beanspruchungsweisen 1 und 3 und auch in den zahlreichen theoretischen Arbeiten über Bodenfestigkeit werden meistens nur die

Probleme der reinen Längsfestigkeit und der dünnen wasserdruckbeanspruchten Platte als wesentlich angesehen. Soweit dem Verfasser aus der Literatur bekannt ist, haben nur Lienau[1]) und Pietzker[2]) die Festigkeitsverhältnsse eines Bodenfeldes zwischen zwei Querschotten behandelt. Lienau berechnet ein solches Bodenfeld als gewöhnliche Platte, die an den Schotten vollkommen eingespannt ist und an der Außenhaut frei aufliegt, und auch Pietzker schlägt eine ähnliche Rechnungsart vor. Beide Forscher gehen jedoch nicht darauf ein, in welcher Weise die Längs- und Querträger der Bodenkonstruktion zusammenwirken. Mit diesen Verhältnissen hat sich nach Wissen des Verfassers nur Prof. Dr. K. Pohl, an der Technischen Hochschule zu Berlin, befaßt, jedoch sind über diese vielversprechenden Arbeiten bisher keine Veröffentlichungen erschienen.

---

[1]) Lienau, O.: Materialspannungen in den Längsverbänden stählerner Handelsschiffe. Jahrb. Schiffbaut. Ges. 1913.

[2]) Pietzker, F.: Festigkeit der Schiffe, S. 76. Berlin 1911.

# I. Die statischen Verhältnisse der Bodenkonstruktion.

Die folgenden Untersuchungen beschränken sich auf die heute übliche, als normal zu bezeichnende Konstruktion des Bodens der Handelsschiffe, bestehend aus einer großen Anzahl von engstehenden Bodenwrangen, aus dem Mittelträger, mehreren symmetrisch zur Mitte angeordneten, durchlaufenden oder interkostalen Seitenträgern und den beiden Randplatten. Auf Sonderkonstruktionen, z. B. Isherwood-, Millar-, open-floor-System u. a., soll nicht eingegangen werden; sofern die im weiteren Verlauf der Untersuchung angegebenen Voraussetzungen für diese Konstruktionen zutreffen, läßt sich die hier dargelegte Theorie natürlich auch auf sie anwenden.

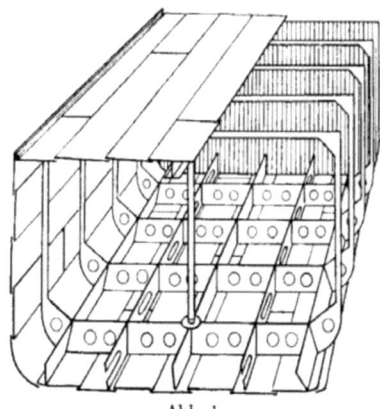

Abb. 1.

Ein Raum zwischen zwei Querschotten stellt im Prinzip einen Kasten dar, der durch Boden, Außenhaut, Querschotte und Deck begrenzt wird. Der Höhe nach kann dieser Kasten durch weitere Decks unterteilt sein. Die Querversteifungen sind ein- oder mehrstöckige Rahmen, die aus Bodenwrangen, Spanten und Deckbalken bestehen. In der Längsrichtung ist der Kasten durch die Längsträger des Bodens, die Seitenstringer und die Unterzüge der Decks versteift. Außerdem sind die Decks gegen den Boden und gegeneinander durch Raum- und Deckstützen abgestützt (Abb. 1).

Das Verhalten dieses Kastens unter einer Belastung ergibt sich aus dem Zusammenwirken aller seiner Verbände. Die statischen Verhältnisse einer einzelnen Gruppe dieser Verbände lassen sich daher nur unter Berücksichtigung der Einwirkung aller übrigen Verbände auf diese Gruppe erfassen. Jede Bodenuntersuchung ist also eng verbunden mit einer Untersuchung der gesamten Raumfestigkeitsverhältnisse.

Grundlegend für die im folgenden entwickelte Theorie der Statik der Bodenkonstruktion ist die Auffassung, daß das Verhalten des Bodens bzw. des ganzen Kastens auf dem Zusammenwirken der Längs- und Querträger beruht und die Beplattungen lediglich als Gurtungen dieser Träger anzusehen sind. Die Bodenkonstruktion wird somit einem Netz von rechtwinklig sich kreuzenden Trägern für statisch gleichwertig erachtet. Diese Anschauung deckt sich insoweit mit der Pietzkerschen Theorie[1]), als von der Beplattung nur ein Streifen von einer gewissen Breite beiderseits eines Trägers als tragender Verband angesehen wird. Bei der verhältnismäßig geringen Anzahl der Längsträger einer Bodenkonstruktion trägt allerdings diese Anschauung dem Zusammenhang der Konstruktion in der Längsrichtung nicht völlig Rechnung und sie stimmt auch deshalb nicht ganz mit der Wirklichkeit überein, weil die zusammenhängende Beplattung auch in diagonaler Richtung Widerstand gegen Formänderungen zu leisten und Spannungen aufzunehmen vermag[2]). Um aber das Problem einer mathematischen Behandlung zugänglich zu machen, muß man schon diese nicht allzu bedeutenden Abweichungen von der Wirklichkeit mit in Kauf nehmen. Bei derartig verwickelten Verhältnissen wie den vorliegenden muß man sich überhaupt begnügen, das Wesentliche des Vorgangs zu erfassen und eine erste Annäherung zu geben. Man muß alle unwesentlichen Einflüsse vernachlässigen, wenn man zu einigermaßen einfachen und praktisch verwertbaren Ergebnissen gelangen will.

Trennt man den Boden durch einen Horizontalschnitt von dem Kasten ab, so treten an den Trennungsstellen Kräfte und Momente auf; diese bisher inneren statisch unbestimmten Größen werden durch das Abtrennen des Bodens nunmehr zu äußeren, und zwar für Boden und Kasten. Nach ihrer Ermittlung hat man sich nur mit dem Boden selbst zu befassen. Dieser wiederum ist innerlich statisch unbestimmt; man erhält die inneren statisch unbestimmten Größen durch Zerlegen der Bodenkonstruktion in ihre Längs- und Querträger.

Es ist zunächst Klarheit über die äußere statische Unbestimmtheit der Bodenkonstruktion zu schaffen. Ersetzt man die Bodenkonstruktion durch das statisch gleichwertige Trägernetz, so treten an den Verbindungsstellen der Längsträger mit den Querschotten

---

[1]) Pietzker, F.: Festigkeit der Schiffe, Berlin 1911.

[2]) Danusso H. u. H. v. Bronneck: Beitrag zur Berechnung der kreuzweise bewehrten Eisenbetonplatten und deren Aufnahmeträger, Berlin 1913.

sowie der Querträger mit der Außenhaut und an den Fußpunkten der Raumstützen statisch unbestimmte Kräfte und Momente auf. Querschotte und Außenhaut kann man nun, da sie Träger von sehr großer Steghöhe sind, als starr in der Vertikalrichtung annehmen, so daß sie für das Trägernetz der Bodenkonstruktion feste Auflager bilden. Da ferner die Raumstützen als Pendelstützen anzusehen sind, kann die Berechnung des Trägernetzes selbst erfolgen, wenn die Einspannmomente der Längs- und Querträger[1]) und die Vertikalkräfte in den Raumstützen bekannt sind.

Eine exakte Bestimmung der Einspannmomente der Längsträger ist nicht möglich, ohne die Bodenuntersuchung über die ganze Länge des Schiffes oder mindestens über die beiden Nachbarräume auszudehnen. Ein einzelner Längsträger stellt, über die ganze Schiffslänge hin, einen über festen Stützen, den Querschotten, durchlaufenden Träger mit elastischer Zwischenstützung durch die Bodenwrangen dar (Abb. 2).

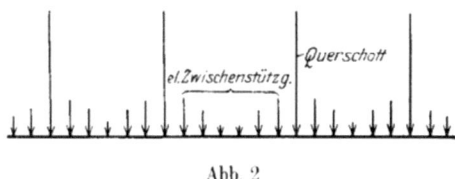

Abb. 2

Die Berechnung eines solchen Trägers bzw. mehrerer im Zusammenwirken mit den Querträgern dürfte praktisch kaum durchführbar sein, da schon die vorliegende Untersuchung eines Trägernetzes zwischen zwei Querschotten zu umfangreichen und verwickelten Rechnungen führt. Es muß daher von einer Bestimmung der Einspannmomente abgesehen werden. Man kann sich so helfen, daß man die Berechnung des Trägernetzes für frei aufliegende und für vollkommen eingespannte Längsträger vornimmt. Auf diese Weise wird wenigstens der Bereich, in dem sich die wirklichen Verhältnisse abspielen, abgegrenzt. Bisweilen kommt die Einspannung der Längsträger einer vollkommenen sehr nahe; z. B. ist das der Fall bei den Schiffen der Imperatorklasse, deren mittlere Räume (Kesselräume) völlig gleich hinsichtlich der Schottentfernung, der elastischen Zwischenstützung und der Außen- und Innenbelastung sind.

Die Einspannmomente der Querträger lassen sich durch eine Rahmenberechnung ermitteln. Zerlegt man die Außenhaut und die

---

[1]) Die an den Trägerenden auftretenden Horizontalkräfte sind für das Trägernetz ohne Bedeutung, da — wie allgemein üblich — Formänderungen infolge von Längskräften vernachlässigt werden. Diese Horizontalkräfte sind selbstverständlich bei der Berechnung der Einspannmomente mit anzusetzen.

Deckbeplattung ebenso wie die Bodenbeplattung in Streifen und rechnet diese als Gurtungen zu den betreffenden Trägern, so bilden die Bodenwrangen mit den Spanten und Deckbalken Stockwerkrahmen, aus deren Berechnung sich die Einspannmomente der Bodenwrangen bzw. -querträger ergeben. Diese Rechnung wird dadurch erschwert, daß die Stockwerkrahmen für sich mehrfach statisch unbestimmte Systeme sind. Da die Rahmen durch die Längsverbände des Kastens miteinander zusammenhängen, so beeinflussen diese Längsverbände die Einspannmomente der Bodenquerträger. Von diesen Längsverbänden sollen zur Vereinfachung alle nicht zum Boden gehörenden vernachlässigt werden, da ihr Einfluß gering ist. Außenhaut und Deckbeplattung sind, soweit sie nicht durch Längsträger unterstützt sind, nur schwache Träger, die den Rahmenteilen keine nennenswerte Unterstützung bieten. Ebenso ist der Widerstand der Seitenstringer von geringem Einfluß auf das Einspannmoment der Bodenquerträger, da dieser Widerstand bei langen Trägern mit kleinem Trägheitsmoment unbedeutend ist, wie sich mit Hilfe der späteren Ergebnisse über das Zusammenwirken von Längs- und Querträgern auch rechnerisch nachweisen läßt. Über den Einfluß der Unterzüge wird an späterer Stelle gesprochen. Schließlich kann man auch die Ausschnitte in den Decks außer Betracht lassen, da der durch Außenhaut und Süll als Gurtungen und Deckstringer und -beplattung als Steg gebildete Träger als starr angesehen werden kann, so daß keine Verschiebungen der oberen Rahmenecken eintreten. Es können also sämtliche Rahmen als allseitig geschlossen berechnet werden.

Die dritte Gruppe der äußeren statisch unbestimmten Größen stellen die in den Raumstützen hervorgerufenen Vertikalkräfte dar. Da die Stützen je zwei Trägernetze miteinander verbinden, so erfordert die Ermittlung der Stützenkräfte für jedes Deck eine ähnliche Untersuchung wie für den Boden. Daß man darauf — aus denselben Gründen wie oben — verzichten muß, dürfte ohne weiteres einleuchten. Es sollen daher die Stützenkräfte nicht als statisch unbestimmte, sondern als bekannte Kräfte angesetzt werden. Sie lassen sich z. B. aus den durch die Stützen mutmaßlich übertragenen Deckslasten errechnen.

Alle diese Vereinfachungen sind nur für eine Bodenuntersuchung zulässig, da der Einfluß der vernachlässigten Größen auf den Boden unwesentlich ist. Bei einer Untersuchung der gesamten Raumfestigkeitsverhältnisse dürfte man hingegen nicht in dieser Weise vorgehen.

Nach Bestimmung der äußeren statisch unbestimmten Größen ist die Bodenkonstruktion bzw. das ihr statisch gleichwertige Trägernetz wie ein selbständiges Tragwerk zu behandeln. Zerlegt man sie in die einzelnen Längs- und Querträger, so treten an den Knotenpunkten die inneren statisch unbestimmten Größen in Erscheinung. Bei einem mathematischen Trägernetz — das ist ein Trägernetz, bei dem die Höhe der Träger unendlich klein ist — ergeben sich als statisch unbestimmte Größen nur Vertikalkräfte. Das ist auch bei einem wirklichen Trägernetz der Fall, wenn die Höhe der Träger hinreichend, d. h. im Verhältnis zur Trägerlänge, klein ist.

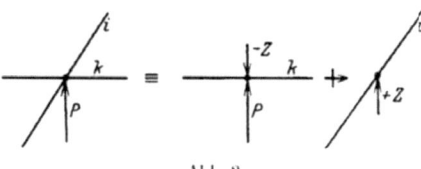

Abb. 3.

Die Skizze (Abb. 3) stellt den Knotenpunkt $k\,i$ des Trägernetzes dar. In ihm wirke eine Last $P$. Führt man die Zerlegung in Längs- und Querträger durch und bezeichnet die statisch unbestimmte Vertikalkraft mit $Z$, so ist z. B. der Längsträger $k$ durch $P-Z$ und der Querträger $i$ durch $Z$ belastet (oder umgekehrt). $Z$ ist also der Anteil der Last $P$, der von dem Querträger aufgenommen wird, und tritt entsprechend seiner Bedeutung als innerer Kraft an beiden Trägern mit entgegengesetzten Vorzeichen auf. Bei einem Trägernetz, das der Bodenkonstruktion eines Schiffes statisch gleichwertig sein soll, ist nun die Trägerhöhe im Verhältnis zur Trägerlänge nicht mehr klein. Z. B. ist für den Mittelträger eines Schiffes der Imperatorklasse das Verhältnis 1,8 : 22,8. Zerlegt man ein solches Trägernetz, so hat man außer der Vertikalkraft $Z$ an jedem Knotenpunkt für den Längsträger und den Querträger je ein statisch unbestimmtes Moment, $M_k$ und $M_i$, einzuführen. Bei der Durchbiegung des Trägernetzes erfahren nämlich die fest miteinander verbundenen Träger Verdrehungen um ihre Längsachse (Abb. 4). Am Knotenpunkt $k\,i$ wird der Querträger $i$ um einen Winkel verdreht, der gleich dem Tangentenwinkel der elastischen Linie des Längsträgers $k$ an dieser Stelle ist; dadurch wird das Moment $M_i$ erzeugt, das dieser Verdrehung entgegenwirkt, also die Durchbiegung des Längsträgers zu vermindern sucht. Entsprechend ist die Wirkung des durch die Verdrehung des Längsträgers hervorgerufenen Momentes $M_k$.

Die Längs- und Querträger, die ursprünglich in Ebenen ∥ zur Außenhaut und zu den Querschotten lagen, werden also bei der Durchbiegung des Trägernetzes aus diesen Ebenen herausgedreht. Voraussetzung ist, daß die Verbindung der Träger an den Knoten-

8 Die statischen Verhältnisse der Bodenkonstruktion.

punkten derart vollkommen ist, daß sich die dort zusammenstoßenden Träger gegeneinander weder verschieben noch verdrehen können. Ferner wird vorausgesetzt, daß die Querschnitte der Träger bei der Formänderung eben bleiben. Nur dann ergeben sich die Formänderungen der Längs- und Querträger so, wie sie in Abb. 4 gezeichnet sind.

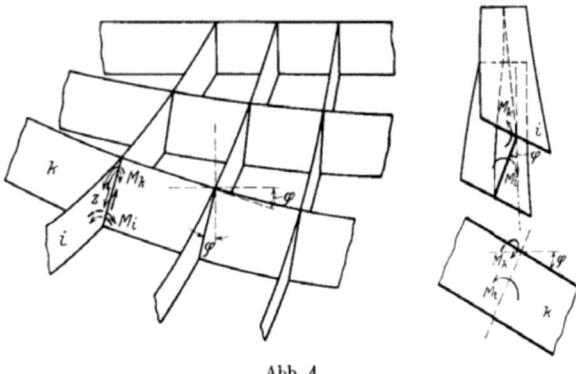

Abb. 4.

Die Einführung der Momente $M_k$ und $M_i$ verursacht eine außerordentliche Erschwerung der Rechnung. Bei der großen Höhe der Träger ist es jedoch nicht ohne weiteres statthaft, diese Momente zu vernachlässigen. Es soll daher an einer kurzen Zahlenrechnung die Größenordnung von $M_k$ und $M_i$ festgestellt werden:

Aus dem 2. Beispiel der Bodenuntersuchungen (S. 143 ff.) ergibt sich der Tangentenwinkel am Ende des frei aufliegenden Mittelträgers bei alleiniger Belastung durch Wasserdruck zu

$$\varphi = 0{,}008 \, .$$

Dieser Winkel ist das Maximum aller Tangentenwinkel und damit aller Verdrehungswinkel in dem 2. Beispiel. Nach Föppl[1]) besteht zwischen dem Verdrehungswinkel eines Walzeisenträgers und dem Drehmoment die Beziehung

$$\varphi = \frac{M \cdot l}{\frac{1}{3} \Sigma a^3 b} \cdot \frac{1}{G} \, ,$$

worin
  $M$ das Drehmoment,
  $l$ die Länge des Trägers,
  $\frac{1}{3}\Sigma a^3 b$ den Drillungswiderstand des Querschnitts,
  $G$ den Schubelastizitätsmodul ($= 830\,000$ kg/cm² für Flußeisen)

---

[1]) Föppl A.: Vorlesungen über Technische Mechanik, Bd. III, S. 436. 9. Aufl., Leipzig-Berlin 1922.

bedeutet. In dem Ausdruck für den Drillungswiderstand sind $a$ und $b$ die Seiten der Rechtecke, aus denen sich der Querschnitt zusammensetzt, und zwar ist $a$ immer die kleinere Seite. Für einen Querträger nach Beispiel 2 errechnet sich der Drillungswiderstand für einen mittleren Querschnitt, unter Vernachlässigung der Erleichterungslöcher und der Längswinkel, zu

$$\tfrac{1}{3}\Sigma a^3 b = \tfrac{1}{3}[120{,}0 \cdot 1{,}15^3 + 79{,}0 \cdot 1{,}75^3 + 52{,}0 \cdot 1{,}15^3] = 228 \text{ cm}^4.$$

Für den maximalen Verdrehungswinkel $\varphi = 0{,}008$ findet man das Drehmoment $M_i$ des Querträgers für die halbe Trägerlänge (d. h. von der Außenhaut bis zum Mittelträger), $l = 10{,}0$ m, zu

$$M_i = \frac{228 \cdot 830\,000}{10{,}0 \cdot 10^2} \cdot 0{,}008 = 1514 \text{ cmkg}.$$

Für die andere Querträgerhälfte ergibt sich dasselbe Moment, so daß das gesamte auf den Mittelträger übertragene Moment gleich 3028 cmkg oder 0,03028 mt ist.

Beachtet man, daß die Biegungsmomente aus der Wasserdruckbelastung am Mittelträger von 0 bis 370 mt schwanken, so ist es ohne weiteres zulässig, diese kleinen Momente, die von der Verdrehung der Querträger herrühren, zu vernachlässigen. Dasselbe gilt natürlich auch für die Momente infolge der Verdrehung der Längsträger.

Das praktische Ergebnis dieser Rechnung ist, daß man auch ein Netz von Trägern großer Höhe wie die Bodenkonstruktion als ein mathematisches behandeln kann; man braucht unter dem Trägernetz nur das aus den neutralen Fasern der Träger gebildete Netz zu verstehen. Wird im folgenden von dem der Bodenkonstruktion statisch gleichwertigen Trägernetz gesprochen, so ist stets das aus den neutralen Fasern gebildete Netz gemeint. Als statisch unbestimmte Größen sind nur die an den Knotenpunkten von den Längsträgern auf die Querträger übertragenen Kräfte $Z$ zu berechnen. Ist die Gesamtheit aller $Z$ bekannt, so ist damit die lastverteilende Wirkung eines Trägernetzes vollständig erklärt. Die Hauptaufgabe dieser Arbeit ist es, die Kräfte $Z$ zu ermitteln.

Die obigen Darlegungen zeigen, daß trotz der verschiedenen vereinfachenden Annahmen die Bodenkonstruktion eines Schiffes ein hochgradig statisch unbestimmtes System darstellt. Zwar ist die Zahl der äußeren statisch unbestimmten Größen bei völliger Gleichheit sämtlicher Querrahmen nicht übermäßig groß; sie hängt nur von der Stockwerkzahl dieser Rahmen ab. Jedoch ist die Zahl der inneren statisch unbestimmten Größen sehr bedeutend, da die $Z$ an jedem Knotenpunkt auftreten; sie ist auch dann noch beträchtlich, wenn durch Ausnutzung der Symmetrie der Konstruktion die Anzahl der unbekannten $Z$ nahezu auf die Hälfte vermindert wird.

Die statische Untersuchung beginnt mit der Ermittlung der äußeren statisch unbestimmten Größen, die übrigens nicht unabängig von den inneren sind und daher nur als Funktionen dieser ausgedrückt werden können. Daran schließt sich die eigentliche Untersuchung des der Bodenkonstruktion gleichwertigen Trägernetzes, die zur Bestimmung der inneren statisch unbestimmten Kräfte $Z$ führt. Die zur Errechnung der Unbekannten erforderlichen Elastizitätsgleichungen kann man auf dreierlei Weise gewinnen, und zwar entweder auf Grund des Satzes vom Minimum der Formänderungsarbeit (Castigliano) oder auf Grund des Prinzipes der virtuellen Arbeiten oder schließlich mit Hilfe des sogenannten Formänderungsansatzes, bei dem die Formänderungen selbst angesetzt werden. In den folgenden Untersuchungen wird ausschließlich das letztere Verfahren zur Anwendung kommen.

# II. Statische Untersuchung der Bodenkonstruktion.

Es seien zunächst einige allgemeine Bemerkungen und Festsetzungen vorausgeschickt.

1. Die Untersuchungen erstrecken sich nur auf mittlere Schiffsräume, d. h. auf solche Räume, die rechtwinklige Parallelepipeda darstellen.

2. Es wird vollkommene Symmetrie der Konstruktion und der Belastung zur Mittschiffsebene vorausgesetzt.

3. Sämtliche Querrahmen haben gleichen Abstand voneinander. Die Abmessungen und Trägheitsmomente der Konstruktionsglieder in den einzelnen Rahmen sind gleich; d. h. der betreffende Raum ist in der Querrichtung durch ein System von gleichen Stockwerkrahmen versteift. Der Einfluß von etwa vorhandenen Rahmenspanten wird nicht berücksichtigt.

4. Die Trägheitsmomente der einzelnen Träger sind über die ganze Trägerlänge konstant.

5. Alle Träger, besonders aber die hohen Träger der Bodenkonstruktion, müssen ihrer Höhe nach knicksicher ausgesteift sein. Die Längs- und Querträger müssen an den Knotenpunkten unverschiebbar miteinander verbunden sein.

6. Betreffs der Vorzeichen soll folgendes festgesetzt werden:

Momente gelten als positiv, wenn sie an einem Träger Durchbiegungen hervorrufen, deren Krümmungsmittelpunkt außerhalb des Rahmens liegt, zu dem der Träger gehört. (Abb. 5.) An der Innenseite eines im positiven Sinne gebogenen Trägers herrscht Zug, an der Außenseite Druck.

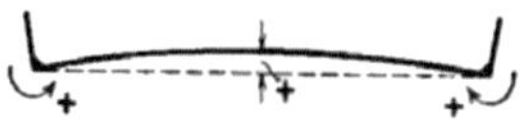

Abb. 5.

Aus dieser Festsetzung ergeben sich die Vorzeichen der übrigen Größen von selbst.

7. Formänderungen infolge von Längs- und Querkräften werden, wie es im Bauingenieurwesen allgemein üblich ist, vernachlässigt.

## 1. Rahmenberechnung.

Es handelt sich nun darum, die auf die Bodenkonstruktion bzw. das Trägernetz wirkenden äußeren statisch unbestimmten Größen zu ermitteln. Da für die Längsträger festgesetzt ist, daß die Untersuchung für freie Auflagerung und für vollkommene Einspannung durchgeführt werden soll, hat hier nur die Bestimmung der Einspannmomente der Querträger aus einer Rahmenberechnung zu erfolgen.

Um den mehrstöckigen Schiffsrahmen mit möglichst einfachen Mitteln rechnerisch erfassen zu können, ist es erforderlich, ihn in gewisser Weise zu idealisieren. Dieses erscheint schon aus dem Grunde ratsam, weil die Rahmenberechnung keineswegs die Hauptaufgabe dieser Arbeit ist.

Die Skizzen (Abb. 6) zeigen, wie diese Idealisierung gedacht ist. Die Decksbucht ist vernachlässigt, ebenso die Aufkimmung des Bodens und die abgerundete Kimm. Der unterste Riegel des idealisierten Rahmens liegt in Höhe der Schwerpunktsachse eines mittleren Bodenwrangenquerschnittes, und zwar mit Rücksicht auf die große Höhe der Bodenwrange. Da diese Höhe bei den größten Schiffen 1,8 m erreicht, ist es nicht gerechtfertigt, den Rahmen auf Unterkante Bodenwrange zu rechnen. Wie hierbei die Druckhöhe der Wasserdruckbelastung zu bewerten ist, wird an dem nachfolgenden Beispiel gezeigt werden. Spanten und Deckbalken werden jedoch auf Mallkante Spant bzw. Balken gerechnet, da ihre Profilhöhe im Verhältnis zu den Rahmenabmessungen gering ist. Diese Idealisierungen ergeben für das Einspannmoment des untersten Riegels nur unbedeutende Abweichungen von der Wirklichkeit.

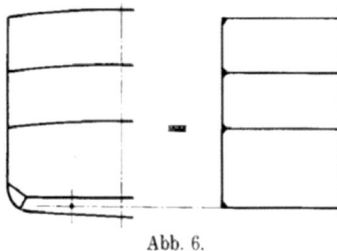

Abb. 6.

Zwar ist es möglich, auch den tatsächlichen Schiffsrahmen exakt zu berechnen, aber diese Methoden sind nicht für eine kombinierte Untersuchung von Querrahmen und Längsträgern geeignet.

Für den idealisierten symmetrischen Stockwerkrahmen mit beliebiger Felderzahl $m$, der einer beliebigen, aber symmetrischen Belastung unterworfen ist, soll nun das Einspannmoment des untersten Riegels ermittelt werden. Auf die von den Bodenlängsträgern auf diesen Riegel übertragenen statisch unbestimmten Kräfte $Z$ braucht hier keine Rücksicht genommen zu werden; denn für den Rahmen sind diese $Z$ äußere Kräfte und werden wie jede andere Belastung behandelt.

Von den zahlreichen Methoden der Rahmenberechnung scheint dem Verfasser die von Fritsche[1]) am einfachsten und übersicht-

---

[1]) Fritsche, Jos.: Die Berechnung des symmetrischen Stockwerkrahmens mit geneigten und lotrechten Ständern mit Hilfe von Differenzengleichungen. Berlin: Julius Springer 1923.

lichsten. Fritsche stellt die zur Bestimmung der statisch unbestimmten Größen erforderlichen Elastizitätsgleichungen mit Hilfe der Tangentenwinkel auf. Einen ähnlichen Weg schlagen auch Gehler[1]) und Spiegel[2]) ein. Die Methode von Fritsche wird hier vollständig und mit geringen Abweichungen wiedergegeben, da seine Arbeit im Schiffbau wenig bekannt ist.

Ein symmetrischer Stockwerkrahmen mit symmetrischer Belastung, dessen Felderzahl $m$ beträgt, ist $2m$-fach statisch unbestimmt. Zerlegt man den Stockwerkrahmen, wie die Abb. 7 zeigt, so erhält man $m+1$ übereinandergestellte, rahmenartig geformte, frei aufliegende Träger, von denen der oberste zu einem einfachen Träger zusammenschrumpft. An jeder Schnittstelle ergeben sich zwei statisch unbestimmte Größen, ein Moment $X_\nu$, das Pfostenfußmoment, und eine Horizontalkraft $H_\nu$, an deren Stelle man das durch sie in den Pfostenköpfen erzeugte Moment $Y_\nu = H_\nu \cdot h_\nu$ einführen kann.

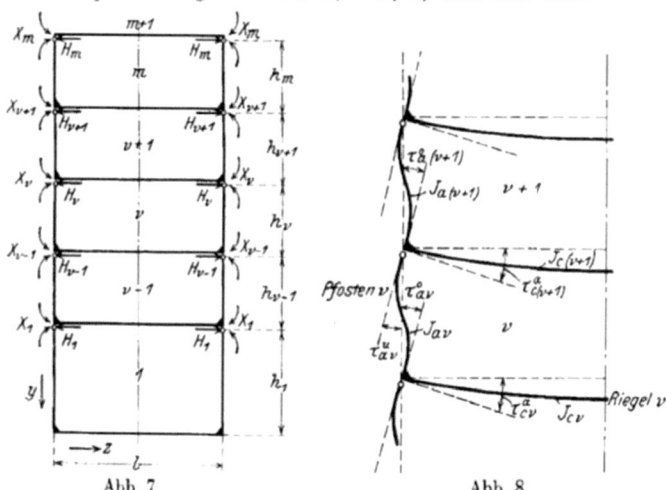

Abb. 7.  Abb. 8.

Die zur Bestimmung der $2m$ statisch unbestimmten Größen erforderlichen Elastizitätsgleichungen gewinnt man mit Hilfe der Tangentenwinkel, worunter die Winkel zu verstehen sind, die die Endtangenten der elastischen Linie des Trägers mit der ursprünglichen geraden Trägerachse einschließen.

Es bedeute nun

$\tau_{c\nu}^{a}$ den Tangentenwinkel des $\nu$-ten Riegels am Pfosten $a$;

$\tau_{a\nu}^{o}$ den Tangentenwinkel des $\nu$-ten Pfostens $a$ am oberen Ende, d. h. am Pfostenkopf;

---
[1]) Gehler, W.: Der Rahmen. 2. Aufl. Berlin 1919.
[2]) Spiegel, G.: Mehrteilige Rahmen. Berlin: Julius Springer 1920.

$\tau_{a\nu}^u$ den Tangentenwinkel des $\nu$-ten Pfostens $a$ am unteren Ende, d. h. am Pfostenfuß;

$J_{c\nu}$ das Trägheitsmoment des $\nu$-ten Riegels $c$;

$J_{a\nu}$ das Trägheitsmoment des $\nu$-ten Pfostens $a$.

Für jedes Feld eines Stockwerkrahmens lassen sich nun zwei Bedingungen anschreiben:

1. Die allgemeine Rahmenbedingung oder die Bedingung für die Erhaltung der steifen Ecken lautet für den symmetrischen Rahmen mit symmetrischer Belastung (Abb. 8)

$$\tau_{a\nu}^o + \tau_{c\nu}^a = 0$$

oder $\qquad 2(\tau_{a\nu}^o + \tau_{c\nu}^a) = 0.$ \hfill (1)

2. Die Kontinuitätsbedingung sagt aus, daß die Pfosten zweier aufeinanderfolgenden Stockwerke an der Schnittstelle eine gemeinsame Tangente haben müssen; d. h.

$$\tau_{a\nu}^u + \tau_{a(\nu+1)}^o = 0.$$

Addiert man hierzu $\tau_{c(\nu+1)}^a - \tau_{c(\nu+1)}^a = 0$ und setzt auf Grund der Bedingung (1) $\quad \tau_{a(\nu+1)}^o + \tau_{c(\nu+1)}^a = \tau_{a\nu}^o + \tau_{c\nu}^a,$

so ergibt sich $\quad \tau_{a\nu}^u + \tau_{a\nu}^o + \tau_{c\nu}^a - \tau_{c(\nu+1)}^a = 0.$ \hfill (2)

Drückt man die Tangentenwinkel durch die Momente aus, so erhält man für jedes Stockwerk zwei Gleichungen zur Bestimmung der statisch unbestimmten Größen $X_\nu$ und $Y_\nu$.

Nach Mohr ist der Tangentenwinkel am Ende eines frei aufliegenden Trägers gleich dem Auflagerdruck eines mit $\dfrac{M}{EJ}$ belasteten frei aufliegenden Trägers gleicher Stützweite.

Die Belastung des Stockwerkrahmens ist beliebig, aber symmetrisch zur Mittelachse; sämtliche Pfosten und Riegel sind belastet. Die folgenden Momentenbilder (Abb. 9) sind für Wasserdruckbelastung gezeichnet, da diese einen derartig allgemeinen Fall darstellt.

Auf Grund dieser Momentenbilder für die Einzelzustände $X_\nu = -1$, $Y_\nu = +1$, $X_{\nu-1} = +1$, Belastung des Bodens und Belastung der Pfosten lassen sich die Bedingungsgleichungen (1) und (2) leicht in Momentengleichungen umformen, wenn man jeden Rahmenteil als durch die Momentenfläche belasteten frei aufliegenden Träger auffaßt und die Tangentenwinkel nach dem angeführten Mohrschen Satz ermittelt.

Bezeichnet man mit

$\lambda_\nu = \dfrac{l}{J_{c\nu}}$ das Nachgiebigkeitsverhältnis des $\nu$-ten Riegels,

$\gamma_\nu = \dfrac{h_\nu}{J_{a\nu}}$ „ „ „ „ Pfostens,

$\Phi_{c\nu} = \int\limits_0^l M_{c\nu}\,dz$ den Inhalt der Momentenfläche des $\nu$-ten Riegels,

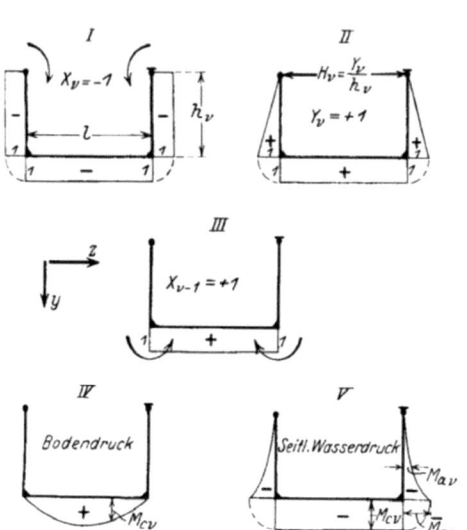

Abb. 9.

wobei $M_{c\nu}$ das Moment aus der Belastung im statisch bestimmten Hauptsystem ist,

$\Psi_{a\nu} = \int\limits_0^{h_\nu} M_{a\nu}\,y\,dy$ das statische Moment der Momentenfläche des $\nu$-ten Pfostens bezogen auf den Pfostenfuß, hierbei ist $M_{a\nu}$ das Moment aus der Belastung im statisch bestimmten Hauptsystem,

so ergibt sich

$$2\,\tau_{a\nu}^o \cdot E = -X_\nu \cdot \gamma_\nu + \dfrac{2}{3}\,Y_\nu \cdot \gamma_\nu - 2\,\Psi_{a\nu} \cdot \dfrac{\gamma_\nu}{h_\nu^2},$$

$$2\,\tau_{c\nu}^a \cdot E = -X_\nu \cdot \lambda_\nu + X_{\nu-1} \cdot \lambda_\nu + Y_\nu \cdot \lambda_\nu + \Phi_{c\nu} \cdot \dfrac{\lambda_\nu}{l}.$$

Setzt man diese beiden Ausdrücke in die Bedingungsgleichung (1) ein, so erhält man

$$-X_\nu(\lambda_\nu+\gamma_\nu) + X_{\nu-1}\cdot\lambda_\nu + Y_\nu\left(\lambda_\nu+\dfrac{2}{3}\gamma_\nu\right) = -\Phi_{c\nu}\cdot\dfrac{\lambda_\nu}{l} + 2\,\Psi_{a\nu}\cdot\dfrac{\gamma_\nu}{h_\nu^2}. \quad (3)$$

Für das Glied $\tau^o_{a\nu} + \tau^u_{a\nu}$ in der Kontinuitätsbedingung (2) findet man aus den Momentenbildern:

$$2E(\tau^o_{a\nu} + \tau^u_{a\nu}) = \gamma_\nu \cdot Y_\nu - 2\gamma_\nu \cdot X_\nu - 2\Phi_{a\nu} \cdot \frac{\gamma_\nu}{h_\nu},$$

worin $\Phi_{a\nu} = \int\limits_0^{h_\nu} M_{a\nu} \, dy$ der Inhalt der Momentenfläche des $\nu$-ten Pfostens ist.

Nach Einsetzen der Ausdrücke für $\tau^o_{a\nu} + \tau^u_{a\nu}$, $\tau^a_{c\nu}$ und $\tau^a_{c(\nu-1)}$ nimmt die Kontinuitätsbedingung (2) folgende Form an:

$$X_{\nu+1} \cdot \lambda_{\nu+1} - X_\nu[\lambda_{\nu+1} + \lambda_\nu + 2\gamma_\nu] + X_{\nu-1} \cdot \lambda_\nu - Y_{\nu+1} \cdot \lambda_{\nu+1}$$
$$+ Y_\nu[\lambda_\nu + \gamma_\nu] = \Phi_{c(\nu+1)} \cdot \frac{\lambda_{\nu+1}}{l} - \Phi_{c\nu} \cdot \frac{\lambda_\nu}{l} + 2\Phi_{a\nu} \cdot \frac{\gamma_\nu}{h_\nu}. \quad (4)$$

Der Elastizitätsmodul $E$ fällt aus allen diesen Gleichungen heraus, da die rechte Seite der Bedingungsgleichungen (1) und (2) Null ist. Aus Gl. (4) läßt sich $Y_\nu$ und $Y_{\nu+1}$ mit Hilfe von Gl. (3) und der entsprechenden für das $(\nu+1)$-te Stockwerk eliminieren:

$$\left. \begin{array}{l} Y_\nu = - \dfrac{X_\nu(\lambda_\nu + \gamma_\nu) - X_{\nu-1} \cdot \lambda_\nu - \Phi_{c\nu} \cdot \dfrac{\lambda_\nu}{l} + 2\Psi_{a\nu} \cdot \dfrac{\gamma_\nu}{h_\nu^2}}{\lambda_\nu + \dfrac{2}{3}\gamma_\nu} \\[2ex] Y_{\nu+1} = - \dfrac{X_{\nu+1}(\lambda_{\nu+1} + \gamma_{\nu+1}) - X_\nu \cdot \lambda_{\nu+1} - \Phi_{c(\nu+1)} \cdot \dfrac{\lambda_{\nu+1}}{l} + 2\Psi_{a(\nu+1)} \cdot \dfrac{\gamma_{\nu+1}}{h_{\nu+1}^2}}{\lambda_{\nu+1} + \dfrac{2}{3}\gamma_{\nu+1}} \end{array} \right\} (5)$$

Führt man noch folgende Abkürzungen ein:

$$\lambda_\nu + \gamma_\nu = \alpha_\nu, \qquad \lambda_\nu + \tfrac{2}{3}\gamma_\nu = \beta_\nu,$$
$$\lambda_{\nu+1} + \gamma_{\nu+1} = \alpha_{\nu+1}, \qquad \lambda_{\nu+1} + \tfrac{2}{3}\gamma_{\nu+1} = \beta_{\nu+1}$$

und setzt die Ausdrücke für $Y_\nu$ und $Y_{\nu+1}$ in Gl. (4) ein, so ergibt sich folgende allgemeine Elastizitätsgleichung für ein beliebiges Stockwerk eines symmetrischen Stockwerkrahmens:

$$X_{\nu+1} \cdot \lambda_{\nu+1}\left(1 - \frac{\alpha_{\nu+1}}{\beta_{\nu+1}}\right) - X_\nu\left[\lambda_{\nu+1}\left(1 - \frac{\lambda_{\nu+1}}{\beta_{\nu+1}}\right) + \alpha_\nu\left(1 - \frac{\alpha_\nu}{\beta_\nu}\right) + \gamma_\nu\right]$$
$$+ X_{\nu-1} \cdot \lambda_\nu\left(1 - \frac{\alpha_\nu}{\beta_\nu}\right) = \Phi_{c(\nu+1)} \cdot \frac{\lambda_{\nu+1}}{l}\left(1 - \frac{\lambda_{\nu+1}}{\beta_{\nu+1}}\right) - \Phi_{c\nu} \cdot \frac{\lambda_\nu}{l}\left(1 - \frac{\alpha_\nu}{\beta_\nu}\right)$$
$$+ 2\Phi_{a\nu} \cdot \frac{\gamma_\nu}{h_\nu} + 2\Psi_{a(\nu+1)} \cdot \frac{\gamma_{\nu+1}}{h_{\nu+1}^2} \cdot \frac{\lambda_{\nu+1}}{\beta_{\nu+1}} - 2\Psi_{a\nu} \cdot \frac{\gamma_\nu}{h_\nu^2} \cdot \frac{\alpha_\nu}{\beta_\nu}. \quad (6)$$

Schreibt man für $\nu$ nacheinander die Zahlen $1, 2, \ldots, m$, so erhält man $m$ Gleichungen, aus denen sich die Pfostenfußmomente $\overset{\nu=m}{\underset{\nu=1}{X_\nu}}$ berechnen lassen. Die Momente $Y_\nu^{\nu=m}_{\nu=1}$ und damit die Horizontalschübe $H_\nu^{\nu=m}_{\nu=1}$ findet man dann aus Gl. (5).

Für das unterste Stockwerk (1) und das oberste $(m)$ nimmt die allgemeine Elastizitätsgleichung besondere Formen an.

Im untersten Stockwerk (1) wird $X_{\nu-1} = X_0 = 0$ und verschwindet aus der Gleichung.

Beim obersten Stockwerk $(m)$ ist zu beachten, daß der darüber liegende Schlußriegel $(m+1)$ ein zu einem einfachen Träger zusammengeschrumpfter Rahmen ist. Statisch läßt sich das so deuten, daß $J_{a(m+1)} \to 0$ und $\gamma_{m+1} \to \infty$. Dadurch wird

$$\lim \frac{\lambda_{m+1}}{\beta_{m+1}} = \lim \frac{\lambda_{m+1}}{\lambda_{m+1} + \frac{2}{3}\gamma_{m+1}} = 0,$$
$$\gamma_{m+1} \to \infty.$$

Da außerdem $X_{m+1} = 0$ und $\Psi_{a(m+1)} = 0$, so lautet die Elastizitätsgleichung für das oberste Stockwerk:

$$- X_m \left[ \lambda_{m+1} + \alpha_m \left( 1 - \frac{\alpha_m}{\beta_m} \right) + \gamma_m \right] + X_{m-1} \cdot \lambda_m \left( 1 - \frac{\alpha_m}{\beta_m} \right)$$
$$= \Phi_{c(m+1)} \cdot \frac{\lambda_{m+1}}{l} - \Phi_{cm} \cdot \frac{\lambda_m}{l} \left( 1 - \frac{\alpha_m}{\beta_m} \right) + 2 \Phi_{am} \cdot \frac{\gamma_m}{h_m}$$
$$- 2 \Psi_{am} \cdot \frac{\gamma_m}{h_m^2} \cdot \frac{\alpha_m}{\beta_m}. \qquad (7)$$

Bemerkenswert ist es, daß in diesen Gleichungen nur die Momente $X_\nu$ vorkommen. Für einen $2m$-fach statisch unbestimmten Rahmen ist also zunächst nur ein System von $m$ Gleichungen zu lösen. Die Berechnung der Momente $Y_\nu$ erfolgt getrennt davon.

Das gesuchte Einspannungsmoment des untersten Riegels ergibt sich (nach dem Übereinanderlagerungssatze) zu

$$M_E = \overline{M}_{a1} - X_\nu + Y_\nu. \qquad (8)$$

Hierin bedeutet $\overline{M}_{a1}$ das Moment am Pfostenkopf des untersten Stockwerks, und zwar das Moment, das durch die Pfostenbelastung im statisch bestimmten Hauptsystem hervorgerufen wird.

Es ist für die folgenden Untersuchungen wichtig, zu wissen, wie das Einspannmoment des untersten Riegels durch eine große Anzahl von Stockwerken beeinflußt wird. Für eine Untersuchung der Bodenkonstruktion ist es nicht wünschenswert, eine Hilfsrechnung wie die Rahmenberechnung zu weit auszudehnen, wozu ja eine große Anzahl von Stockwerken Veranlassung gibt. Es soll daher an einem Zahlenbeispiel die Empfindlichkeit des Einspannmomentes $M_E$ gegenüber der Stockwerkzahl festgestellt werden.

## 2. Zahlenbeispiel zur Untersuchung des Einflusses der Stockwerkzahl eines Rahmens auf das Einspannmoment des untersten Riegels.

Es soll zunächst ein fünfstöckiger Schiffsrahmen berechnet werden, und zwar als selbständige Konstruktion ohne Rücksicht auf das Zusammenwirken mit den Längsverbänden. Die Zahl der Stockwerke wird dann schrittweise vermindert.

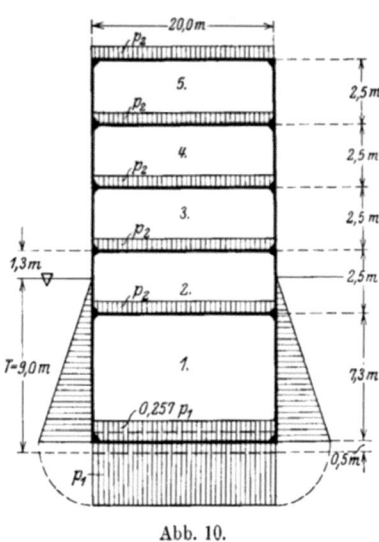

Abb. 10.

Die Rahmenabmessungen ergeben sich aus Abb. 10. Die Trägheitsmomente der Verbandsteile sind dem späteren Beispiel 2 für die Bodenuntersuchung entnommen. Der Einfachheit halber sind die oberen Stockwerke 2 bis 5 als vollständig gleich bezüglich der Abmessungen und Trägheitsmomente angenommen worden. Der unterste Riegel liegt, wie die Abbildung zeigt, in Höhe der neutralen Faser der Bodenwrange. Die Belastung besteht aus einer Außenbelastung durch Wasserdruck und einer Innenbelastung sämtlicher Riegel. Die Belastungsordinate für den Bodendruck ist $p_1$ t/m und entspricht einem Tiefgang $T = 9{,}0$ m. Als Endordinate der seitlichen Wasserdruckbelastung ist nicht die einem Tiefgang bis zur neutralen Faser der Bodenwrange (8,5 m) entsprechende angesetzt, sondern ebenfalls $p_1$ (siehe Abb. 10). Der idealisierte Rahmen ist somit als ein tatsächlicher Rahmen aufgefaßt worden, bei dem Pfosten und Riegel in einem Punkt zusammenstoßen, so daß in diesem Punkt die Belastungsordinaten für Boden- und Seitendruck gleich sind. Als Innenbelastung des Bodens ist $0{,}257\,p_1$ t/m angenommen worden. Sämtliche oberen Riegel sind mit $p_2$ t/m gleichmäßig belastet.

Die Berechnung wird sich nur auf das Einspannmoment des untersten Riegels erstrecken.

Zahlenbeispiel zur Untersuchung des Einflusses der Stockwerkzahl. 19

**Fünfstöckiger Rahmen.**

Konstanten:

$$\lambda_1 = \frac{l}{J_{c1}} = \frac{20}{8{,}795 \cdot 10^{-3}} = 2{,}255 \cdot 10^{-3} \ 1/\text{m}^3,$$

$$\gamma_1 = \frac{h_1}{J_{a1}} = \frac{7{,}3}{2{,}18 \cdot 10^{-4}} = 33{,}5 \cdot 10^3 \ 1/\text{m}^3,$$

$$\alpha_1 = \lambda_1 + \gamma_1 = 35{,}755 \cdot 10^3 \ 1/\text{m}^3,$$

$$\beta_1 = \lambda_1 + \tfrac{2}{3}\gamma_1 = 24{,}605 \cdot 10^3 \ 1/\text{m}^3,$$

$$\lambda_2 = \lambda_3 = \lambda_4 = \lambda_5 = \lambda_6 = \frac{l}{J_{c2}} = \frac{20}{6{,}74 \cdot 10^{-5}} = 2{,}97 \cdot 10^5 \ 1/\text{m}^3,$$

$$\gamma_2 = \gamma_3 = \gamma_4 = \gamma_5 = \frac{h_2}{J_{a2}} = \frac{2{,}5}{9{,}65 \cdot 10^{-5}} = 0{,}259 \cdot 10^5 \ 1/\text{m}^3,$$

$$\alpha_2 \div \alpha_5 = 3{,}229 \cdot 10^5 \ 1/\text{m}^3, \quad \beta_2 \div \beta_5 = 3{,}139 \cdot 10^5 \ 1/\text{m}^3.$$

Belastungsglieder:

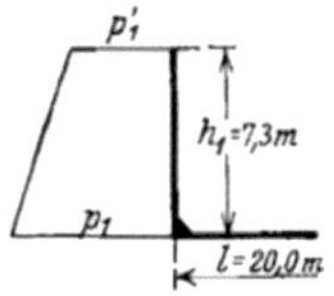

1. $\Phi_{cv} = \int_0^l M_{cv}\, dz,$

$$\Phi_{c1} = \overline{M}_{a1} \cdot l + 0{,}743\, p_1 \cdot \frac{l^3}{12},$$

$$\overline{M}_{a1} = \frac{h_1^2}{6}(2\, p_1' + p_1) \text{ für Trapezbelastung.}$$

Abb. 11.

In unserem Fall ist

$$p_1' = \frac{1{,}2}{9{,}0} \cdot p_1 = 0{,}133\, p_1,$$

$$\overline{M}_{a1} = -11{,}244\, p_1\ {}^1),$$

$$\Phi_{c1} = -224{,}88\, p_1 + 495{,}35\, p_1 = 270{,}46\, p_1 \ \text{tm}^2.$$

$$\Phi_{c2} = \overline{M}_{a2} \cdot l - p_2 \cdot \frac{l^3}{12},$$

$$\overline{M}_{a2} = p_1' \cdot \frac{h_2'^2}{6} \text{ für Dreiecksbelastung,}$$

$$= -0{,}0319\, p_1\ {}^1),$$

$$\Phi_{c2} = -0{,}638\, p_1 - 666\, p_2 \ \text{tm}^2.$$

$$\Phi_{c3} = \Phi_{c4} = \Phi_{c5} = \Phi_{c6} = -666\, p_2 \ \text{tm}^2.$$

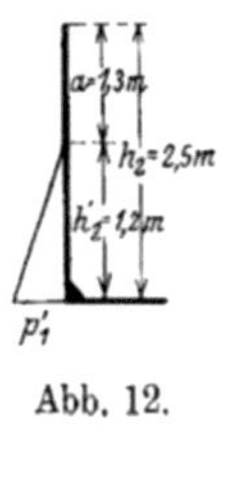

Abb. 12.

---

[1]) $\overline{M}_{av}$ erscheint in den Gliedern $\Phi_{cv}$ mit negativem Vorzeichen, in $\Psi_{av}$ und $\Phi_{av}$ jedoch mit positivem, da diese schon mit negativen Vorzeichen bei der Aufstellung der Gleichungen berücksichtigt sind.

20            Statische Untersuchung der Bodenkonstruktion.

2. $\Psi_{a\nu} = \int_0^{h_\nu} M_{a\nu}\, y\, dy,$

$\Psi_{a1} = \int_0^{h_1} M_{a1}\, y\, dy,$

$M_{a1} = \dfrac{y^2}{2}\left(p_1' + \dfrac{p_1 - p_1'}{3\, h_1} \cdot y\right)$ für Trapezbelastung,

$\Psi_{a1} = \dfrac{h_1^4}{120}(11\, p_1' + 4\, p_1) = 129{,}283\, p_1\ \text{tm}^3.$

$\Psi_{a2} = \int_0^{h_2'} M_{a2}\,(y+a)\, dy,$

$M_{a2} = \dfrac{y^3}{6\, h_2'} \cdot p_1'$ für Dreiecksbelastung,

$\Psi_{a2} = p_1' \cdot \dfrac{h_2'^3}{6}\left(\dfrac{h_2'}{5} + \dfrac{a}{4}\right) = 0{,}02164\, p_1\ \text{tm}^3.$

$\Psi_{a3} = \Psi_{a4} = \Psi_{a5} = 0.$

3. $\Phi_{a\nu} = \int_0^{h_\nu} M_{a\nu}\, dy,$

$\Phi_{a1} = \dfrac{h_1^3}{24}(3\, p_1' + p_1) = 22{,}676\, p_1\ \text{tm}^2.$

$\Phi_{a2} = \dfrac{h_2'^3}{24}\, p_1' = 0{,}0096\, p_1\ \text{tm}^2.$

$\Phi_{a3} = \Phi_{a4} = \Phi_{a5} = 0.$

### Aufstellung und Auflösung der Elastizitätsgleichungen.

Nach der allgemeinen Elastizitätsgleichung (6) ergibt sich für Stockwerk 1 nach Einsetzen obiger Konstanten und Belastungsglieder:

I. $8{,}5239\, X_2 + 33{,}287\, X_1 = 14{,}6036\, p_1 + 532{,}467\, p_2,$

Stockwerk 2:

II. $8{,}5239\, X_3 + 32{,}62\, X_2 + 8{,}5239\, X_1 = 0{,}2575\, p_1 + 816{,}313\, p_2,$

Stockwerk 3:

III. $8{,}5239\, X_4 + 32{,}62\, X_3 + 8{,}5239\, X_2 = 816{,}313\, p_2,$

Stockwerk 4:

IV. $8{,}5239\, X_5 + 32{,}62\, X_4 + 8{,}5239\, X_3 = 816{,}313\, p_2,$

Stockwerk 5:

Zufolge der Elastizitätsgleichung (7) für das oberste Stockwerk eines Rahmens erhält man

V. $313{,}63\, X_5 + 8{,}5239\, X_4 = 10173{,}943\, p_2.$

Zahlenbeispiel zur Untersuchung des Einflusses der Stockwerkzahl. 21

Die Auflösung dieser fünf Gleichungen liefert
$$X_1 = 0{,}4705\, p_1 + 11{,}515\, p_2 \text{ mt}.$$
$Y_1$ ergibt sich aus der Gleichung
$$Y_1 = \frac{X_1 \cdot a_1 - \Phi_{c1} \cdot \frac{\lambda_1}{l} + 2\Psi_{a1} \cdot \frac{\gamma_1}{h_1^2}}{\beta_1} = 6{,}05\, p_1 + 16{,}733\, p_2 \text{ mt}.$$

Das Einspannmoment $M_E$ des untersten Riegels ist nun
$$M_E = \overline{M}_{a1} - X_1 + Y_1 = -5{,}665\, p_1 + 5{,}218\, p_2 \text{ mt}.$$

**Vierstöckiger Rahmen.** Die Elastizitätsgleichungen lauten:

I. $8{,}5239\, X_2 + 33{,}287\, X_1 = 14{,}6036\, p_1 + 532{,}467\, p_2$,
II. $8{,}5239\, X_3 + 32{,}62\, X_2 + 8{,}5239\, X_1 = 0{,}2575\, p_1 + 816{,}313\, p_2$,
III. $8{,}5239\, X_4 + 32{,}62\, X_3 + 8{,}5239\, X_2 = 816{,}313\, p_2$,
IV. $313{,}63\, X_4 + 8{,}5239\, X_3 = 10173{,}943\, p_2$.

Hieraus
$$X_1 = 0{,}4703\, p_1 + 11{,}111\, p_2 \text{ mt},$$
$$Y_1 = 6{,}05\, p_1 + 16{,}146\, p_2 \text{ mt},$$
$$\underline{M_E = -5{,}664\, p_1 + 5{,}035\, p_2 \text{ mt}.}$$

**Dreistöckiger Rahmen.** Die Elastizitätsgleichungen lauten:

I. $8{,}5239\, X_2 + 33{,}287\, X_1 = 14{,}6036\, p_1 + 532{,}467\, p_2$,
II. $8{,}5239\, X_3 + 32{,}62\, X_2 + 8{,}5239\, X_1 = 0{,}2575\, p_1 + 816{,}313\, p_2$,
III. $313{,}63\, X_3 + 8{,}5239\, X_2 = 10173{,}943\, p_2$.

Hieraus
$$X_1 = 0{,}4212\, p_1 + 11{,}808\, p_2 \text{ mt},$$
$$Y_1 = 5{,}978\, p_1 + 17{,}16\, p_2 \text{ mt},$$
$$\underline{M_E = -5{,}6872\, p_1 + 5{,}352\, p_2 \text{ mt}.}$$

**Zweistöckiger Rahmen.** Die Elastizitätsgleichungen lauten:

I. $8{,}5239\, X_2 + 33{,}287\, X_1 = 14{,}6036\, p_1 + 532{,}467\, p_2$,
II. $313{,}63\, X_2 + 8{,}5239\, X_1 = 0{,}2575\, p_1 + 10173{,}943\, p_2$.

Hieraus
$$X_1 = 0{,}4415\, p_1 + 7{,}7433\, p_2 \text{ mt},$$
$$Y_1 = 6{,}008\, p_1 + 11{,}252\, p_2 \text{ mt},$$
$$\underline{M_E = -5{,}677\, p_1 + 3{,}5087\, p_2 \text{ mt}.}$$

**Einstöckiger Rahmen.** Die Elastizitätsgleichung ergibt aus Gl. (7), wenn $X_2 = 0$ gesetzt wird, zu
$$314{,}3\, X_1 = 9890{,}1\, p_2 + 14{,}2632\, p_1,$$
$$X_1 = 0{,}4538\, p_1 + 31{,}467\, p_2 \text{ mt},$$
$$Y_1 = 6{,}028\, p_1 + 45{,}727\, p_2 \text{ mt},$$
$$\underline{M_E = -5{,}67\, p_1 + 14{,}26\, p_2 \text{ mt}.}$$

22  Statische Untersuchung der Bodenkonstruktion.

Zum Vergleich soll ferner noch das Einspannmoment des untersten Riegels für den Fall, daß man die Pfosten am untersten Deck als gelenkig gelagert oder als vollkommen eingespannt betrachtet, ermittelt werden.

a) Pfosten am untersten Deck gelenkig gelagert:

$$Y_1 = \frac{-\Phi_{c1}\frac{\lambda_1}{l} + 2\Psi_{a1}\cdot\frac{\gamma_1}{h_1^2}}{\beta_1} = 5{,}367\,p_1\,\text{mt},$$

$$M_E = \overline{M}_{a1} + Y_1 = -5{,}877\,p_1\,\text{mt}.$$

b) Pfosten am untersten Deck vollkommen eingespannt.

$$X_1 = \frac{-\Phi_{c1}\cdot\frac{\lambda_1}{l} + 2\Psi_{a1}\cdot\frac{\gamma_1}{h_1^2} - \frac{2}{3}\Psi'_{a1}\cdot\frac{\beta_1}{h_1^2}}{2\lambda_1 + \gamma_1}.$$

Diese Formel ergibt sich, wenn man $\tau^u_{a1} = 0$ setzt.

$$\Psi'_{a1} = \int_0^{h_1} M_{a1}(h_1 - y)\,dy$$

ist das statische Moment der Momentenfläche aus der Belastung im statisch bestimmten Hauptsystem bezogen auf den Pfostenkopf.

$$\Psi'_{a1} = \frac{h_1^4}{120}(4p'_1 + p_1) \text{ für Trapezbelastung.}$$

Da $p'_1 = 0{,}133\,p_1$, so wird $\Psi'_{a1} = 36{,}253\,p_1\,\text{tm}^3$,

mithin
$$X_1 = 0{,}5382\,p_1\,\text{mt},$$
$$Y_1 = 6{,}149\,p_1\,\text{mt},$$
$$M_E = -5{,}633\,p_1\,\text{mt}.$$

## Zusammenstellung der Ergebnisse.

Nachstehend sind die zahlenmäßigen Ergebnisse in einer Tabelle zusammengestellt. Um einen besseren Vergleich zu ermöglichen, ist für die Decksbelastung $p_2$ ein Wert $p_2 = 0{,}1211\,p_1$ [1]) eingesetzt worden, so daß $M_E$ in Spalte 3 der Tabelle nur in Abhängigkeit von $p_1$ erscheint.

---

[1]) Dieser Wert ist im Hinblick auf das zweite Beispiel der Bodenuntersuchungen gewählt, für das obige Ergebnisse verwendet werden sollen.

Zahlenbeispiel zur Untersuchung des Einflusses der Stockwerkzahl. 23

| Stockwerkzahl | $M_E$ abhängig von $p_1$ und $p_2$ mt | $M_E$ abhängig von $p_1$ ($p_2 = 0{,}1211\,p_1$) mt |
|---|---|---|
| 5 | $-5{,}665\,p_1 + 5{,}218\,p_2$ | $-5{,}033\,p_1$ |
| 4 | $-5{,}664\,p_1 + 5{,}035\,p_2$ | $-5{,}034\,p_1$ |
| 3 | $-5{,}6872\,p_1 + 5{,}352\,p_2$ | $-5{,}0392\,p_1$ |
| 2 | $-5{,}677\,p_1 + 3{,}5087\,p_2$ | $-5{,}2521\,p_1$ |
| 1 | $-5{,}67\,p_1 + 14{,}26\,p_2$ | $-3{,}943\,p_1$ |
| Gel. Lag. d. Pfosten a. u. Deck | $-5{,}877\,p_1$ | $-5{,}877\,p_1$ |
| Vollk. Einsp. d. Pfosten a. u. Deck | $-5{,}633\,p_1$ | $-5{,}633\,p_1$ |

Aus dieser Zusammenstellung geht hervor, daß bei unbelasteten Decks das Einspannmoment des untersten Riegels fast völlig unabhängig von der Stockwerkzahl ist. Gelenkige Lagerung und vollkommene Einspannung der Pfosten am untersten Deck stellen die Grenzfälle dar. Belastung der Decks verringert $M_E$ und bewirkt, daß $M_E$ erst von drei Stockwerken an sich nicht mehr ändert.

Bei unbelasteten Decks genügt es daher, mit einem Stockwerk oder mit gelenkiger Lagerung der Pfosten am untersten Deck zu rechnen.

Bei belasteten Decks kann man einen vielstöckigen Rahmen, der wie vorstehend belastet ist, als Drei- bzw. auch nur als Zweistockwerkrahmen berechnen; man hat jedoch mindestens alle Stockwerke, über die sich die seitliche Wasserdruckbelastung erstreckt, in Rechnung zu setzen.

Die obigen Ergebnisse lassen sehr deutlich den Einfluß von Unterzügen erkennen. Unterzüge stützen im allgemeinen[1]) die Deckbalken bzw. die Rahmenriegel; sie liefern also Kräfte, die entgegen der Decksbelastung wirken. Mithin rufen Unterzüge eine Vergrößerung von $M_E$ hervor. Zahlenmäßig und exakt läßt sich der Einfluß der Unterzüge nur feststellen, wenn man das Zusammenwirken der Längs- und Querträger der Decks ebenso untersucht, wie es im folgenden für den Boden geschieht. Im Rahmen dieser Arbeit führt eine solche Untersuchung zu weit. Daß das Einspannmoment $M_E$ nur wenig durch die Unterzüge beeinflußt wird, geht jedoch daraus hervor, daß $M_E$ in dem vorstehenden Beispiel durch die Decksbelastung durchschnittlich um $\sim 11\,^0/_0$ vermindert wird und daß von dieser Decksbelastung nur ein Teil durch die Unterzüge aufgenommen wird.

Im Zusammenhang hiermit ist noch eine andere wichtige Frage zu erörtern. Die für die Rahmenberechnung aufgestellten Gleichungen haben nur bis zur Elastizitätsgrenze des Materials Gültigkeit. Vernachlässigt man nun die Unterzüge, so erhält man gewöhnlich in

---

[1]) Es kann auch vorkommen, daß die Unterzüge die Deckbalken nicht stützen, sondern zusätzlich belasten. Vgl. die späteren Bodenuntersuchungen!

den Deckbalken Spannungen, die über der Elastizitätsgrenze liegen. Das würde besagen, daß die Ergebnisse der Rahmenberechnung falsch wären, also auch $M_E$. Dieser Schluß ist jedoch nur theoretisch richtig. Die Unterzüge verhindern, daß die Deckbalken über die Elastizitätsgrenze hinaus beansprucht werden. Ihre Wirkung auf die Deckbalken ist also sehr bedeutend, ihr Einfluß auf das Einspannmoment $M_E$ des untersten Rahmenriegels ist jedoch, wie oben dargelegt, gering. Daher erhält man, wenn die Elastizitätsgrenze in den Deckbalken überschritten ist, doch ein praktisch richtiges Ergebnis für $M_E$.

Im Vorausgegangenen ist der Rahmen als selbständige Konstruktion behandelt worden. Sein Zusammenwirken mit den Bodenlängsträgern beruht auf den von den Längsträgern auf den untersten Rahmenriegel übertragenen Kräften $Z$. Das Einspannmoment $M_E$ des untersten Rahmenriegels ergibt sich als Funktion der bekannten Belastung $p$, worunter die Gesamtheit der Pfosten- und Riegelbelastungen verstanden ist, und der Kräfte $Z$. Also

$$M_E = f(p, Z).$$

Da für schiffbauliche Untersuchungen die Belastung durch Wasserdruck eine wesentliche Rolle spielt, sind in nachstehender Tabelle die Ausdrücke für die Momente $M_{a\nu}$, $\overline{M}_{a\nu}$ und die Belastungsglieder $\Phi_{c\nu}$, $\Psi_{a\nu}$ und $\Phi_{a\nu}$ zusammengestellt.

| Belastungs-schema | $M_{a\nu}$ | $\overline{M}_{a\nu}$ | $\Phi_{c\nu}$ | $\Psi_{a\nu}$ | $\Phi_{a\nu}$ |
|---|---|---|---|---|---|
| | $p_1 \cdot \dfrac{y^3}{6 h_\nu}$ | $p_1 \cdot \dfrac{h_\nu^2}{6}$ | $p_1 \cdot \dfrac{h_\nu^2}{6} \cdot l$ | $p_1 \cdot \dfrac{h_\nu^4}{30}$ | $p_1 \cdot \dfrac{h_\nu^3}{24}$ |
| | $\dfrac{y^2}{2}\left(p_1' + \dfrac{p_1 - p_1'}{3 h_\nu} \cdot y\right)$ | $\dfrac{h_\nu^2}{6}(2 p_1' + p_1)$ | $\dfrac{h_\nu^2}{6} l (2 p_1' + p_1)$ | $\dfrac{h_\nu^4}{120}(11 p_1' + 4 p_1)$ | $\dfrac{h_\nu^3}{24}(3 p_1' + p_1)$ |
| | $p_1 \cdot \dfrac{y^3}{6 h_\nu'}$ | $p_1 \cdot \dfrac{h_\nu'^2}{6}$ | $p_1 \cdot \dfrac{h_\nu'^2}{6} \cdot l$ | $p_1 \cdot \dfrac{h_\nu'^3}{6}\left(\dfrac{h_\nu'}{5} + \dfrac{a}{4}\right)$ | $p_1 \cdot \dfrac{h_\nu'^3}{24}$ |
| | | | $p_1 \cdot \dfrac{l^3}{12}$ | | |

## 3. Allgemeine Theorie der Statik des der Bodenkonstruktion statisch gleichwertigen Trägernetzes.

Nachdem die Einspannmomente der Bodenquerträger durch eine Rahmenberechnung ermittelt bzw. als Funktion der Kräfte Z ausgedrückt sind, bildet nur noch das der Bodenkonstruktion statisch gleichwertige Netz von Längs- und Querträgern den Gegenstand dieser Untersuchung. Es ist noch darauf hinzuweisen, daß man durch eine einzige Rahmenberechnung die Einspannmomente sämtlicher Querträger erhält, vorausgesetzt, daß sämtliche Rahmen bezüglich ihrer Abmessungen und Trägheitsmomente gleich sind und die Belastung entweder für alle Rahmen dieselbe ist oder als beliebige stetige Funktion der Länge des Raumes gegeben ist. $M_E = f(p, Z)$ ändert sich also an den einzelnen Querträgern — abgesehen von einer eventuellen Änderung infolge der bekannten Belastung — nur als Funktion der Kräfte Z.

Das Zusammenwirken der Längs- und Querträger der Bodenkonstruktion kann man nun in der Weise erfassen, daß man die Längsträger als durchlaufende Träger auf elastischen Stützen, den Querträgern, mit fester Auflagerung an den Enden, den Querschotten, ansieht. Für einen solchen Träger lassen sich entweder für die Stützkräfte[1]) oder für die Stützenmomente Arbeitsgleichungen ansetzen, deren Auflösung diese Kräfte oder Momente ergibt. Die Senkung der Stützen ist als Durchbiegung der Querträger infolge der Stützkräfte auszudrücken und als Funktion der Stützkräfte bzw. -momente in die Arbeitsgleichungen einzuführen. Diese Methode ist aber praktisch nicht durchführbar. Bekanntlich ist die Zahl der Querträger eines Raumes sehr groß, gewöhnlich > 20. Man erhält daher, wenn man die Arbeitsgleichungen für die Stützkräfte ansetzt, schon bei einem Längsträger mindestens 20 Gleichungen mit 20 Unbekannten. Bei mehreren Längsträgern wird die Zahl der Unbekannten beträchtlich größer, da sich ja die Längsträger gegenseitig beeinflussen. Bei Aufstellung der Arbeitsgleichungen für die Stützenmomente ergeben sich bei einem Längsträger Fünfmomenten-, bei zwei Zehnmomentengleichungen usw. In jedem Fall erhält man eine so große Anzahl von Gleichungen, daß ihre Auflösung als praktisch unmöglich zu bezeichnen ist. Auch mit Hilfe von Differenzengleichungen, die die Auflösung von Momentengleichungen Clapeyronscher Art oft erleichtern,

---

[1]) Herzka, L.: Theorie der durch einen oder zwei Unterzüge verstärkten Balkendecke. Wien 1910.

kommt man nicht zum Ziel, da bei mehreren Längsträgern die charakteristischen Gleichungen von sehr hoher Ordnung werden.

Es soll daher ein anderer Weg eingeschlagen werden. Ist der Abstand der Querträger $\Delta x = e$ hinreichend klein, d. h. im Verhältnis zur Länge des Raumes, so kann man vermittels eines Grenzüberganges $\Delta x \approx dx$ setzen oder mit anderen Worten die endliche Zahl der Querträger in eine unendliche übergehen lassen. Da sämtliche Querträger gleiches Trägheitsmoment und gleiche Auflager- und Einspannbedingungen haben, so bedeutet dieser Grenzübergang in statischer Beziehung, daß die große Anzahl einzelner elastischer Stützen durch eine kontinuierliche, gleichmäßig elastische Stützung ersetzt wird. Die Längsträger ruhen also jetzt auf einer durch die Querträger gebildeten, zusammenhängenden, gleichmäßig elastischen Unterlage. Die Zulässigkeit dieses Überganges vom Endlichen zum Unendlichen gründet sich auf den geringen Abstand der Querträger, der als Maximum bei den Schiffen der Imperatorklasse 0,915 m erreicht hat. Besonders einleuchtend wird diese Zulässigkeit erwiesen, wenn man die Stützkräfte als Belastung der Längsträger auffaßt. In dem einen Fall hat man eine große Zahl von Einzellasten $Z$, im anderen eine kontinuierliche Belastung $q$. Die Querkraft- und Momentenfiguren eines beliebigen Längsträgers stellen in dem ersten Fall einen treppenartigen Linienzug bzw. ein vielseitiges Polygon dar, im zweiten Fall stetige Kurven. Bei z. B. 20 Einzellasten gehen die Querkraft- und Momentenfiguren schon mit großer Annäherung in stetige Kurven über. Will man nun die an den Knotenpunkten von den Längsträgern auf die Querträger übertragenen Kräfte $Z$ durch die kontinuierliche Belastung $q$ ausdrücken, so ergibt sich

$$Z = q \cdot dx \approx q \cdot \Delta x = q \cdot e. \qquad (9)$$

$q$ läßt sich als der Widerstand der elastischen Querträgerunterlage längs eines Längsträgers bezeichnen und hat die Dimension t/m. Ob die Querträger eine tatsächliche Unterstützung der Längsträger bilden oder ob sie bei der Formänderung die Längsträger mitnehmen, ist für die Theorie gleichgültig. In der Rechnung ergeben sich die richtigen Vorzeichen von selbst.

Der Gedanke, einen Träger auf einer großen Zahl von elastischen Einzelstützen als einen Träger auf gleichmäßig elastischer Unterlage zu berechnen, ist alt. Nachdem Winkler[1]) die Grundgleichung zur Berechnung eines Trägers auf elastischer Unterlage aufgestellt hatte, fand seine Theorie weitere Ausbildung durch Zimmermann[2]) und

---

[1]) Winkler, E.: Die Lehre von der Elastizität und Festigkeit. Prag 1867.
[2]) Zimmermann, H.: Die Berechnung des Eisenbahnoberbaues, Berlin 1888. Derselbe: Zur Frage der Schienenbeanspruchung. Zentralbl. Bauverw.

Schwedler[1]) zur Berechnung des Eisenbahn-Oberbaues. Unserem Fall ähnelt die Untersuchung einer Schiene auf engliegenden Schwellen. In gleicher Weise hat Müller-Breslau[2]) Schiffbrücken behandelt, bei denen die Stützenentfernung mehrere Meter beträgt. Prof. Dr. K. Pohl[3]) hat die Theorie des Trägers auf elastischer Unterlage auf das Zusammenwirken von Gebäuderahmen mit längslaufenden Windverbänden angewandt. Auch hier ist die Entfernung der Stützen, d. h. der Gebäuderahmen, bedeutend größer als die Spantentfernung im Schiffbau. In jüngster Zeit hat Prof. Pohl mit diesen Methoden Probleme aus dem Schiffbau behandelt, z. B. das Zusammenwirken von Seitenstringern und Spanten sowie von Unterzügen und Deckbalken. Wie weit die eingangs erwähnten Bodenuntersuchungen, denen sich Prof. Pohl ebenfalls zugewandt hatte, gediehen sind, ist mir nicht bekannt. Veröffentlichungen über alle diese Arbeiten sind nicht erschienen. Einen weiteren Beitrag zur Frage des Zusammenwirkens von Längs- und Querträgern lieferte Baurat Dr. E. Müller[4]), und zwar auch auf Grund der Theorie des Trägers auf elastischer Unterlage. Letztere Untersuchungen wurden dem Verfasser erst bekannt, als der theoretische Teil seiner Arbeit im Manuskript bereits fertiggestellt war.

Auf die Theorie des Trägers auf elastischer Unterlage soll hier nicht eingegangen werden. Man findet ausgezeichnete Darstellungen in den Werken von Föppl[5]) und Müller-Breslau[6]). Erschöpfend hat diesen Gegenstand Hayashi[7]) behandelt und damit endgültige Klarheit in alle Probleme dieses Gebietes gebracht.

Nachstehend sollen nun die theoretischen Grundlagen für die statische Untersuchung eines aus $n$ Querträgern und $r$ Längsträgern

---

1891, S. 241 und 448. Derselbe: Beziehung zwischen Schienenquerschnitt und Schwellenabstand. Zentralbl. Bauverw. 1891, S. 223.

[1]) Schwedler, J. W.: Beiträge zur Theorie des Eisenbahnoberbaues. Z. Bauw. 1889, S. 86.

[2]) Müller-Breslau, H. F. B.: Die graphische Statik d. Baukonstruktionen, Bd. 2, Abt. 2, S. 248. Leipzig 1908.

[3]) Pohl, K.: Untersuchungen über das Zusammenwirken wagerechter Verbände und eingespannter Stützen im Eisenhochbau. Leipzig 1914.

[4]) Müller, E.: Über die lastverteilende Wirkung von Brückenbelägen. Bauing. 1923, Nr. 17, 18.

[5]) Föppl, A.: Vorlesungen über Technische Mechanik Bd. 3, S. 257 ff. 9. Aufl. Berlin-Leipzig 1922.

[6]) Müller-Breslau, H. F. B.: Die graphische Statik der Baukonstruktionen Bd. 2, Abt. 2, S. 237. Leipzig 1908.

[7]) Hayashi, K.: Über Balken auf elastischer Unterlage. Eisenbau 1914, S. 141. Derselbe: Theorie des Trägers auf elastischer Unterlage. Berlin: Julius Springer 1921. Ferner auch Freund, A.: Theorie der gleichmäßig elastisch gestützten Körper. Beton u. Eisen 1917, S. 144.

28  Statische Untersuchung der Bodenkonstruktion.

bestehenden, rechteckigen Trägernetzes entwickelt werden. Abb. 13 zeigt dieses Trägernetz im Grundriß.

Es handelt sich dabei um ein ganz beliebiges Trägernetz, das nur folgenden Bedingungen genügen muß:

Sämtliche Querträger haben den gleichen Abstand $e$, der im Verhältnis zur Länge des Trägernetzes $L$ klein sein muß, das gleiche konstante Trägheitsmoment $J_{c1}$ und gleiche Auflager- und Einspannbedingungen.

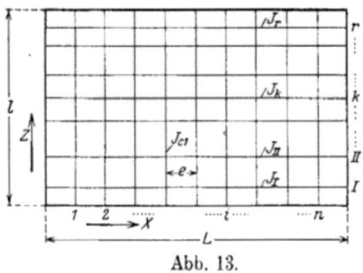

Abb. 13.

Die allgemeinen Entwicklungen werden zunächst für eine Belastung durchgeführt, die in der Längsrichtung des Trägernetzes nach einer stetigen Funktion $p = f(x)$ verläuft. Getrennt davon wird dann der Fall einer Belastung durch Einzellasten behandelt werden. Diese Trennung erfolgt deswegen, weil man bei dem ungleichen und verhältnismäßig großen Abstand der Längsträger einer Bodenkonstruktion eine stetige Belastung wie z. B. Wasserdruck nur dann richtig erfassen kann, wenn man sie auf die Querträger konzentriert, während bei Einzellasten die Anordnung der Belastung auf den Längsträgern erforderlich ist. — In der Querrichtung kann die Belastung nach einer beliebigen stetigen oder unstetigen Funktion $p = f(z)$ verlaufen.

Symmetrie der Konstruktion und der Belastung zur Mittellängsachse des Trägernetzes braucht nicht vorzuliegen. Die Längsträger können in beliebigen Abständen angeordnet sein und beliebige, wenn auch konstante, Trägheitsmomente haben.

Die Auflager- und Einspannverhältnisse der Längs- und Querträger sind für die allgemeinen Entwicklungen gleichgültig, mit Ausnahme obiger Einschränkung für die Querträger. Zur vollkommenen Lösung der Aufgabe wird man, wie sich später zeigen wird, auf die bereits getroffenen Festsetzungen über die Einspannung der Längsträger zurückgreifen müssen.

Das hier gekennzeichnete Tragwerk ist viel allgemeinerer Natur als die Bodenkonstruktion der Schiffe. Es ist daher die Möglichkeit einer Anwendung der hier dargelegten Theorie auf andere Gebiete gegeben.

Im folgenden werden die Querträger durch die Indizes $1, 2, \ldots$, $i \ldots, n$ bezeichnet, die Längsträger durch $I, II, \ldots, k \ldots r$. Die Bezeichnung der Trägheitsmomente der Längsträger ist $J_I, J_{II}, \ldots$,

$J_k, \ldots, J_r$ (Abb. 13). Zur Abkürzung werden noch folgende Ausdrücke eingeführt:

$$\left.\begin{aligned} \frac{1}{EJ_I} &= \varrho_I, \\ \frac{1}{EJ_{II}} &= \varrho_{II}, \\ &\cdots\cdots \\ \frac{1}{EJ_k} &= \varrho_k, \\ &\cdots\cdots \\ \frac{1}{EJ_r} &= \varrho_r. \end{aligned}\right\} \qquad (10)$$

Konzentriert man die Belastung auf die Querträger, indem man z. B. eine über die ganze Fläche des Trägernetzes stetige Belastung in einzelnen Streifen von der Länge der Querträger und der Breite $e$ aufteilt, und zerlegt das Trägernetz in seine Längs- und Querträger, so treten an den Knotenpunkten die statisch unbestimmten Kräfte $Z$ auf. Abb. 14 zeigt die Belastungsschemata für den Querträger $i$ und den Längsträger $k$.

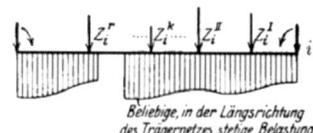

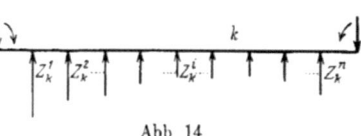

Abb. 14.

Da die Belastung auf den Querträgern angeordnet ist, stützen die Querträger die Längsträger nicht, sondern nehmen sie bei der Formänderung mit; sie stellen sozusagen eine negative Stützung der Längsträger dar.

Die Ermittlung der statisch unbestimmten Kräfte $Z$ erfolgt auf Grund der Bedingung, daß an jedem Knotenpunkt die Durchbiegung des Querträgers gleich der des Längsträgers sein muß. Da an Stelle der Einzelkräfte $Z$ die Funktionen $q$ gesetzt werden, so lautet diese Bedingung in Funktionen ausgedrückt: Die Funktion der Durchbiegung der Querträgerunterlage längs eines Längsträgers muß gleich der Funktion der Biegungslinie dieses Längsträgers sein.

Die Durchbiegung des Querträgers $i$ am Längsträger $k$ bei beliebigen Auflager- und Einspannbedingungen des Querträgers läßt sich nun schreiben:

$$y_i^k = \eta_i^k - \mu_i'^k \cdot Z_i^I - \nu_i'^k \cdot Z_i^{II} - \cdots - o_i'^k \cdot Z_i^k - \cdots - \chi_i'^k \cdot Z_i^r. \qquad (11)$$

Hierin bedeutet

$\eta_i^k$ die Durchbiegung des Querträgers $i$ am Längsträger $k$ infolge der bekannten Belastung (Abb. 15)

30   Statische Untersuchung der Bodenkonstruktion.

$\mu_i'^k$ desgl., infolge der Last 1 t an der Stelle I,

$\nu_i'^k$ „   „   „   „  1 t „   „   „  II,

. . . . . . .

$o_i'^k$ „   „   „   „  1 t „   „   „  $k$,

. . . . . . .

$\chi_i'^k$ „   „   „   „  1 t „   „   „  $r$,

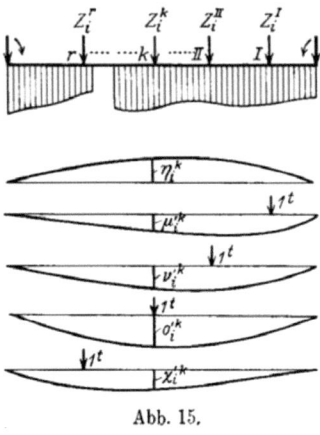

Abb. 15.

Setzt man auf Grund von (Gl. 9):

$$Z_i^I = Z_I^i = q_I^i \cdot e,$$
$$Z_i^{II} = Z_{II}^i = q_{II}^i \cdot e,$$
. . . . . . . . .
$$Z_i^k = Z_k^i = q_k^i \cdot e,$$
. . . . . . . . .
$$Z_i^r = Z_r^i = q_r^i \cdot e$$

und schreibt außerdem:

$$\left.\begin{array}{l} \mu_i'^k \cdot e = \mu_i^k, \quad o_i'^k \cdot e = o_i^k, \\ \cdots \cdots \cdots \\ \nu_i'^k \cdot e = \nu_i^k, \quad \chi_i'^k \cdot e = \chi_i^k, \\ \cdots \cdots \cdots \end{array}\right\} \quad (12)$$

so ergibt sich für die Durchbiegung $y_i^k$:

$$y_i^k = \eta_i^k - \mu_i^k \cdot q_I^i - \nu_i^k \cdot q_{II}^i - \cdots - o_i^k \cdot q_k^i - \cdots - \chi_i^k \cdot q_r^i. \quad (13)$$

Da sämtliche Querträger, wie vorausgesetzt wurde, gleiche Trägheitsmomente und gleiche Auflager- und Einspannbedingungen haben, sich also bei gleicher Belastung um dasselbe Maß durchbiegen, so sind $\mu_i^k, \nu_i^k, \ldots, o_i^k, \ldots, \chi_i^k$ Konstante und unabhängig von dem einzelnen Querträger; sie sollen daher nur durch $\mu_k, \nu_k, \ldots, o_k, \ldots, \chi_k$ bezeichnet werden. Läßt man in obiger Gleichung (13) für $y_i^k$ bei allen Gliedern den Index $i$ fort, so enthält sie außer Konstanten nur stetige Funktionen der Länge des Trägernetzes; denn da sowohl $\eta^k$ — wegen der vorausgesetzten stetigen Verteilung der Belastung in der Längsrichtung — als auch $q_I, q_{II}, \ldots, q_k, \ldots, q_r$ stetige Funktionen der Länge sind, so ist es auch $y^k$.

$$y^k = \eta^k - \mu_k \cdot q_I - \nu_k \cdot q_{II} - \cdots - o_k \cdot q_k - \cdots - \chi_k \cdot q_r \quad (14)$$

stellt somit die Funktion der Durchbiegung der Querträgerunterlage längs des Längsträgers $k$ dar. In entsprechender Weise gewinnt man die Durchbiegungsfunktionen $y^I, y^{II}, \ldots, y^r$, so daß sich folgendes Gleichungssystem ergibt:

Allgemeine Theorie der Statik des Trägernetzes. 31

$$\left.\begin{array}{l} y^I = \eta^I - \mu_I \cdot q_I - \nu_I \cdot q_{II} - \cdots - o_I \cdot q_k - \cdots - \chi_I \cdot q_r, \\ y^{II} = \eta^{II} - \mu_{II} \cdot q_I - \nu_{II} \cdot q_{II} - \cdots - o_{II} \cdot q_k - \cdots - \chi_{II} \cdot q_r, \\ \cdots \cdots \\ y^k = \eta^k - \mu_k \cdot q_I - \nu_k \cdot q_{II} - \cdots - o_k \cdot q_k - \cdots - \chi_k \cdot q_r, \\ \cdots \cdots \\ y^r = \eta^r - \mu_r \cdot q_I - \nu_r \cdot q_{II} - \cdots - o_r \cdot q_k - \cdots - \chi_r \cdot q_r. \end{array}\right\} \quad (15)$$

Für den Längsträger $k$, der durch $q_k$ stetig belastet ist, läßt sich die allgemeine Differentialgleichung der Biegungslinie eines stetig belasteten Trägers in folgender Form ansetzen:

$$E J_k \cdot \frac{d^4 y_k}{d x^4} = \pm q_k. \quad (16)$$

Das Vorzeichen ist hier positiv zu nehmen. Es ist nämlich die Querkraft an beliebiger Stelle $x$ des Trägers $k$ $Q_k = Q_{o_k} - \int_0^x q_k dx$, wenn $Q_{o_k}$ die Querkraft am Trägerende bedeutet. Daraus folgt:

$$\frac{d Q_k}{d x} = - q_k.$$

Da $\dfrac{d M_k}{d x} = Q_k$, so ist $\dfrac{d^2 M_k}{d x^2} = - q_k.$

Andererseits ist $E J_k \cdot \dfrac{d^2 y_k}{d x^2} = - M_k$, da bei positivem Biegungsmoment $\operatorname{tg} \varphi_k = \dfrac{d y_k}{d x}$ mit zunehmendem $x$ abnimmt, also $\dfrac{d^2 y_k}{d x^2} < 0$ ist. Mithin ergibt sich:

$$E J_k \cdot \frac{d^4 y_k}{d x^4} = + q_k.$$

Für die Längsträger $I, II, \ldots, k, \ldots, r$ kann man die Differentialgleichungen der Biegungslinien schreiben:

$$\left.\begin{array}{l} \dfrac{1}{\varrho_I} \cdot \dfrac{d^4 y_I}{d x^4} = q_I, \\ \dfrac{1}{\varrho_{II}} \cdot \dfrac{d^4 y_{II}}{d x^4} = q_{II}, \\ \cdots \cdots \\ \dfrac{1}{\varrho_k} \cdot \dfrac{d^4 y_k}{d x^4} = q_k, \\ \cdots \cdots \\ \dfrac{1}{\varrho_r} \cdot \dfrac{d^4 y_r}{d x^4} = q_r. \end{array}\right\} \quad (17)$$

Da nun die Bedingung besteht, daß die Funktion der Durchbiegung der Querträgerunterlage längs eines Längsträgers gleich der Funktion

32 Statische Untersuchung der Bodenkonstruktion.

der Biegungslinie dieses Längsträgers sein muß, d. h. $y^k = y_k$, lassen sich die beiden Gleichungssysteme (15) und (17) durch Substitution von $\overset{k=r}{\underset{k=I}{q_k}}$ zu einem System von $r$ simultanen Differentialgleichungen vierter Ordnung für die Funktionen $y_I, y_{II}, \ldots, y_k, \ldots, y_r$ verbinden. In abgekürzter Schreibweise lauten diese Differentialgleichungen:

$$\begin{aligned} \sum_{k=I}^{k=r} \frac{o_I}{\varrho_k} \cdot \frac{d^4 y_k}{dx^4} + y_I &= \eta_I,{}^{1)} \\ \sum_{k=I}^{k=r} \frac{o_{II}}{\varrho_k} \cdot \frac{d^4 y_k}{dx^4} + y_{II} &= \eta_{II}, \\ &\cdots\cdots\cdots \\ \sum_{k=I}^{k=r} \frac{o_k}{\varrho_k} \cdot \frac{d^4 y_k}{dx^4} + y_k &= \eta_k, \\ &\cdots\cdots\cdots \\ \sum_{k=I}^{k=r} \frac{o_r}{\varrho_k} \cdot \frac{d^4 y_k}{dx^4} + y_r &= \eta_r. \end{aligned} \qquad (18)$$

Diese Differentialgleichungen haben konstante Koeffizienten, sind aber inhomogen. Die Lösung erfolgt, indem man zunächst das System der zugehörigen homogenen Differentialgleichungen auflöst. Durch Elimination der $\dfrac{d^4 y_{II}}{dx_4}, \ldots, \dfrac{d^4 y_k}{dx^4}, \ldots \dfrac{d^4 y_r}{dx^4}$ und $y_{II}, \ldots y_k, \ldots y_r$ gelangt man zu einer homogenen linearen Differentialgleichung $4r$-ter Ordnung mit konstanten Koeffizienten für die Funktion $y_I$:

$$a \cdot \frac{d^{4r} y_I}{dx^{4r}} + b \cdot \frac{d^{4(r-1)} y_I}{dx^{4(r-1)}} + \cdots + l \cdot \frac{d^{4k} y_I}{dx^{4k}} + \cdots + n \cdot \frac{d^4 y_I}{dx^4} + y_I = 0, \quad (19)$$

worin $a, b, \ldots, l, \ldots, n$ Konstante sind, die sich aus den konstanten Größen $\left|\mu_k, \nu_k, \ldots, o_k, \ldots, \varrho_k\right|_{k=I}^{k=r}$ zusammensetzen. Durch die Substitution $y_I = e^{ux}$ erhält man die zugehörige charakteristische Gleichung:

$$a \cdot u^{4r} + b \cdot u^{4(r-1)} + \cdots + l \cdot u^{4k} + \cdots + n \cdot u^4 + 1 = 0. \quad (20)$$

Setzt man $u^4 = v$, so ergibt sich die algebraische Gleichung $r$-ten Grades:

$$a \cdot v^r + b \cdot v^{r-1} + \cdots + l \cdot v^k + \cdots + n \cdot v + 1 = 0. \quad (21)$$

Da die Funktion $y_I$ immer endlich und reell ist, denn die Durchbiegung eines Trägers stellt einen endlichen, reellen Vorgang dar,

---

[1]) Der einfachen Schreibweise wegen ist hier $\eta_I, \eta_{II}, \ldots, \eta_k, \ldots, \eta_r$ an Stelle von $\eta^I, \eta^{II}, \ldots, \eta^k, \ldots, \eta^r$ gesetzt worden.

so kann obige Gleichung (21) nur negative reelle Wurzeln haben. Bei Vorhandensein einer positiven reellen Wurzel wird nämlich, da $u = \sqrt[4]{v}$, $u$ einmal positiv reell. Das bedeutet, daß es eine partikuläre Lösung $y_I = e^{ux}$ gibt, die mit wachsendem $x$ immer mehr wächst, und zwar sehr schnell $\to \infty$. Das widerspricht jedoch der Forderung, daß die allgemeine Lösung für $y_I$ stets endlich sein muß und als Durchbiegung eines Trägers nur kleine Werte annehmen darf. Hat Gl. (21) eine komplexe Wurzel, so ergeben sich für $u$ vier komplexe Werte, die aber nicht paarweise konjugiert sind. Daher sind die zugehörigen partikulären Lösungen komplexe Funktionen, aus denen sich keine reellen Lösungen herleiten lassen. Die allgemeine Lösung für $y_I$ enthält dann komplexe Glieder, was wiederum nicht möglich ist. Schließlich kann auch keine Wurzel der Gl. (21) Null werden. Denn durch den Wert 0 wird die Gleichung niemals erfüllt. Es bleibt daher als einzige Möglichkeit, daß Gl. (21) nur negative reelle Wurzeln hat. Fallen von diesen Wurzeln zwei in eine zusammen, so kann man aus jeder der zu dieser einen Wurzel gehörenden partikulären Lösungen mit Hilfe eines bekannten Satzes über lineare Differentialgleichungen[1]) sofort eine neue Lösung bilden.

Der Beweis, daß Gl. (21) nur negative reelle Wurzeln haben kann, läßt sich auch direkt führen. Wie A. Hurwitz[2]) gezeigt hat, besitzt eine algebraische Gleichung $r$-ten Grades nur dann lauter negative reelle Wurzeln, wenn sämtliche Koeffizienten positiv sind und wenn ferner bestimmte aus diesen Koeffizienten gebildete Determinanten ebenfalls positiv sind. Daß diese Bedingungen hier erfüllt sind, läßt sich mit unbestimmten Zahlen nur schwer beweisen, zumal da die Koeffizienten $a, b, \ldots, l, \ldots, n$ komplizierte Verbindungen der Größen $\mu_k, \nu_k, \ldots, o_k, \ldots, \varrho_k \Big|_{k=I}^{k=r}$ darstellen.

Die negativen reellen Wurzeln der Gl. (21) liefern nun $4r$ paarweise konjugiert komplexe Wurzeln der charakteristischen Gleichung (20), die sich in Gruppen zu vier schreiben:

$$\begin{aligned} u_{1 \div 4} &= \pm \alpha_I (1 \pm i), \\ u_{5 \div 8} &= \pm \alpha_{II} (1 \pm i), \\ &\cdots\cdots\cdots \\ u_{(4k-3) \div 4k} &= \pm \alpha_k (1 \pm i), \\ &\cdots\cdots\cdots \\ u_{(4r-3) \div 4r} &= \pm \alpha_r (1 \pm i). \end{aligned} \qquad (22)$$

---

[1]) Mangoldt, H. v.: Einführung in die höhere Mathematik Bd. 3, S. 462. Leipzig 1914.
[2]) Hurwitz, A.: Math. Annalen Bd. 46, S. 271. — Vgl. auch Stodola, A.: Über die Regulierung von Turbinen. Schweiz. Bauzg. Bd. 23, Nr. 17, 18. — Hort, W.: Technische Schwingungslehre, S. 164. 2. Aufl. Berlin: Julius Springer 1922.

Die zugehörigen partikulären Lösungen sind zunächst komplex; sie lassen sich aber, indem man je zwei zueinander addiert (bzw. voneinander subtrahiert) und die Summe (bzw. Differenz) mit einem konstanten Faktor $\left(\frac{1}{2}\text{ bzw. }\frac{1}{2i}\right)$ multipliziert, in reelle Lösungen umwandeln. Es ergibt sich dann:

$$\begin{aligned}
y_{I(1 \div 4)} &= e^{\pm a_I x} \begin{Bmatrix} \cos \alpha_I x \\ \sin \alpha_I x \end{Bmatrix}, \\
y_{I(5 \div 8)} &= e^{\pm a_{II} x} \begin{Bmatrix} \cos \alpha_{II} x \\ \sin \alpha_{II} x \end{Bmatrix}, \\
&\cdots\cdots\cdots\cdots\cdots \\
y_{I((4k-3) \div 4k)} &= e^{\pm a_k x} \begin{Bmatrix} \cos \alpha_k x \\ \sin \alpha_k x \end{Bmatrix}, \\
&\cdots\cdots\cdots\cdots\cdots \\
y_{I((4r-3) \div 4r)} &= e^{\pm a_r x} \begin{Bmatrix} \cos \alpha_r x \\ \sin \alpha_r x \end{Bmatrix}.
\end{aligned} \quad (23)$$

Die allgemeine Lösung für $y_I$ (homog.) lautet nun:

$$y_I = \sum_{k=1}^{k=r} [(A_{2k-1} \cdot e^{a_k x} + A_{2k} \cdot e^{-a_k x}) \cos \alpha_k x \\ + (B_{2k-1} \cdot e^{a_k x} + B_{2k} \cdot e^{-a_k x}) \sin \alpha_k x]. \quad (24)$$

Hierin sind $\left. A_{2k-1}, A_{2k}, B_{2k-1}, B_{2k} \right|_{k=1}^{k=r}$ Integrationskonstante. Die allgemeinen Lösungen für $y_{II}, \ldots, y_k, \ldots, y_r$ findet man, indem man $y_I$ in das System der homogenen Differentialgleichungen einführt, zu

$$\begin{aligned}
y_{II} &= \sum_{k=1}^{k=r} \sigma_k^{(I)} [(A_{2k-1} \cdot e^{a_k x} + A_{2k} \cdot e^{-a_k x}) \cos \alpha_k x \\ &\quad + (B_{2k-1} \cdot e^{a_k x} + B_{2k} \cdot e^{-a_k x}) \sin \alpha_k x], \\
&\cdots\cdots\cdots\cdots\cdots \\
y_k &= \sum_{k=1}^{k=r} \sigma_k^{(k-1)} [(A_{2k-1} \cdot e^{a_k x} + A_{2k} \cdot e^{-a_k x}) \cos \alpha_k x \\ &\quad + (B_{2k-1} \cdot e^{a_k x} + B_{2k} \cdot e^{-a_k x}) \sin \alpha_k x], \\
&\cdots\cdots\cdots\cdots\cdots \\
y_r &= \sum_{k=1}^{k=r} \sigma_k^{(r-1)} [(A_{2k-1} \cdot e^{a_k x} + A_{2k} \cdot e^{-a_k x}) \cos \alpha_k x \\ &\quad + (B_{2k-1} \cdot e^{a_k x} + B_{2k} \cdot e^{-a_k x}) \sin \alpha_k x].
\end{aligned} \quad (25)$$

$\left. \sigma_k^{(I)} \cdots \sigma_k^{(k-1)} \cdots \sigma_k^{(r-1)} \right|_{k=1}^{k=r}$ sind konstante Koeffizienten, die sich als Verbindungen der Größen $\left. \alpha_k, \mu_k, \nu_k, \ldots, o_k, \ldots, \varrho_k \right|_{k=1}^{k=r}$ beim Einsetzen von $y_I$ in die Differentialgleichungen ergeben.

Die allgemeinen Lösungen der inhomogenen Differentialgleichungen (18) erhält man in bekannter Weise, indem man zu den allgemeinen Lösungen der homogenen Differentialgleichungen je eine partikuläre Lösung der inhomogenen Gleichungen addiert. Bezeichnet man diese partikulären Lösungen mit $\bar{y}_I, \bar{y}_{II}, \ldots, \bar{y}_k, \ldots, \bar{y}_r$, so lauten die allgemeinen Lösungen der inhomogenen Differentialgleichungen:

$$\begin{aligned}
y_I &= \sum_{k=1}^{k=r} [(A_{2k-1} \cdot e^{a_k x} + A_{2k} \cdot e^{-a_k x}) \cos \alpha_k x \\
&\quad + (B_{2k-1} \cdot e^{a_k x} + B_{2k} \cdot e^{-a_k x}) \sin \alpha_k x] + \bar{y}_I, \\
y_{II} &= \sum_{k=1}^{k=r} \sigma_k^{(I)} [(A_{2k-1} \cdot e^{a_k x} + A_{2k} \cdot e^{-a_k x}) \cos \alpha_k x \\
&\quad + (B_{2k-1} \cdot e^{a_k x} + B_{2k} \cdot e^{-a_k x}) \sin \alpha_k x] + \bar{y}_{II}, \\
&\cdots\cdots\cdots\cdots\cdots\cdots\cdots\cdots\cdots\cdots \\
y_k &= \sum_{k=1}^{k=r} \sigma_k^{(k-1)} [(A_{2k-1} \cdot e^{a_k x} + A_{2k} \cdot e^{-a_k x}) \cos \alpha_k x \\
&\quad + (B_{2k-1} \cdot e^{a_k x} + B_{2k} \cdot e^{-a_k x}) \sin \alpha_k x] + \bar{y}_k, \\
&\cdots\cdots\cdots\cdots\cdots\cdots\cdots\cdots\cdots\cdots \\
y_r &= \sum_{k=1}^{k=r} \sigma_k^{(r-1)} [(A_{2k-1} \cdot e^{a_k x} + A_{2k} \cdot e^{-a_k x}) \cos \alpha_k x \\
&\quad + (B_{2k-1} \cdot e^{a_k x} + B_{2k} \cdot e^{-a_k x}) \sin \alpha_k x] + \bar{y}_r.
\end{aligned} \tag{26}$$

Die Bestimmung einer partikulären Lösung einer inhomogenen Differentialgleichung gestaltet sich besonders einfach, wenn die rechte Seite, d. h. $\eta$, konstant oder eine rationale Funktion $n$-ten Grades von $x$ ist. Das ist der Fall, wenn die Belastung in der Längsrichtung gleichmäßig verteilt ist oder proportional mit $x$ zunimmt. In ersterem Fall, z. B. bei Wasserdruckbelastung, ist $\eta_I, \eta_{II}, \ldots, \eta_k, \ldots, \eta_r$ konstant und die partikulären Lösungen der inhomogenen Gleichungen ergeben sich einfach zu $\eta_I, \eta_{II}, \ldots, \eta_k, \ldots, \eta_r$. Ist die rechte Seite einer inhomogenen Gleichung eine beliebige Funktion von $x$, so kann man die zunächst willkürlichen Integrationskonstanten in der allgemeinen Lösung der inhomogenen Gleichung so bestimmen, daß diese Lösung die allgemeine Lösung der inhomogenen Gleichung wird (Methode der Variation der Konstanten).

Das Ziel dieser Untersuchung ist, die Funktionen $q_k \Big|_{k=1}^{k=r}$, in denen sich die von den Längsträgern auf die Querträger übertragenen Kräfte darstellen, zu ermitteln. Diese gehen nun ohne weiteres durch viermalige Differentiation aus den Funktionen $y_k \Big|_{k=1}^{k=r}$ hervor. Ebenso erhält man durch mehrmalige Differentiation die übrigen elastischen Größen der Längsträger, d. h. $\left|\operatorname{tg}\varphi_k, M_k, Q_k\right|_{k=1}^{k=r}$, so daß folgende Beziehungen bestehen:

$$\left.\begin{aligned}\operatorname{tg}\varphi_k\Big|_{k=1}^{k=r} &= \left.\frac{dy_k}{dx}\right|_{k=1}^{k=r}, \\ M_k\Big|_{k=1}^{k=r} &= \left.-EJ_k\cdot\frac{d^2y_k}{dx^2}\right|_{k=1}^{k=r} = \left.-\frac{1}{\varrho_k}\cdot\frac{d^2y_k}{dx^2}\right|_{k=1}^{k=r}, \\ Q_k\Big|_{k=1}^{k=r} &= \left.-EJ_k\cdot\frac{d^3y_k}{dx^3}\right|_{k=1}^{k=r} = \left.-\frac{1}{\varrho_k}\cdot\frac{d^3y_k}{dx^3}\right|_{k=1}^{k=r}, \\ q_k\Big|_{k=1}^{k=r} &= \left.+EJ_k\cdot\frac{d^4y_k}{dx^4}\right|_{k=1}^{k=r} = \left.+\frac{1}{\varrho_k}\cdot\frac{d^4y_k}{dx^4}\right|_{k=1}^{k=r}.\end{aligned}\right\} \quad (27)$$

Um von den allgemeinen Lösungen der Differentialgleichungen zu den besonderen zu gelangen, hat man die Integrationskonstanten $\left|A_{2k-1}, A_{2k}, B_{2k-1}, B_{2k}\right|_{k=1}^{k=r}$ aus den Randbedingungen zu bestimmen. Diese Randbedingungen sind durch die Art der Auflagerung und Einspannung der Längsträger sowie durch die Belastungsart gegeben.

Wählt man z. B. als Koordinatenanfang die Mitte der Längsträger und ist die Belastung zu dieser Mitte symmetrisch, so hat man bei fester Auflagerung der Längsträger folgende Randbedingungen:

a) für frei aufliegende Längsträger:

$$\left.\begin{aligned}&1.\ x=0: \quad \operatorname{tg}\varphi_k\Big|_{k=1}^{k=r} = \left.\frac{dy_k}{dx}\right|_{k=1}^{k=r}=0, \\ &\qquad\qquad\quad Q_k\Big|_{k=1}^{k=r} = 0 \quad \text{oder} \quad \left.\frac{d^3y_k}{dx^3}\right|_{k=1}^{k=r}=0, \\ &2.\ x=\frac{L}{2}: \quad y_k\Big|_{k=1}^{k=r} = 0, \\ &\qquad\qquad\quad M_k\Big|_{k=1}^{k=r} = 0 \quad \text{oder} \quad \left.\frac{d^2y_k}{dx^2}\right|_{k=1}^{k=r}=0;\end{aligned}\right\} \quad (28)$$

b) für vollkommen eingespannte Längsträger:

$$\left.\begin{aligned}&1.\ x=0: \quad \text{wie unter a)}, \\ &2.\ x=\frac{L}{2}: \quad y_k\Big|_{k=1}^{k=r}=0, \\ &\qquad\qquad\quad \operatorname{tg}\varphi_k\Big|_{k=1}^{k=r} = \left.\frac{dy_k}{dx}\right|_{k=1}^{k=r}=0.\end{aligned}\right\} \quad (29)$$

Aus diesen Bedingungen ergeben sich $4r$ Gleichungen 1. Grades für die unbekannten Integrationskonstanten.

Es sei noch bemerkt, daß die Auflager- und Einspannbedingungen der Querträger in Gl. (11) berücksichtigt werden, denn diese Gleichung gilt für beliebige Auflager- und Einspannbedingungen. Die besonderen Lösungen für die Funktionen $\mathop{y_k}\limits_{k=1}^{k=r}$ vermitteln daher die Kenntnis der gesamten statischen Verhältnisse eines beliebigen Trägernetzes.

Es ist nun der Fall zu behandeln, daß das Trägernetz in seiner Längsrichtung unstetig belastet ist. Z. B. wirke auf den Längsträger $k$ die Einzellast $P_k$. Zerlegt man das Trägernetz in seine Längs- und Querträger, so ergeben sich folgende Belastungsschemata für den Querträger $i$ und den Längsträger $k$ (Abb. 16):

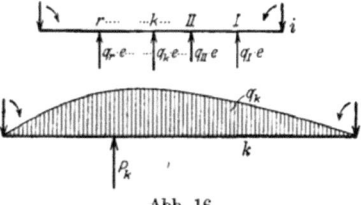

Abb. 16.

Hier stellen also die Querträger eine tatsächliche Unterstützung der Längsträger dar.

Analog Früherem ergeben sich die Durchbiegungen des Querträgers $i$ an den Knotenpunkten $I, II, \ldots, k, \ldots, r$ bzw. die Durchbiegungsfunktionen der Querträgerunterlage längs der Längsträger $I, II, \ldots, k, \ldots, r$ zu

$$\left.\begin{aligned} y^I &= \mu_I \cdot q_I + \nu_I \cdot q_{II} + \cdots + o_I \cdot q_k + \cdots + \chi_I \cdot q_r \\ y^{II} &= \mu_{II}\cdot q_I + \nu_{II}\cdot q_{II} + \cdots + o_{II}\cdot q_k + \cdots + \chi_{II}\cdot q_r \\ &\cdots\cdots\cdots\cdots\cdots\cdots\cdots\cdots\cdots\cdots\cdots\cdots\cdots\cdots \\ y^k &= \mu_k \cdot q_I + \nu_k \cdot q_{II} + \cdots + o_k \cdot q_k + \cdots + \chi_k \cdot q_r \\ &\cdots\cdots\cdots\cdots\cdots\cdots\cdots\cdots\cdots\cdots\cdots\cdots\cdots\cdots \\ y^r &= \mu_r \cdot q_I + \nu_r \cdot q_{II} + \cdots + o_r \cdot q_k + \cdots + \chi_r \cdot q_r \end{aligned}\right\} \quad (30)$$

Die allgemeine Differentialgleichung der Biegungslinie des durch $P_k$ und $q_k$ belasteten Längsträgers $k$ lautet hier

$$\frac{1}{\varrho_k} \cdot \frac{d^4 y_k}{d x^4} = -q_k. \qquad (31)$$

Das negative Vorzeichen ergibt sich aus derselben Überlegung wie auf S. 31, jedoch ist hier

bzw.
$$Q_k = Q_{0k} + \int_0^x q_k\, dx \qquad \text{(links von } P_k\text{)}$$

$$Q_k = Q_{0k} - P_k + \int_0^x q_k\, dx \qquad \text{(rechts von } P_k\text{)}.$$

Für die Längsträger $I, II, \ldots, r$, die an irgendeiner Stelle die Einzellasten $P_I, P_{II}, \ldots, P_r$ tragen, lassen sich entsprechende Differentialgleichungen ansetzen. Da $y^k = y_k$ sein muß, kann man die beiden Gleichungssysteme, (30) und das von der Form (31), zu einem System von simultanen Differentialgleichungen vierter Ordnung für die Funktionen $y_I, y_{II}, \ldots, y_k, \ldots, y_r$ verbinden. Dieses lautet

$$\begin{aligned}\sum_{k=I}^{k=r}\frac{o_I}{\varrho_k}\cdot\frac{d^4y_k}{dx^4}+y_I &= 0 \\ \sum_{k=I}^{k=r}\frac{o_{II}}{\varrho_k}\cdot\frac{d^4y_k}{dx^4}+y_{II} &= 0 \\ \cdots\cdots\cdots\cdots\cdots & \\ \sum_{k=I}^{k=r}\frac{o_k}{\varrho_k}\cdot\frac{d^4y_k}{dx^4}+y_k &= 0 \\ \cdots\cdots\cdots\cdots\cdots & \\ \sum_{k=I}^{k=r}\frac{o_r}{\varrho_k}\cdot\frac{d^4y_k}{dx^4}+y_r &= 0.\end{aligned} \quad (32)$$

Es unterscheidet sich von dem entsprechenden Gleichungssystem für stetige Belastung nur dadurch, daß es homogen ist. Die allgemeinen Lösungen sind daher genau dieselben wie dort für die homogenen Gleichungen (s. S. 34, Gl. 24, 25). Die Wirkung der Einzellasten äußert sich weder in den Differentialgleichungen noch in ihren allgemeinen Lösungen. Das erklärt sich daraus, daß eine Differentialgleichung zunächst nur eine Hauptbedingung der vorliegenden Aufgabe ausdrückt und die auf den speziellen Verhältnissen der Aufgabe beruhenden Nebenbedingungen offen läßt. Erst durch die richtige Wahl der Integrationskonstanten werden diese speziellen Verhältnisse erfaßt.

Die $y_k$-, $M_k$- und $q_k$-Funktionen haben nun auch bei Einzellasten einen stetigen Verlauf; jedoch wird die Funktion $Q_k$, die Querkraft, am Angriffspunkt einer Einzellast unstetig und erleidet eine sprungweise Veränderung um den negativen Betrag der Einzellast. Man sagt auch, die Gleichung für $Q_k$ hat hier einen Diskontinuitätspunkt. Wie bei einem gewöhnlichen durch Einzellasten belasteten Träger verlieren auch hier an einem Diskontinuitätspunkt die Gleichungen für die elastischen Größen ihre Gültigkeit. Die Integration der Differentialgleichungen kann daher nur stückweise erfolgen; daraus ergibt sich, daß in den allgemeinen Lösungen der Differentialgleichungen die Integrationskonstanten an einem Diskontinuitätspunkt durch neue ersetzt werden müssen, die für den Bereich bis zum nächsten Diskontinuitätspunkt bzw. bis zum rechten Auflager Gültigkeit haben. Zur Bestimmung der Integrationskonstanten liefern zu den Gleichungen, die sich, wie früher, aus den Randbedingungen für die Auflager ergeben, die Anschlußbedingungen für die beiden Stücke, in die der Träger durch die Einzellast geteilt wird, vier neue Gleichungen. An der Laststelle müssen sich nämlich die beiden Äste der elastischen Linie des Trägers stetig und ohne Knick aneinander anschließen, ferner müssen die Momentenlinien der beiden Trägerstücke stetig ineinander übergehen und schließlich müssen die Querkräfte um den Betrag der Einzellast differieren. Bezeichnet man das rechte Trägerstück durch ($'$), so schreiben sich die vier Bedingungen:

$$\left.\begin{array}{l} y_k = y_k' \Big|_{k=l}^{k=r} \\[4pt] \operatorname{tg}\varphi_k = \operatorname{tg}\varphi_k' \quad \text{oder} \quad \dfrac{dy_k}{dx} = \dfrac{dy_k'}{dx}\Big|_{k=l}^{k=r} \\[4pt] M_k = M_k' \quad \text{oder} \quad \dfrac{d^2y_k}{dx^2} = \dfrac{d^2y_k'}{dx^2}\Big|_{k=l}^{k=r} \\[4pt] Q_k - Q_k' = P_k \quad \text{oder} \quad \dfrac{d^3y_k}{dx^3} - \dfrac{d^3y_k'}{dx^3} = -P_k \cdot \varrho_k\Big|_{k=l}^{k=r} \end{array}\right\} \quad (33)$$

Diese Bedingungen kann man für jeden Längsträger und bei mehreren Einzellasten auch für jeden Lastpunkt ansetzen.

Ähnlich würde auch das Verfahren bei Streckenlasten sein.

Diskontinuitätspunkte in den Gleichungen für die elastischen Größen entstehen auch, wenn an irgendeiner Stelle eines Längsträgers ein Kräftepaar angreift oder wenn sich das Trägheitsmoment eines Längsträgers sprungweise ändert oder schließlich, wenn die elastischen Verhältnisse der Querträgerunterlage eine plötzliche Veränderung erfahren; letzteres ist der Fall, wenn z. B. die Einspannung der Querträger durch Rahmenspanten vergrößert wird.

Im folgenden wird nur der Fall der Belastung durch Einzellasten behandelt werden. Im Schiff stellen die von der Belastung in den Raum- und Deckstützen hervorgerufenen Kräfte solche Einzellasten dar. Da stützenlose Schiffe im allgemeinen nicht vorkommen und die Stützenkräfte — namentlich bei weitstehenden Stützen — ganz beträchtlich sind, so ist die Belastung durch Einzellasten für den Schiffbau bei weitem wichtiger als die übrigen erwähnten Fälle von Unstetigkeiten.

Wie man sieht, gestalten Diskontinuitätspunkte die Untersuchungen sehr verwickelt, denn schon bei einer Einzellast wird die Zahl der zu bestimmenden Konstanten verdoppelt. In den weiteren Entwicklungen ist daher als vereinfachende Bedingung gesetzt, daß die Angriffspunkte der Einzellasten auf den verschiedenen Längsträgern sämtlich den gleichen Abstand vom Querschott haben. Diese Bedingung ist bei den Stützen im Schiff meistens erfüllt. Alle komplizierteren Fälle werden durch Übereinanderlagerung von einfacheren gelöst. Als grundlegende Vorbedingung gilt, daß die Einzellasten auf einem Längsträger stehen und nicht etwa auf einem Querträger zwischen zwei Längsträgern.

Es sei hier ein Ausblick auf die Lösbarkeit des Problems der Raumfestigkeit gestattet. Ebenso wie der Boden lassen sich auch die Seitenwände und Decks im Bereich zweier Querschotte als Trägernetze auffassen, und man kann für jedes dieser Trägernetze zur Bestimmung der unbekannten Funktionen $q$ bzw. $y$ Differentialgleichungen aufstellen. Infolge des Zusammenhangs von Boden, Seitenwänden und Decks beeinflussen sich diese Funktionen gegenseitig, so daß in den Differentialgleichungen für ein Trägernetz auch die Funktionen der übrigen Trägernetze auftreten. Man erhält daher ein einziges System von simultanen Differentialgleichungen für die Funktionen sämtlicher Trägernetze. Es fragt sich jedoch, ob die Auflösung dieses Systems bei der großen Zahl von Längsträgern praktisch durchführbar ist, zumal da infolge der Luken in den Decks die elastische Stützung der Unterzüge durch die Deckbalken nur stückweise gleichmäßig ist, wodurch in den Gleichungen sehr viele Diskontinuitätspunkte hervorgerufen werden. Immerhin ist die Möglichkeit, daß sich in dieser Weise die gesamten Raumfestigkeitsverhältnisse erfassen lassen, nicht ganz von der Hand zu weisen.

## 4. Behandlung der wichtigsten Fälle der Belastung und Konstruktion des Schiffsbodens.

Im vorigen Abschnitt war die allgemeine Theorie der Statik eines beliebigen Trägernetzes entwickelt worden. Diese Theorie ist nunmehr auf die wichtigsten Fälle der Belastung und Konstruktion des Schiffsbodens anzuwenden und es sind die vorläufig noch sehr allgemeinen Beziehungen in speziellere umzuwandeln, so daß die Durchführung einer Bodenuntersuchung auf ein Minimum von Rechenarbeit zurückgeführt wird. Aus diesen spezielleren Beziehungen lassen sich dann auch allgemeine Schlüsse auf das Verhalten der Bodenkonstruktionen bei verschiedenen Belastungen ziehen.

Es sollen folgende Belastungsfälle untersucht werden:

Behandlung der wichtigsten Fälle der Belastung und Konstruktion. 41

A. Belastung durch Wasserdruck;
B. Belastung durch Einzellasten;
C. Belastung durch den Stützdruck im Dock.

Das auf S. 3 beschriebene normale System der Bodenkonstruktion läßt eine Einteilung nach der Zahl der Längsträger in folgende Gruppen zu:

Bodenkonstruktion bestehend aus

α) dem Mittelträger und $n$ Querträgern;
β) dem Mittelträger, 2 symmetrisch zur Mitte gelegenen Seitenträgern und $n$ Querträgern;
γ) dem Mittelträger, 4 symmetrisch zur Mitte gelegenen Seitenträgern und $n$ Querträgern;
δ) dem Mittelträger, 6 symmetrisch zur Mitte gelegenen Seitenträgern und $n$ Querträgern.

Mehr als 6 Seitenträger kommen im allgemeinen nicht vor, ausgenommen in Maschinen- und Kesselräumen, doch laufen dann meistens nicht sämtliche Seitenträger von Schott zu Schott durch. Es genügt daher vollkommen, die Fälle α) bis δ) genauer zu untersuchen.

Für alle genannten Fälle sollen die mathematischen Beziehungen für

a) frei aufliegende Längsträger;
b) vollkommen eingespannte Längsträger

bei fester Auflagerung abgeleitet werden.

Es ist hier eine Bemerkung bezüglich der Randplatte einzuschalten. Wenn die Randplatte senkrecht oder nahezu senkrecht steht, so kann sie als gewöhnlicher Seitenträger angesehen werden. Bei stark geneigter Stellung kann man ihren Einfluß meistens vernachlässigen. Näheres darüber findet sich in dem Zahlenbeispiel 1.

Im übrigen gelten für die folgenden Untersuchungen alle auf S. 11 getroffenen Festsetzungen.

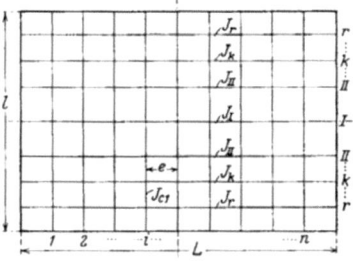

Abb. 17.

Die Bezeichnung der Längsträger erfolgt in der Weise, daß für den Mittelträger der Index $I$ gilt, während die Seitenträger von der Mitte aus mit $II, III \ldots$ bezeichnet werden (Abb. 17).

Die Integrationskonstanten erhalten der Übersichtlichkeit wegen arabische Zahlen als Indizes.

## A. Belastung durch Wasserdruck.

### a) Bodenkonstruktion bestehend aus dem Mittelträger und $n$ Querträgern.

Die Differentialgleichung für die Funktion $y_l$ lautet entsprechend Gl. (18)

$$\frac{\mu_l}{\varrho_l} \cdot \frac{d^4 y_l}{dx^4} + y_l = \eta_l. \tag{34}$$

Setzt man in der zugehörigen homogenen Gleichung $y_l = e^{ux}$, so ergibt sich die charakteristische Gleichung

$$\frac{\mu_l}{\varrho_l} \cdot u^4 + 1 = 0.$$

Hieraus

$$u_{1 \div 4} = \pm (1 \pm i) \sqrt[4]{\frac{\varrho_l}{4 \mu_l}} = \pm (1 \pm i) \alpha.\ ^1)$$

Die allgemeine Lösung der homogenen Gleichung ist dann

$$y_l = (A_1 \cdot e^{\alpha x} + A_2 \cdot e^{-\alpha x}) \cos \alpha x + (B_1 \cdot e^{\alpha x} + B_2 \cdot e^{-\alpha x}) \sin \alpha x. \tag{35}$$

Da die Belastung über die ganze Fläche der Bodenkonstruktion gleichmäßig verteilt ist, so ist $\eta_l$ konstant und die allgemeine Lösung der inhomogenen Differentialgleichung lautet

$$y_l = (A_1 \cdot e^{\alpha x} + A_2 \cdot e^{-\alpha x}) \cos \alpha x + (B_1 \cdot e^{\alpha x} + B_2 \cdot e^{-\alpha x}) \sin \alpha x + \eta_l, \tag{36}$$

worin

$$\alpha = \sqrt[4]{\frac{\varrho_l}{4 \mu_l}}. \tag{37}$$

Es seien hier die 4 Differentialquotienten von $y_l$ zusammengestellt, da sie bei der Bestimmung der Integrationskonstanten benötigt werden:

$$\frac{dy_l}{dx} = \alpha [A_1 \cdot e^{\alpha x}(\cos \alpha x - \sin \alpha x) - A_2 \cdot e^{-\alpha x}(\cos \alpha x + \sin \alpha x)$$
$$+ B_1 \cdot e^{\alpha x}(\cos \alpha x + \sin \alpha x) + B_2 \cdot e^{-\alpha x}(\cos \alpha x - \sin \alpha x)] \tag{38}$$

$$\frac{d^2 y_l}{dx^2} = 2\alpha^2 [-(A_1 \cdot e^{\alpha x} - A_2 \cdot e^{-\alpha x}) \sin \alpha x + (B_1 \cdot e^{\alpha x} - B_2 \cdot e^{-\alpha x}) \cos \alpha x] \tag{39}$$

$$\frac{d^3 y_l}{dx^3} = 2\alpha^3 [-A_1 \cdot e^{\alpha x}(\cos \alpha x + \sin \alpha x) + A_2 \cdot e^{-\alpha x}(\cos \alpha x - \sin \alpha x)$$
$$+ B_1 e^{\alpha x}(\cos \alpha x - \sin \alpha x) + B_2 \cdot e^{-\alpha x}(\cos \alpha x + \sin \alpha x)] \tag{40}$$

$$\frac{d^4 y_l}{dx^4} = -4\alpha^4 [(A_1 \cdot e^{\alpha x} + A_2 \cdot e^{-\alpha x}) \cos \alpha x + (B_1 \cdot e^{\alpha x} + B_2 \cdot e^{-\alpha x}) \sin \alpha x] \tag{41}$$

---

[1] $\alpha$ ist hier bei einem Längsträger der Einfachheit halber ohne Suffix geschrieben.

Behandlung der wichtigsten Fälle der Belastung und Konstruktion. 43

Bestimmung der Integrationskonstanten.

Koordinatenanfang ist die Mitte des Mittelträgers zwischen den Auflagerstellen.

**a) Mittelträger frei aufliegend.** Die Randbedingungen ergeben für

1. $x = 0$:

$$\frac{dy_I}{dx} = 0 = A_1 - A_2 + B_1 + B_2 \tag{42}$$

$$\frac{d^3y_I}{dx^3} = 0 = -A_1 + A_2 + B_1 + B_2 \tag{43}$$

2. $x = \frac{L}{2}$, wenn man $\alpha \cdot L = \lambda$ einführt:

$$y_I = 0 = \left(A_1 \cdot e^{\frac{\lambda}{2}} + A_2 \cdot e^{-\frac{\lambda}{2}}\right)\cos\frac{\lambda}{2} + \left(B_1 \cdot e^{\frac{\lambda}{2}} + B_2 \cdot e^{-\frac{\lambda}{2}}\right)\sin\frac{\lambda}{2} + \eta_I \tag{44}$$

$$\frac{d^2y_I}{dx^2} = 0 = -\left(A_1 \cdot e^{\frac{\lambda}{2}} - A_2 \cdot e^{-\frac{\lambda}{2}}\right)\sin\frac{\lambda}{2} + \left(B_1 \cdot e^{\frac{\lambda}{2}} - B_2 \cdot e^{-\frac{\lambda}{2}}\right)\cos\frac{\lambda}{2}. \tag{45}$$

Gl. (42) und (43) liefert $\quad A_1 = A_2 \tag{46}$

$$B_1 = -B_2 \tag{47}$$

Gl. (44) und (45) geht dann über in:

$$2 A_1 \cdot \mathfrak{Cof}\frac{\lambda}{2} \cdot \cos\frac{\lambda}{2} + 2 B_1 \cdot \mathfrak{Sin}\frac{\lambda}{2} \cdot \sin\frac{\lambda}{2} + \eta_I = 0 \tag{48a}$$

$$- 2 A_1 \cdot \mathfrak{Sin}\frac{\lambda}{2} \cdot \sin\frac{\lambda}{2} + 2 B_1 \cdot \mathfrak{Cof}\frac{\lambda}{2} \cdot \cos\frac{\lambda}{2} = 0 \tag{48b}$$

$$2 A_1 \left(\mathfrak{Cof}^2\frac{\lambda}{2} \cdot \cos^2\frac{\lambda}{2} + \mathfrak{Sin}^2\frac{\lambda}{2} \cdot \sin^2\frac{\lambda}{2}\right) + \eta_I \cdot \mathfrak{Cof}\frac{\lambda}{2} \cdot \cos\frac{\lambda}{2} = 0.$$

Hieraus

$$A_1 = -\eta_I \cdot \frac{\mathfrak{Cof}\frac{\lambda}{2} \cdot \cos\frac{\lambda}{2}}{\mathfrak{Cof}\lambda + \cos\lambda}. \tag{48}$$

Entsprechend wird

$$B_1 = -\eta_1 \cdot \frac{\mathfrak{Sin}\frac{\lambda}{2} \cdot \sin\frac{\lambda}{2}}{\mathfrak{Cof}\lambda + \cos\lambda}. \tag{49}$$

**b) Mittelträger vollkommen eingespannt.**

1. $x = 0$ liefert wie bei a)

$$A_1 = A_2,$$
$$B_1 = -B_2.$$

44 Statische Untersuchung der Bodenkonstruktion.

2. $x = \dfrac{L}{2}$, wenn man wieder $\alpha \cdot L = \lambda$ einführt:

$$y_I = 0 = 2A_1 \cdot \mathfrak{Cof}\frac{\lambda}{2} \cdot \cos\frac{\lambda}{2} + 2B_1 \cdot \mathfrak{Sin}\frac{\lambda}{2} \cdot \sin\frac{\lambda}{2} + \eta_I \qquad (50)$$

$$\frac{dy_I}{dx} = 0 = 2A_1\left(\mathfrak{Sin}\frac{\lambda}{2}\cdot\cos\frac{\lambda}{2} - \mathfrak{Cof}\frac{\lambda}{2}\cdot\sin\frac{\lambda}{2}\right)$$

$$+ 2B_1\left(\mathfrak{Sin}\frac{\lambda}{2}\cdot\cos\frac{\lambda}{2} + \mathfrak{Cof}\frac{\lambda}{2}\cdot\sin\frac{\lambda}{2}\right) \qquad (51)$$

$$2A_1\left(\mathfrak{Cof}\frac{\lambda}{2}\cdot\mathfrak{Sin}\frac{\lambda}{2}\cdot\cos^2\frac{\lambda}{2} + \mathfrak{Cof}^2\frac{\lambda}{2}\cdot\cos\frac{\lambda}{2}\cdot\sin\frac{\lambda}{2} - \mathfrak{Sin}^2\frac{\lambda}{2}\cdot\cos\frac{\lambda}{2}\cdot\sin\frac{\lambda}{2}\right.$$

$$\left.+ \mathfrak{Cof}\frac{\lambda}{2}\cdot\mathfrak{Sin}\frac{\lambda}{2}\cdot\sin^2\frac{\lambda}{2}\right) + \eta_I\left(\mathfrak{Sin}\frac{\lambda}{2}\cdot\cos\frac{\lambda}{2} + \mathfrak{Cof}\frac{\lambda}{2}\cdot\sin\frac{\lambda}{2}\right) = 0.$$

Hieraus

$$A_1 = -\eta_I \cdot \frac{\mathfrak{Cof}\dfrac{\lambda}{2}\cdot\sin\dfrac{\lambda}{2} + \mathfrak{Sin}\dfrac{\lambda}{2}\cdot\cos\dfrac{\lambda}{2}}{\mathfrak{Sin}\,\lambda + \sin\lambda}. \qquad (52)$$

Entsprechend

$$B_1 = -\eta_I \cdot \frac{\mathfrak{Cof}\dfrac{\lambda}{2}\cdot\sin\dfrac{\lambda}{2} - \mathfrak{Sin}\dfrac{\lambda}{2}\cdot\cos\dfrac{\lambda}{2}}{\mathfrak{Sin}\,\lambda + \sin\lambda}. \qquad (53)$$

Endformeln für $y_I$, $M_I$, $Q_I$, $q_I$.

Zunächst sollen die Ausdrücke für $A_1$ und $B_1$ nicht eingeführt werden. Es ergibt sich dann aus Gl. (27) und (39) bis (41) allgemein, d. h. für frei aufliegenden und vollkommen eingespannten Mittelträger:

$$y_I = \eta_I + 2A_1 \cdot \mathfrak{Cof}\,\alpha x \cdot \cos\alpha x + 2B_1 \cdot \mathfrak{Sin}\,\alpha x \cdot \sin\alpha x,^1) \qquad (54)$$

$$M_I = \frac{2\alpha^2}{\varrho_I}[2A_1 \cdot \mathfrak{Sin}\,\alpha x \cdot \sin\alpha x - 2B_1 \cdot \mathfrak{Cof}\,\alpha x \cdot \cos\alpha x], \qquad (55)$$

$$Q_I = \frac{2\alpha^3}{\varrho_I}[2A_1(\mathfrak{Cof}\,\alpha x \cdot \sin\alpha x + \mathfrak{Sin}\,\alpha x \cdot \cos\alpha x)$$

$$+ 2B_1(\mathfrak{Cof}\,\alpha x \cdot \sin\alpha x - \mathfrak{Sin}\,\alpha x \cdot \cos\alpha x)], \qquad (56)$$

$$q_I = -\frac{4\alpha^4}{\varrho_I}[2A_1 \cdot \mathfrak{Cof}\,\alpha x \cdot \cos\alpha x + 2B_1 \cdot \mathfrak{Sin}\,\alpha x \cdot \sin\alpha x]. \qquad (57)$$

Diese Formeln werden vor allem dann Anwendung finden, wenn der ganze Verlauf dieser Funktionen rechnerisch bestimmt werden soll.

---

[1] $x$ rechnet von der Mitte aus nach rechts als positiv, nach links als negativ.

Für eine alleinige Ermittlung der Grenzwerte $\left(x = 0 \text{ und } x = \dfrac{L}{2}\right)$ ist es empfehlenswert, Formeln aufzustellen, in denen $A_1$ und $B_1$ nicht mehr vorkommt. Führt man die gefundenen Ausdrücke für $A_1$ und $B_1$ in das Formelsystem ein und setzt

$$\alpha\left(\frac{L}{2}+x\right) = \zeta, \qquad \alpha\left(\frac{L}{2}-x\right) = \xi, \tag{58}$$

so erhält man nach einigen Umformungen

a) für frei aufliegenden Mittelträger:

$$y_I = \eta_I \left[1 - \frac{\mathfrak{Cof}\,\zeta \cdot \cos\xi + \mathfrak{Cof}\,\xi \cdot \cos\zeta}{\mathfrak{Cof}\,\lambda + \cos\lambda}\right], \tag{59}$$

$$M_I = \frac{2\,\alpha^2}{\varrho_I} \cdot \eta_I \cdot \frac{\mathfrak{Sin}\,\zeta \cdot \sin\xi + \mathfrak{Sin}\,\xi \cdot \sin\zeta}{\mathfrak{Cof}\,\lambda + \cos\lambda}, \tag{60}$$

$$Q_I = -\frac{2\,\alpha^3}{\varrho_I} \cdot \eta_I \cdot \frac{\mathfrak{Sin}\,\zeta \cdot \cos\xi - \mathfrak{Sin}\,\xi \cdot \cos\zeta - \mathfrak{Cof}\,\zeta \cdot \sin\xi + \mathfrak{Cof}\,\xi \cdot \sin\zeta}{\mathfrak{Cof}\,\lambda + \cos\lambda}, \tag{61}$$

$$q_I = \frac{4\,\alpha^4}{\varrho_I} \cdot \eta_I \cdot \frac{\mathfrak{Cof}\,\zeta \cdot \cos\xi + \mathfrak{Cof}\,\xi \cdot \cos\zeta}{\mathfrak{Cof}\,\lambda + \cos\lambda}; \tag{62}$$

b) für vollkommen eingespannten Mittelträger:

$$y_I = \eta_I \left[1 - \frac{\mathfrak{Cof}\,\zeta \cdot \sin\xi + \mathfrak{Cof}\,\xi \cdot \sin\zeta + \mathfrak{Sin}\,\zeta \cdot \cos\xi + \mathfrak{Sin}\,\xi \cdot \cos\zeta}{\mathfrak{Sin}\,\lambda + \sin\lambda}\right], \tag{63}$$

$$M_I = \frac{2\,\alpha^2}{\varrho_I} \cdot \eta_I \cdot \frac{\mathfrak{Cof}\,\zeta \cdot \sin\xi + \mathfrak{Cof}\,\xi \cdot \sin\zeta - \mathfrak{Sin}\,\zeta \cdot \cos\xi - \mathfrak{Sin}\,\xi \cdot \cos\zeta}{\mathfrak{Sin}\,\lambda + \sin\lambda}, \tag{64}$$

$$Q_I = -\frac{4\,\alpha^3}{\varrho_I} \cdot \eta_I \cdot \frac{\mathfrak{Cof}\,\zeta \cdot \cos\xi - \mathfrak{Cof}\,\xi \cdot \cos\zeta}{\mathfrak{Sin}\,\lambda + \sin\lambda}, \tag{65}$$

$$q_I = \frac{4\,\alpha^4}{\varrho_I} \cdot \eta_I \cdot \frac{\mathfrak{Cof}\,\zeta \cdot \sin\xi + \mathfrak{Cof}\,\xi \cdot \sin\zeta + \mathfrak{Sin}\,\zeta \cdot \cos\xi + \mathfrak{Sin}\,\xi \cdot \cos\zeta}{\mathfrak{Sin}\,\lambda + \sin\lambda}. \tag{66}$$

Aus diesen Beziehungen lassen sich sehr einfache Formeln für die Grenzwerte ableiten. Es interessieren besonders die elastischen Größen $y_I$, $M_I$, $Q_I$, $q_I$ in der Mitte des Mittelträgers ($x = 0$) sowie Auflagerdruck und Einspannmoment $\left(x = \dfrac{L}{2}\right)$. Es ergibt sich für

a) **Mittelträger frei aufliegend.**

$x = 0$:

$$y_I = \eta_I \left[1 - \frac{2 \cdot \mathfrak{Cof}\,\dfrac{\lambda}{2} \cdot \cos\dfrac{\lambda}{2}}{\mathfrak{Cof}\,\lambda + \cos\lambda}\right], \tag{67}$$

46    Statische Untersuchung der Bodenkonstruktion.

$$M_I = \frac{4\,a^2}{\varrho_I} \cdot \eta_I \cdot \frac{\mathfrak{Sin}\dfrac{\lambda}{2} \cdot \sin\dfrac{\lambda}{2}}{\mathfrak{Cof}\,\lambda + \cos\lambda}, \tag{68}$$

$$Q_I = 0, \tag{69}$$

$$q_I = \frac{8\,a^4}{\varrho_I} \cdot \eta_I \cdot \frac{\mathfrak{Cof}\dfrac{\lambda}{2} \cdot \cos\dfrac{\lambda}{2}}{\mathfrak{Cof}\,\lambda + \cos\lambda}. \tag{70}$$

$x = \dfrac{L}{2}$:

Auflagerdruck $\quad Q_I = \dfrac{2\,a^3}{\varrho_I} \cdot \eta_I \cdot \dfrac{\mathfrak{Sin}\,\lambda + \sin\lambda}{\mathfrak{Cof}\,\lambda + \cos\lambda}$.[1]) $\hfill (71)$

**b) Mittelträger vollkommen eingespannt.**

$x = 0$:

$$y_I = \eta_I \left[ 1 - 2 \cdot \frac{\mathfrak{Cof}\dfrac{\lambda}{2} \cdot \sin\dfrac{\lambda}{2} + \mathfrak{Sin}\dfrac{\lambda}{2} \cdot \cos\dfrac{\lambda}{2}}{\mathfrak{Sin}\,\lambda + \sin\lambda} \right], \tag{72}$$

$$M_I = \frac{4\,a^2}{\varrho_I} \cdot \eta_I \cdot \frac{\mathfrak{Cof}\dfrac{\lambda}{2} \cdot \sin\dfrac{\lambda}{2} - \mathfrak{Sin}\dfrac{\lambda}{2} \cdot \cos\dfrac{\lambda}{2}}{\mathfrak{Sin}\,\lambda + \sin\lambda}, \tag{73}$$

$$Q_I = 0, \tag{74}$$

$$q_I = \frac{8\,a^4}{\varrho_I} \cdot \eta_I \cdot \frac{\mathfrak{Cof}\dfrac{\lambda}{2} \cdot \sin\dfrac{\lambda}{2} + \mathfrak{Sin}\dfrac{\lambda}{2} \cdot \cos\dfrac{\lambda}{2}}{\mathfrak{Sin}\,\lambda + \sin\lambda}, \tag{75}$$

$x = \dfrac{L}{2}$:

Auflagerdruck $\quad Q_I = \dfrac{4\,a^3}{\varrho_I} \cdot \eta_I \cdot \dfrac{\mathfrak{Cof}\,\lambda - \cos\lambda}{\mathfrak{Sin}\,\lambda + \sin\lambda}. \hfill (76)$

Einspannmoment $\quad M_I = -\dfrac{2\,a^2}{\varrho_I} \cdot \eta_I \cdot \dfrac{\mathfrak{Sin}\,\lambda - \sin\lambda}{\mathfrak{Sin}\,\lambda + \sin\lambda}. \hfill (77)$

In Abb. 18 und 19 sind die Verbindungen der hyperbolischen und trigonometrischen Funktionen der Formeln (67) bis (77) in Abhängigkeit von $\lambda$ dargestellt, und zwar zeigen die Kurven *I* bis *IV* die Abhängigkeit der elastischen Größen in der Mitte des Mittelträgers von $\lambda$, die Kurven *V* bis *VII* die Abhängigkeit des Auflagerdrucks für frei aufliegenden und vollkommen eingespannten Mittelträger und des Einspannmomentes für letzteren. Aus diesen Dia-

---

[1]) Um den Auflagerdruck positiv zu erhalten, ist für $x = -\dfrac{L}{2}$ gesetzt.

Behandlung der wichtigsten Fälle der Belastung und Konstruktion. 47

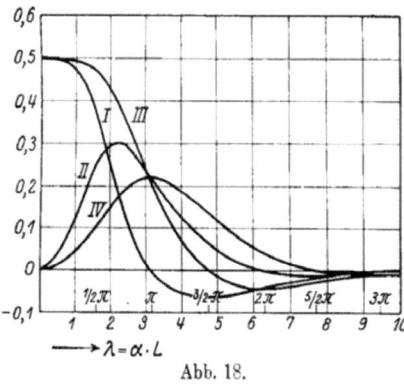

Kurvenbezeichnung:

$$I = \frac{\mathfrak{Cof}\frac{\lambda}{2}\cdot\cos\frac{\lambda}{2}}{\mathfrak{Cof}\,\lambda + \cos\lambda}$$

$$II = \frac{\mathfrak{Sin}\frac{\lambda}{2}\cdot\sin\frac{\lambda}{2}}{\mathfrak{Cof}\,\lambda + \cos\lambda}$$

$$III = \frac{\mathfrak{Cof}\frac{\lambda}{2}\cdot\sin\frac{\lambda}{2} + \mathfrak{Sin}\frac{\lambda}{2}\cdot\cos\frac{\lambda}{2}}{\mathfrak{Sin}\,\lambda + \sin\lambda}$$

$$IV = \frac{\mathfrak{Cof}\frac{\lambda}{2}\cdot\sin\frac{\lambda}{2} - \mathfrak{Sin}\frac{\lambda}{2}\cdot\cos\frac{\lambda}{2}}{\mathfrak{Sin}\,\lambda + \sin\lambda}$$

Abb. 18.

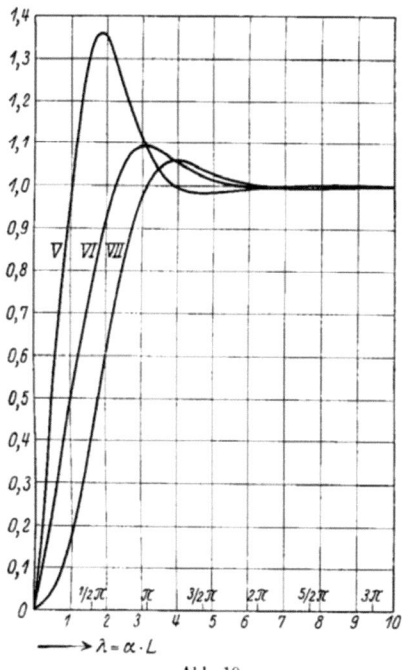

Kurvenbezeichnung:

$$V = \frac{\mathfrak{Sin}\,\lambda + \sin\lambda}{\mathfrak{Cof}\,\lambda + \cos\lambda}$$

$$VI = \frac{\mathfrak{Cof}\,\lambda - \cos\lambda}{\mathfrak{Sin}\,\lambda + \sin\lambda}$$

$$VII = \frac{\mathfrak{Sin}\,\lambda - \sin\lambda}{\mathfrak{Sin}\,\lambda + \sin\lambda}$$

Abb. 19.

grammen lassen sich nun wichtige Schlüsse ziehen. Die Kurven $I$ bis $IV$ nähern sich asymptotisch dem Wert 0, die Kurven $V$ bis $VII$ dem Wert 1. Mit wachsendem $\lambda$ werden also sowohl für frei aufliegenden als auch für vollkommen eingespannten Mittelträger $M_l$ und $q_l$ in der Trägermitte 0, während $y_l$ dem Wert $\eta_l$ zustrebt. Praktisch wird

0 bei $\lambda = {}^3/_2 \pi$ für das Moment $M_I$ in der Mitte des vollkommen eingespannten Mittelträgers erreicht, für die drei übrigen Größen bei $\lambda = 3\pi$. Da $\lambda = \alpha \cdot L$, so sind von diesen Grenzen an die elastischen Größen in der Trägermitte unabhängig von der Länge des Raumes und von der Größe von $\alpha$. Die Kurven $V$ bis $VII$ gehen bei $\lambda = 2\pi$ praktisch in die Gerade 1 über. Von diesem Wert $\lambda$ an sind die beiden Auflagerdrücke und das Einspannmoment unabhängig von der Länge $L$, jedoch nicht von $\alpha$, da dieses in den betreffenden Ausdrücken (Gl. (71), (76), (77)) auch noch außerhalb der hyperbolischen und trigonometrischen Funktionen vorkommt.

Für das Zusammenwirken der Längs- und Querträger eines Trägernetzes ist nun der Verlauf der Funktion $q$ maßgebend. Es ist deshalb hier das Verhalten von $q_I$ in der Trägermitte bei wachsendem $\lambda$ näher zu untersuchen. Wie die Kurven $I$ und $III$ zeigen, wird $q_I$ zum erstenmal 0 bei $\lambda = \pi$ für frei aufliegenden und bei $\lambda = {}^3/_2 \pi$ für vollkommen eingespannten Mittelträger und nimmt dann negative Werte an. Sobald $q_I = 0$, hat der mittlere Querträger den auf ihn fallenden Belastungsstreifen allein zu tragen, wie wenn der Querträger eine selbständige Konstruktion wäre. Ist $q_I < 0$, so belastet der Mittelträger den mittleren Querträger und eine mehr oder weniger große Anzahl der anschließenden Querträger zusätzlich. Diese Querträger werden mithin stärker beansprucht, als wenn sie als selbständige Konstruktionen die auf sie fallenden Belastungsstreifen aufzunehmen hätten. Die Größe von $q_I$ in der Mitte des Mittelträgers ist daher ein Kriterium für die lastverteilende Wirkung des Trägernetzes, d. h. für die Wirksamkeit der Konstruktion. $q_I \leqq 0$ weist mithin auf ein ungünstiges Zusammenwirken des Mittelträgers mit den Querträgern hin. Es brauchen dabei keine unzulässigen Materialspannungen in den Querträgern aufzutreten, aber, da die Querträger normalerweise nach dem am stärksten beanspruchten dimensioniert werden, dürfte eine derartige Konstruktion nicht als äußerst wirtschaftlich anzusprechen sein. Die Grenzen $\lambda = \pi$ und $\lambda = {}^3/_2 \pi$, bei denen $q_I = 0$, können entweder infolge einer zu großen Raumlänge $L$ oder infolge eines zu großen Wertes $\alpha$ erreicht werden. Da die Raumlänge durch andere Rücksichten, die nichts mit den vorliegenden Fragen zu tun haben, festgelegt ist, kann man sich auf eine Diskussion des Wertes $\alpha$ beschränken. Es ist nach Gl. (37):

$$\alpha = \sqrt[4]{\frac{\varrho_I}{4 \cdot \mu_I}},$$

worin $\quad \varrho_I = \dfrac{1}{EJ_I} \quad$ nach Gl. (10),

$\mu_I = \mu_i^I = \mu_i'^I \cdot e \quad$ nach Gl. (12).

Behandlung der wichtigsten Fälle der Belastung und Konstruktion. 49

$\mu_i'^I$ ist die Durchbiegung des Querträgers $i$ an der Kreuzungsstelle mit dem Mittelträger infolge der Last 1 t an dieser Kreuzungsstelle. (Vgl. S. 30.) Diese Durchbiegung läßt sich auch folgendermaßen schreiben:

$$\mu_i'^I = \frac{l^3 \cdot \vartheta}{E \cdot J_{c1}}, \qquad (78)$$

worin

$\quad l$ die Länge des Querträgers $i$;
$\quad J_{c1}$ das Trägheitsmoment des Querträgers $i$;
$\quad E$ den Elastizitätsmodul des Materials;
$\quad \vartheta$ eine Konstante, die von der Einspannung des Querträgers $i$ abhängt (z. B. $\vartheta = \frac{1}{48}$ bei freier Auflagerung)

bedeutet. Es ergibt sich dann für $\alpha$

$$\alpha = \sqrt[4]{\frac{J_{c1}}{J_I} \cdot \frac{1}{4 \cdot l^3 \cdot \vartheta \cdot e}}. \qquad (79)$$

Man erkennt, daß $\alpha$ die Dimension $1/m$ hat und somit $\lambda$ eine Zahl ist, und zwar läßt sich $\lambda$ als das Verhältnis der Steifigkeit der Querträgerunterlage und der Steifigkeit des Mittelträgers deuten. $\alpha$ wächst mit zunehmender Steifigkeit der Querträgerunterlage, d. h. mit zunehmendem Trägheitsmoment und zunehmender Einspannung sowie mit abnehmender Länge und Entfernung ($e$) der Querträger; außerdem wächst $\alpha$ mit abnehmendem Trägheitsmoment des Mittelträgers. Gl. (79) gibt also dem Konstrukteur die nötigen Aufschlüsse, wie er zwecks günstiger Gestaltung einer Bodenkonstruktion, die aus dem Mittelträger und $n$ Querträgern besteht, zu verfahren hat. Da die Länge der Querträger durch die Schiffsbreite gegeben ist und die Einspannung nicht ohne weiteres zu verändern ist, denn sie hängt von vielerlei Umständen ab wie z. B. vom Tiefgang des Schiffes, von der Höhe bis zum untersten Deck, vom Trägheitsmoment der Spanten usw., so ist der Konstrukteur nur in der Wahl des Verhältnisses $\frac{J_{c1}}{J_I}$ und der Spantentfernung $e$ frei. Es ist angebracht, diese Größen so zu wählen, daß $\lambda < \pi$, denn bei ungünstiger Beladung des Schiffes kann die Einspannung des Mittelträgers möglicherweise sehr gering werden. Diese Erörterungen zeigen auch, daß es keineswegs nötig ist, den Mittelträger besonders stark zu gestalten, um $\lambda < \pi$ zu erhalten, sondern daß man dasselbe durch Verschwächung der Querträger oder Vergrößerung ihrer Entfernung erreicht. Es ist also eine Gewichtsersparnis möglich im Vergleich zu der normalen Bauweise, bei der keine Rücksicht auf ein günstiges Zusammenwirken der Längs- und Querträger genommen wird.

50  Statische Untersuchung der Bodenkonstruktion.

## Maxima und Minima.

Falls man darauf verzichtet, den genauen Verlauf der Funktionen $y_I$, $M_I$, $Q_I$, $q_I$ mit Hilfe der Formeln (54) bis (57) oder (59) bis (66) über die ganze Länge des Mittelträgers hin zu ermitteln, so ist wenigstens die Kenntnis der Maxima dieser Funktionen erforderlich, um ein richtiges Bild über die auftretenden Beanspruchungen zu erhalten. Diese Maxima sollen im folgenden bestimmt werden; es wird dabei aber nur die Bedingung berücksichtigt, daß der erste Differentialquotient der betreffenden Funktion Null wird, so daß es fraglich bleibt, ob ein Maximum oder ein Minimum vorliegt. Darüber läßt sich im einzelnen Falle ohne weiteres eine Entscheidung treffen, wenn man für die gefundenen Stellen $x$ die Werte der Funktionen errechnet.

Zunächst ergibt sich aus Symmetriegründen, daß die Funktionen $y_I$, $M_I$ und $q_I$ für $x = 0$, d. h. in der Trägermitte, ein Maximum oder Minimum haben.

Aus den Gln. (54) bis (57) lassen sich nun folgende mathematische Bedingungen für die Maxima oder Minima der Funktionen $y_I$, $M_I$, $Q_I$, $q_I$ ableiten:

1. $y_{I\,\substack{max\\min}}$.

$\dfrac{dy_I}{dx} = 0$ liefert, wenn man Gl. (54) differenziert und für $A_1$ und $B_1$ die Ausdrücke (48), (49) bzw. (52), (53) einsetzt,

a) für frei aufliegenden Mittelträger:

$$\frac{\mathfrak{Cof}\,\dfrac{\lambda}{2}\cdot\cos\dfrac{\lambda}{2}}{\mathfrak{Sin}\,\dfrac{\lambda}{2}\cdot\sin\dfrac{\lambda}{2}} = \frac{\mathfrak{Cof}\,\alpha x\cdot\sin\alpha x + \mathfrak{Sin}\,\alpha x\cdot\cos\alpha x}{\mathfrak{Cof}\,\alpha x\cdot\sin\alpha x - \mathfrak{Sin}\,\alpha x\cdot\cos\alpha x}, \qquad (80)$$

b) für vollkommen eingespannten Mittelträger:

$$\frac{\mathfrak{Cof}\,\dfrac{\lambda}{2}\cdot\sin\dfrac{\lambda}{2} + \mathfrak{Sin}\,\dfrac{\lambda}{2}\cdot\cos\dfrac{\lambda}{2}}{\mathfrak{Cof}\,\dfrac{\lambda}{2}\cdot\sin\dfrac{\lambda}{2} - \mathfrak{Sin}\,\dfrac{\lambda}{2}\cdot\cos\dfrac{\lambda}{2}} = \frac{\mathfrak{Cof}\,\alpha x\cdot\sin\alpha x + \mathfrak{Sin}\,\alpha x\cdot\cos\alpha x}{\mathfrak{Cof}\,\alpha x\cdot\sin\alpha x - \mathfrak{Sin}\,\alpha x\cdot\cos\alpha x}. \quad (81)$$

Diese Gleichung (81) wird nur durch $\alpha x = \dfrac{\lambda}{2}$, d. h. $x = \dfrac{L}{2}$ erfüllt.

2. $M_{I\,\substack{max\\min}}$.

$\dfrac{d^3 y_I}{dx^3} = 0$ liefert aus Gl. (56)

Behandlung der wichtigsten Fälle der Belastung und Konstruktion. 51

a) für frei aufliegenden Mittelträger:

$$\frac{\mathfrak{Cof}\frac{\lambda}{2}\cdot\cos\frac{\lambda}{2}}{\mathfrak{Sin}\frac{\lambda}{2}\cdot\sin\frac{\lambda}{2}} = -\frac{\mathfrak{Cof}\,\alpha x\cdot\sin\alpha x - \mathfrak{Sin}\,\alpha x\cdot\cos\alpha x}{\mathfrak{Cof}\,\alpha x\cdot\sin\alpha x + \mathfrak{Sin}\,\alpha x\cdot\cos\alpha x}, \qquad (82)$$

b) für vollkommen eingespannten Mittelträger:

$$\frac{\mathfrak{Cof}\frac{\lambda}{2}\cdot\sin\frac{\lambda}{2} + \mathfrak{Sin}\frac{\lambda}{2}\cdot\cos\frac{\lambda}{2}}{\mathfrak{Cof}\frac{\lambda}{2}\cdot\sin\frac{\lambda}{2} - \mathfrak{Sin}\frac{\lambda}{2}\cdot\cos\frac{\lambda}{2}} = -\frac{\mathfrak{Cof}\,\alpha x\cdot\sin\alpha x - \mathfrak{Sin}\,\alpha x\cdot\cos\alpha x}{\mathfrak{Cof}\,\alpha x\cdot\sin\alpha x + \mathfrak{Sin}\,\alpha x\cdot\cos\alpha x}. \qquad (83)$$

3. $Q_{I\,\substack{max \\ min}}$.

$\dfrac{d^4 y_I}{dx^4} = 0$ liefert aus Gl. (57)

a) für frei aufliegenden Mittelträger:

$$\frac{\mathfrak{Cof}\frac{\lambda}{2}\cdot\cos\frac{\lambda}{2}}{\mathfrak{Sin}\frac{\lambda}{2}\cdot\sin\frac{\lambda}{2}} = -\frac{\mathfrak{Sin}\,\alpha x\cdot\sin\alpha x}{\mathfrak{Cof}\,\alpha x\cdot\cos\alpha x}, \qquad (84)$$

b) für vollkommen eingespannten Mittelträger:

$$\frac{\mathfrak{Cof}\frac{\lambda}{2}\cdot\sin\frac{\lambda}{2} + \mathfrak{Sin}\frac{\lambda}{2}\cdot\cos\frac{\lambda}{2}}{\mathfrak{Cof}\frac{\lambda}{2}\cdot\sin\frac{\lambda}{2} - \mathfrak{Sin}\frac{\lambda}{2}\cdot\cos\frac{\lambda}{2}} = -\frac{\mathfrak{Sin}\,\alpha x\cdot\sin\alpha x}{\mathfrak{Cof}\,\alpha x\cdot\cos\alpha x}. \qquad (85)$$

4. $q_{I\,\substack{max \\ min}}$.

Da die Ordinaten der $q_I$-Kurve proportional den Ordinaten der um $\eta_I$ verschobenen Biegungslinie $y_I$ sind (vgl. Gl. (54) und (57)), so hat die Funktion $q_I$ an denselben Stellen ein Maximum oder Minimum wie die Funktion $y_I$. Es gelten also auch hier die Bedingungsgleichungen (80) und (81).

Die Bedingungsgleichungen (80) bis (85) sind transzendente Gleichungen, die durch unendlich viele Werte $\alpha x$ erfüllt werden. Da aber $x$ kleiner als $\dfrac{L}{2}$ sein muß, so kommen nur Werte $\alpha x < \dfrac{\lambda}{2}$ in Betracht. Diese Gleichungen (80) bis (85) lassen sich durch Probieren oder graphisch lösen. In Abb. 20 sind Kurven gegeben, die den beiden

52    Statische Untersuchung der Bodenkonstruktion.

Seiten der Gleichungen entsprechen und es ermöglichen, für ein gegebenes $\lambda$ sofort die Werte $\alpha x$ und damit $x$ zu finden, bei denen die Funktionen $y_I$, $M_I$, $Q_I$, $q_I$ ein Maximum oder Minimum haben.

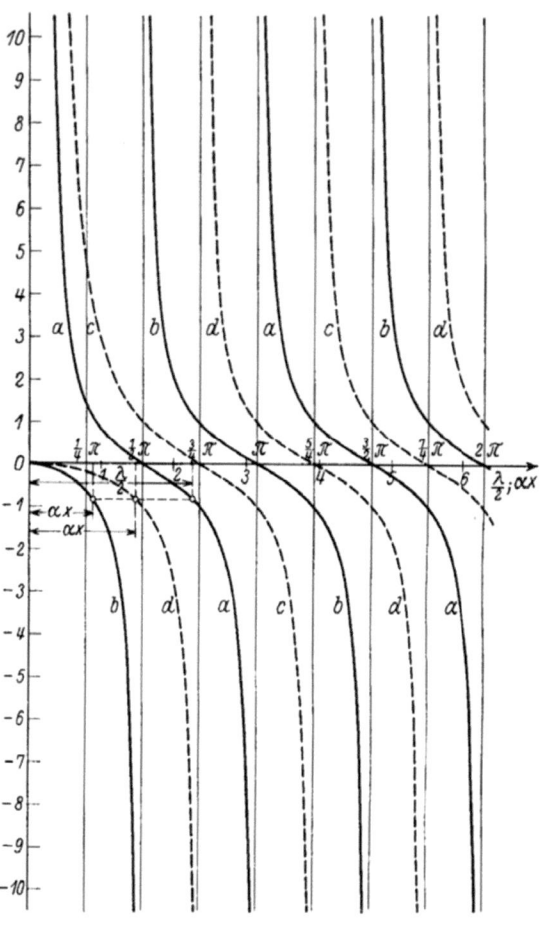

Abb. 20.

Kurvenbezeichnung:

$$a = -\frac{\mathfrak{Cof}\frac{\lambda}{2} \cdot \cos\frac{\lambda}{2}}{\mathfrak{Sin}\frac{\lambda}{2} \cdot \sin\frac{\lambda}{2}}$$

$$b = -\frac{\mathfrak{Sin}\,\alpha x \cdot \sin\alpha x}{\mathfrak{Cof}\,\alpha x \cdot \cos\alpha x}$$

$$c = \frac{\mathfrak{Cof} \cdot \sin + \mathfrak{Sin} \cdot \cos}{\mathfrak{Cof} \cdot \sin - \mathfrak{Sin} \cdot \cos}$$

$$d = \frac{\mathfrak{Cof}\,\alpha x \cdot \sin\alpha x - \mathfrak{Sin}\,\alpha x \cdot \cos\alpha x}{\mathfrak{Cof}\,\alpha x \cdot \sin\alpha x + \mathfrak{Sin}\,\alpha x \cdot \cos\alpha x}$$

Als Argument ist $\frac{\lambda}{2}$ oder $\alpha x$ zu setzen.

Zur Erleichterung der Benutzung dieser Kurven diene folgendes Schema:

|  | Mittelträger frei aufliegend | | Mittelträger vollkommen eingespannt | |
|---|---|---|---|---|
|  | $\frac{\lambda}{2}$ | $\alpha x$ | $\frac{\lambda}{2}$ | $\alpha x$ |
| $y_I, q_{I\,\text{max min}}$ | $a$ | $c$ | $c$ | $c$ |
| $M_{I\,\text{max min}}$ | $a$ | $d$ | $c$ | $d$ |
| $Q_{I\,\text{max min}}$ | $a$ | $b$ | $c$ | $b$ |

$a, b, c, d$ sind die Bezeichnungen der aufgetragenen Kurven. Die Spalten $\frac{\lambda}{2}$ entsprechen der linken, die Spalten $\alpha x$ der rechten Seite der Bedingungsgleichungen (80) bis (85). Z. B. sei $\frac{\lambda}{2} = 2{,}56$ gegeben. Dann ergibt sich $\alpha x = 1{,}48$ für $M_{I\,\text{max min}}$ bei frei aufliegendem Mittelträger und $\alpha x = 0{,}88$ für $Q_{I\,\text{max min}}$ ebenfalls bei frei aufliegendem Mittelträger. (Vgl. Abb. 20.) Außerdem hat bei vollkommen eingespanntem Mittelträger die Funktion $y_I$ bei $x = \frac{L}{2}$ ein Minimum und $q_I$ bei $x = \frac{L}{2}$ ein Maximum. Die übrigen Funktionen mit Ausnahme von $q_I$ haben nur bei $x = 0$ ein Maximum oder Minimum.

Es ist noch zu bemerken, daß die so gefundenen Maxima nicht identisch mit den Höchstwerten der betreffenden Funktionen zu sein brauchen. Diese Höchstwerte können aber, ohne daß die mathematische Bedingung für ein Maximum erfüllt ist, nur bei $x = \frac{L}{2}$, d. h. an den Auflagerpunkten, auftreten. Das kommt in Frage für $q_I$ bei frei aufliegendem, für $M_I$ bei vollkommen eingespanntem und für $Q_I$ bei frei aufliegendem und vollkommen eingespanntem Mittelträger.

Die Höchstwerte von $q_I$ sind in allen diesen Untersuchungen über das Zusammenwirken von Längs- und Querträgern besonders zu beachten. Da die $q_I \cdot e$ auf die Querträger als Einzelkräfte wirken, so rufen sie in den Querträgern Querkräfte hervor, die unter Umständen nicht unbeträchtlich sind. Es können daher außer den mittleren Querträgern, bei denen $q_I \leqq 0$ ist, auch die Querträger an den Stellen der Höchstwerte von $q_I$ sehr ungünstig beansprucht werden, und zwar hinsichtlich der Schubbeanspruchungen. Die großen Schubkräfte sind vor allem für die Vernietung der Längswinkel der Querträger mit den Gurtungen und dem Steg von Bedeutung.

Die vorstehend für eine Bodenkonstruktion bestehend aus dem Mittelträger und $n$ Querträgern abgeleiteten Beziehungen finden sich in ähnlicher Form in verschiedenen anderen Gebieten der Technik. Zunächst im Schiffbau selber, nämlich bei der Berechnung von U-Bootsdruckkörpern[1]), ferner im Behälterbau[2]) und schließlich in der Maschinentechnik bei der Berechnung rotierender Trommeln[3]).

### $\beta$) Bodenkonstruktion bestehend aus dem Mittelträger, zwei symmetrisch zur Mitte gelegenen Seitenträgern und $n$ Querträgern.

Das System der simultanen Differentialgleichungen ist wegen der symmetrischen Anordnung der beiden Seitenträger dasselbe wie bei nur zwei beliebig angeordneten Längsträgern. Zufolge Gl. (18) ergibt sich:

$$\frac{\mu_I}{\varrho_I} \cdot \frac{d^4 y_I}{dx^4} + \frac{\nu_I}{\varrho_{II}} \cdot \frac{d^4 y_{II}}{dx^4} + y_I = \eta_I, \qquad (86)$$

$$\frac{\mu_{II}}{\varrho_I} \cdot \frac{d^4 y_I}{dx^4} + \frac{\nu_{II}}{\varrho_{II}} \cdot \frac{d^4 y_{II}}{dx^4} + y_{II} = \eta_{II}. \qquad (87)$$

Eliminiert man aus den zugehörigen homogenen Gleichungen $\dfrac{d^4 y_{II}}{dx^4}$, so erhält man

$$(\mu_I \nu_{II} - \mu_{II} \nu_I) \frac{1}{\varrho_I} \cdot \frac{d^4 y_I}{dx^4} + \nu_{II} \cdot y_I = \nu_I \cdot y_{II}. \qquad (88)$$

Man differenziere diesen Ausdruck viermal und setze den erhaltenen Wert in die zu Gl. (86) gehörende homogene Gleichung ein. Das Ergebnis ist folgende homogene lineare Differentialgleichung 8. Ordnung mit konstanten Koeffizienten für $y_I$:

---

[1]) v. Sanden und Günther: Über das Festigkeitsproblem querversteifter Hohlzylinder unter allseitig gleichmäßigem Außendruck. Werft u. Reederei 1920, Nr. 8 bis 10.

[2]) Müller-Breslau, H. F. B.: Die graphische Statik der Baukonstruktionen Bd. 2, Abt. 2, S. 252. Leipzig 1908. — Pösche, Th. und K. v. Térzaghi: Berechnung von Behältern nach neueren analytischen und graphischen Methoden. Berlin 1913. — Forchheimer, Ph.: Die Berechnung ebener und gekrümmter Behälterböden. 2. Aufl. Berlin 1909.

[3]) Lorenz, R.: Die Berechnung rotierender Trommeln. Z. V. d. I. Bd. 54, Nr. 34. 1910. — v. Sanden: Die Berechnung rotierender Trommeln. Z. V. d. I. Bd. 54, Nr. 49. 1910.

$$(\mu_I \nu_{II} - \mu_{II} \nu_I) \frac{1}{\varrho_I \cdot \varrho_{II}} \cdot \frac{d^8 y_I}{dx^8} + \left(\frac{\mu_I}{\varrho_I} + \frac{\nu_{II}}{\varrho_{II}}\right) \frac{d^4 y_I}{dx^4} + y_I = 0; \quad (89)$$

dazu gehört die charakteristische Gleichung

$$(\mu_I \nu_{II} - \mu_{II} \nu_I) \frac{1}{\varrho_I \cdot \varrho_{II}} \cdot u^8 + \left(\frac{\mu_I}{\varrho_I} + \frac{\nu_{II}}{\varrho_{II}}\right) u^4 + 1 = 0. \quad (90)$$

Setzt man $u^4 = v$, so erhält man eine quadratische Gleichung, deren Wurzeln sich zu

$$v_{1,2} = -\frac{\mu_I \varrho_{II} + \nu_{II} \cdot \varrho_I}{2(\mu_I \nu_{II} - \mu_{II} \nu_I)} \left[1 \pm \sqrt{1 - 4\varrho_I \cdot \varrho_{II} \cdot \frac{\mu_I \nu_{II} - \mu_{II} \nu_I}{(\mu_I \cdot \varrho_{II} + \nu_{II} \cdot \varrho_I)^2}}\right]$$

ergeben. Mithin

$$u_{1 \div 8} = \pm \tfrac{1}{2} \cdot \sqrt{2}(1 \pm i)$$

$$\cdot \sqrt[4]{\frac{\mu_I \varrho_{II} + \nu_{II} \cdot \varrho_I}{2(\mu_I \nu_{II} - \mu_{II} \nu_I)} \left[1 \pm \sqrt{1 - 4\varrho_I \cdot \varrho_{II} \cdot \frac{\mu_I \nu_{II} - \mu_{II} \nu_I}{(\mu_I \cdot \varrho_{II} + \nu_{II} \cdot \varrho_I)^2}}\right]}.$$

Setzt man

$$\alpha_{I, II} = \sqrt[4]{\frac{\mu_I \varrho_{II} + \nu_{II} \cdot \varrho_I}{8(\mu_I \nu_{II} - \mu_{II} \nu_I)} \left[1 \pm \sqrt{1 - 4\varrho_I \cdot \varrho_{II} \cdot \frac{\mu_I \nu_{II} - \mu_{II} \nu_I}{(\mu_I \cdot \varrho_{II} + \nu_{II} \cdot \varrho_I)^2}}\right]}, \quad (91)$$

so wird

$$u_{1 \div 8} = \pm (1 \pm i) \begin{Bmatrix} \alpha_I \\ \alpha_{II} \end{Bmatrix}.$$

Daraus gehen die partikulären Lösungen der homogenen linearen Differentialgleichung (89) für $y_I$ hervor:

$$y_{I(1 \div 4)} = e^{\pm \alpha_I x} \begin{Bmatrix} \cos \alpha_I x \\ \sin \alpha_I x \end{Bmatrix}$$

$$y_{I(5 \div 8)} = e^{\pm \alpha_{II} x} \begin{Bmatrix} \cos \alpha_{II} x \\ \sin \alpha_{II} x \end{Bmatrix}.$$

Da sich wegen $\eta_I =$ konst. eine partikuläre Lösung der inhomogenen Differentialgleichung für $y_I$ zu $\eta_I$ ergibt, so lautet die allgemeine Lösung der inhomogenen Differentialgleichung für $y_I$

$$y_I = (A_1 \cdot e^{\alpha_I x} + A_2 \cdot e^{-\alpha_I x}) \cos \alpha_I x + (B_1 \cdot e^{\alpha_I x} + B_2 \cdot e^{-\alpha_I x}) \sin \alpha_I x$$
$$+ (A_3 \cdot e^{\alpha_{II} x} + A_4 \cdot e^{-\alpha_{II} x}) \cos \alpha_{II} x$$
$$+ (B_3 \cdot e^{\alpha_{II} x} + B_4 \cdot e^{-\alpha_{II} x}) \sin \alpha_{II} x + \eta_I. \quad (92)$$

Die allgemeine Lösung für $y_{II}$ findet man, indem man $y_I$, und zwar die allgemeine Lösung der homogenen Differentialgleichung für $y_I$, bzw. $\dfrac{d^4 y_I}{dx^4}$ in Gl. (88) einsetzt. Es ergibt sich:

$$y_{II} = \left[\dfrac{\nu_{II}}{\nu_I} - \dfrac{4\alpha_I^4}{\nu_I \cdot \varrho_I}(\mu_I \nu_{II} - \mu_{II} \nu_I)\right][(A_1 \cdot e^{\alpha_I x} + A_2 \cdot e^{-\alpha_I x})\cos \alpha_I x$$
$$+ (B_1 \cdot e^{\alpha_I x} + B_2 \cdot e^{-\alpha_I x})\sin \alpha_I x] + \left[\dfrac{\nu_{II}}{\nu_I} - \dfrac{4\alpha_{II}^4}{\nu_I \cdot \varrho_I}(\mu_I \nu_{II} - \mu_{II} \nu_I)\right]$$
$$\cdot [(A_3 \cdot e^{\alpha_{II} x} + A_4 \cdot e^{-\alpha_{II} x})\cos \alpha_{II} x + (B_3 \cdot e^{\alpha_{II} x} + B_4 \cdot e^{-\alpha_{II} x})\sin \alpha_{II} x]. \quad (93)$$

Setzt man

$$\dfrac{\nu_{II}}{\nu_I} - \dfrac{4\alpha_I^4}{\nu_I \cdot \varrho_I}(\mu_I \nu_{II} - \mu_{II} \nu_I) = \sigma_I, \quad (94)$$

$$\dfrac{\nu_{II}}{\nu_I} - \dfrac{4\alpha_{II}^4}{\nu_I \cdot \varrho_I}(\mu_I \nu_{II} - \mu_{II} \nu_I) = \sigma_{II} \quad (95)$$

und addiert zu Gl. (93) eine partikuläre Lösung der inhomogenen Differentialgleichung, die sich zu $\eta_{II}$ ergibt, so lautet die allgemeine Lösung der inhomogenen Gleichung für $y_{II}$

$$y_{II} = \sigma_I [(A_1 \cdot e^{\alpha_I x} + A_2 \cdot e^{-\alpha_I x})\cos \alpha_I x + (B_1 \cdot e^{\alpha_I x} + B_2 \cdot e^{-\alpha_I x})\sin \alpha_I x]$$
$$+ \sigma_{II}[(A_3 \cdot e^{\alpha_{II} x} + A_4 \cdot e^{-\alpha_{II} x})\cos \alpha_{II} x$$
$$+ (B_3 \cdot e^{\alpha_{II} x} + B_4 \cdot e^{-\alpha_{II} x})\sin \alpha_{II} x] + \eta_{II}. \quad (96)$$

### Bestimmung der Integrationskonstanten.

Setzt man für die Längsträger die Randbedingungen an, so ergeben sich acht Gleichungen, aus denen sich die acht Unbekannten berechnen lassen.

**a) Längsträger frei aufliegend.**

1. $x = 0$:

$$\dfrac{dy_I}{dx} = 0 = \alpha_I(A_1 - A_2 + B_1 + B_2) + \alpha_{II}(A_3 - A_4 + B_3 + B_4) \quad (97)$$

$$\dfrac{d^3 y_I}{dx^3} = 0 = \alpha_I^3(-A_1 + A_2 + B_1 + B_2) + \alpha_{II}^3(-A_3 + A_4 + B_3 + B_4) \quad (98)$$

$$\dfrac{dy_{II}}{dx} = 0 = \alpha_I \cdot \sigma_I(A_1 - A_2 + B_1 + B_2) + \alpha_{II} \cdot \sigma_{II}(A_3 - A_4 + B_3 + B_4) \quad (99)$$

$$\dfrac{d^3 y_{II}}{dx^3} = 0 = \alpha_I^3 \cdot \sigma_I(-A_1 + A_2 + B_1 + B_2) + \alpha_{II}^3 \cdot \sigma_{II}(-A_3 + A_4 + B_3 + B_4). \quad (100)$$

Aus Gl. (97) und (99) folgt

$$A_1 - A_2 + B_1 + B_2 = 0,$$
$$A_3 - A_4 + B_3 + B_4 = 0.$$

Behandlung der wichtigsten Fälle der Belastung und Konstruktion. 57

Aus Gl. (98) und (100) folgt
$$-A_1 + A_2 + B_1 + B_2 = 0,$$
$$-A_3 + A_4 + B_3 + B_4 = 0.$$

Diese Gleichungen entsprechen vollkommen den Gl. (42), (43) für einen Längsträger, nur ist ein Gleichungspaar für die Unbekannten $A_3$, $A_4$, $B_3$, $B_4$ neu hinzugekommen.

Aus diesen Gleichungen ergibt sich
$$\begin{aligned} A_1 &= A_2, & A_3 &= A_4, \\ B_1 &= -B_2, & B_4 &= -B_4. \end{aligned} \quad (101)$$

Unter Benutzung dieser Ergebnisse liefern die Randbedingungen für $x = \dfrac{L}{2}$ folgende Gleichungen:

2. $x = \dfrac{L}{2}$, $\quad a_I \cdot L = \lambda_I$, $\quad a_{II} \cdot L = \lambda_{II}$:

$$y_I = 0 = 2A_1 \cdot \mathfrak{Cof}\frac{\lambda_I}{2} \cdot \cos\frac{\lambda_I}{2} + 2B_1 \cdot \mathfrak{Sin}\frac{\lambda_I}{2} \cdot \sin\frac{\lambda_I}{2} + 2A_3 \cdot \mathfrak{Cof}\frac{\lambda_{II}}{2} \cdot \cos\frac{\lambda_{II}}{2}$$
$$+ 2B_3 \cdot \mathfrak{Sin}\frac{\lambda_{II}}{2} \cdot \sin\frac{\lambda_{II}}{2} + \eta_I, \quad (102)$$

$$\frac{d^2 y_I}{dx^2} = 0 = a_I^2 \left( -2A_1 \cdot \mathfrak{Sin}\frac{\lambda_I}{2} \cdot \sin\frac{\lambda_I}{2} + 2B_1 \cdot \mathfrak{Cof}\frac{\lambda_I}{2} \cdot \cos\frac{\lambda_I}{2} \right)$$
$$+ a_{II}^2 \left( -2A_3 \cdot \mathfrak{Sin}\frac{\lambda_{II}}{2} \cdot \sin\frac{\lambda_{II}}{2} + 2B_3 \cdot \mathfrak{Cof}\frac{\lambda_{II}}{2} \cdot \cos\frac{\lambda_{II}}{2} \right), \quad (103)$$

$$y_{II} = 0 = \sigma_I \left( 2A_1 \cdot \mathfrak{Cof}\frac{\lambda_I}{2} \cdot \cos\frac{\lambda_I}{2} + 2B_1 \cdot \mathfrak{Sin}\frac{\lambda_I}{2} \cdot \sin\frac{\lambda_I}{2} \right)$$
$$+ \sigma_{II} \left( 2A_3 \cdot \mathfrak{Cof}\frac{\lambda_{II}}{2} \cdot \cos\frac{\lambda_{II}}{2} + 2B_3 \cdot \mathfrak{Sin}\frac{\lambda_{II}}{2} \cdot \sin\frac{\lambda_{II}}{2} \right) + \eta_{II}, \quad (104)$$

$$\frac{d^2 y_{II}}{dx^2} = 0 = a_I^2 \cdot \sigma_I \left( -2A_1 \cdot \mathfrak{Sin}\frac{\lambda_I}{2} \cdot \sin\frac{\lambda_I}{2} + 2B_1 \cdot \mathfrak{Cof}\frac{\lambda_I}{2} \cdot \cos\frac{\lambda_I}{2} \right)$$
$$+ a_{II}^2 \cdot \sigma_{II} \left( -2A_3 \cdot \mathfrak{Sin}\frac{\lambda_{II}}{2} \cdot \sin\frac{\lambda_{II}}{2} + 2B_3 \cdot \mathfrak{Cof}\frac{\lambda_{II}}{2} \cdot \cos\frac{\lambda_{II}}{2} \right). \quad (105)$$

Gln. (102) und (104) ergeben, wenn $A_3$ und $B_3$ eliminiert wird,
$$2A_1 \cdot \mathfrak{Cof}\frac{\lambda_I}{2} \cdot \cos\frac{\lambda_I}{2} + 2B_1 \cdot \mathfrak{Sin}\frac{\lambda_I}{2} \cdot \sin\frac{\lambda_I}{2} + \frac{\eta_I \cdot \sigma_{II} - \eta_{II}}{\sigma_{II} - \sigma_I} = 0.$$

Gln. (103) und (105) ergeben ebenso
$$-2A_1 \cdot \mathfrak{Sin}\frac{\lambda_I}{2} \cdot \sin\frac{\lambda_I}{2} + 2B_1 \cdot \mathfrak{Cof}\frac{\lambda_I}{2} \cdot \cos\frac{\lambda_I}{2} = 0.$$

58    Statische Untersuchung der Bodenkonstruktion.

Diese Gleichungen entsprechen wieder denen für einen Längsträger (Gl. (48a) und (48b)).

Setzt man
$$\frac{\eta_I \cdot \sigma_{II} - \eta_{II}}{\sigma_{II} - \sigma_I} = \tau, \qquad (106)$$

so wird
$$A_1 = -\tau \cdot \frac{\mathfrak{Cof}\frac{\lambda_I}{2} \cdot \cos\frac{\lambda_I}{2}}{\mathfrak{Cof}\,\lambda_I + \cos\lambda_I}, \qquad (107)$$

$$B_1 = -\tau \cdot \frac{\mathfrak{Sin}\frac{\lambda_I}{2} \cdot \sin\frac{\lambda_I}{2}}{\mathfrak{Cof}\,\lambda_I + \cos\lambda_I}. \qquad (108)$$

Ganz entsprechend findet man aus den obigen Gleichungen (102) bis (105), wenn man $A_1$ und $B_1$ eliminiert und
$$\frac{\eta_I \cdot \sigma_I - \eta_{II}}{\sigma_I - \sigma_{II}} = \tau' \qquad (109)$$

setzt,
$$A_3 = -\tau' \cdot \frac{\mathfrak{Cof}\frac{\lambda_{II}}{2} \cdot \cos\frac{\lambda_{II}}{2}}{\mathfrak{Cof}\,\lambda_{II} + \cos\lambda_{II}} \qquad (110)$$

$$B_3 = -\tau' \cdot \frac{\mathfrak{Sin}\frac{\lambda_{II}}{2} \cdot \sin\frac{\lambda_{II}}{2}}{\mathfrak{Cof}\,\lambda_{II} + \cos\lambda_{II}} \qquad (111)$$

Aus diesen Entwicklungen geht hervor, daß man, wenn die Randbedingungen bei mehreren Längsträgern denen bei einem Längsträger genau entsprechen, die Integrationskonstanten für mehrere Längsträger ohne weiteres aus denen für einen Längsträger ableiten kann, indem man $\eta_I$ durch $\tau, \tau', \ldots$ und $\lambda$ durch $\lambda_I, \lambda_{II}, \ldots$ ersetzt. Die Größen $\tau, \tau' \ldots$, die sich aus $\eta_I, \eta_{II}, \ldots$ und $\sigma_I, \sigma_{II}, \ldots$ zusammensetzen, kann man, wie später gezeigt wird, aus einem sehr einfachen Gleichungssystem ermitteln.

**b) Längsträger vollkommen eingespannt.** Unter Beachtung obiger Erörterungen lassen sich die Integrationskonstanten aus denen für einen Längsträger, wie folgt, bilden. Zunächst ist wieder

$$A_1 = A_2 \qquad A_3 = A_4$$
$$B_1 = -B_2 \qquad B_3 = -B_4.$$

Aus Gl. (52), (53) ergeben sich dann auf Grund des angeführten Bildungsgesetzes die Konstanten zu

$$A_1 = -\tau \cdot \frac{\mathfrak{Coj}\frac{\lambda_I}{2} \cdot \sin\frac{\lambda_I}{2} + \mathfrak{Sin}\frac{\lambda_I}{2} \cdot \cos\frac{\lambda_I}{2}}{\mathfrak{Sin}\,\lambda_I + \sin\lambda_I}, \qquad (112)$$

$$B_1 = -\tau \cdot \frac{\mathfrak{Coj}\frac{\lambda_I}{2} \cdot \sin\frac{\lambda_I}{2} - \mathfrak{Sin}\frac{\lambda_I}{2} \cdot \cos\frac{\lambda_I}{2}}{\mathfrak{Sin}\,\lambda_I + \sin\lambda_I}, \qquad (113)$$

$$A_3 = -\tau' \cdot \frac{\mathfrak{Coj}\frac{\lambda_{II}}{2} \cdot \sin\frac{\lambda_{II}}{2} + \mathfrak{Sin}\frac{\lambda_{II}}{2} \cdot \cos\frac{\lambda_{II}}{2}}{\mathfrak{Sin}\,\lambda_{II} + \sin\lambda_{II}}, \qquad (114)$$

$$B_3 = -\tau' \cdot \frac{\mathfrak{Coj}\frac{\lambda_{II}}{2} \cdot \sin\frac{\lambda_{II}}{2} - \mathfrak{Sin}\frac{\lambda_{II}}{2} \cdot \cos\frac{\lambda_{II}}{2}}{\mathfrak{Sin}\,\lambda_{II} + \sin\lambda_{II}}. \qquad (115)$$

Hierin sind $\tau$ und $\tau'$ dieselben Werte wie bei frei aufliegenden Längsträgern (Gl. (106), (109)).

### Endformeln für $y$, $M$, $Q$, $q$.

Die Endformeln lassen sich auch wieder durch Analogieschluß aus denen für einen Längsträger ableiten. Man hat nur $\eta_I$ durch $\tau$ und $\lambda$ durch $\lambda_I$ zu ersetzen und ein entsprechendes Glied für $\tau'$ und $\lambda_{II}$ hinzuzufügen. Zunächst lauten die unentwickelten Formeln, in denen die gefundenen Ausdrücke für $A_1$, $B_1$, $A_3$ und $B_3$ noch nicht eingeführt sind:

$$y_I = \eta_I + 2A_1 \cdot \mathfrak{Coj}\,\alpha_I x \cdot \cos\alpha_I x + 2B_1 \cdot \mathfrak{Sin}\,\alpha_I x \cdot \sin\alpha_I x$$
$$+ 2A_3 \cdot \mathfrak{Coj}\,\alpha_{II} x \cdot \cos\alpha_{II} x + 2B_3 \cdot \mathfrak{Sin}\,\alpha_{II} x \cdot \sin\alpha_{II} x. \qquad (116)$$

$$M_I = \frac{2\alpha_I^2}{\varrho_I}[2A_1 \cdot \mathfrak{Sin}\,\alpha_I x \cdot \sin\alpha_I x - 2B_1 \cdot \mathfrak{Coj}\,\alpha_I x \cdot \cos\alpha_I x]$$
$$+ \frac{2\alpha_{II}^2}{\varrho_I}[2A_3 \cdot \mathfrak{Sin}\,\alpha_{II} x \cdot \sin\alpha_{II} x - 2B_3 \cdot \mathfrak{Coj}\,\alpha_{II} x \cdot \cos\alpha_{II} x]. \qquad (117)$$

$$Q_I = \frac{2\alpha_I^3}{\varrho_I}[2A_1(\mathfrak{Coj}\,\alpha_I x \cdot \sin\alpha_I x + \mathfrak{Sin}\,\alpha_I x \cdot \cos\alpha_I x) + 2B_1(\mathfrak{Coj}\,\alpha_I x \cdot \sin\alpha_I x$$
$$- \mathfrak{Sin}\,\alpha_I x \cdot \cos\alpha_I x)] + \frac{2\alpha_{II}^3}{\varrho_I}[2A_3(\mathfrak{Coj}\,\alpha_{II} x \cdot \sin\alpha_{II} x + \mathfrak{Sin}\,\alpha_{II} x \cdot \cos\alpha_{II} x)$$
$$+ 2B_3(\mathfrak{Coj}\,\alpha_{II} x \cdot \sin\alpha_{II} x - \mathfrak{Sin}\,\alpha_{II} x \cdot \cos\alpha_{II} x)]. \qquad (118)$$

$$q_I = -\frac{4\alpha_I^4}{\varrho_I}[2A_1 \cdot \mathfrak{Coj}\,\alpha_I x \cdot \cos\alpha_I x + 2B_1 \cdot \mathfrak{Sin}\,\alpha_I x \cdot \sin\alpha_I x]$$
$$- \frac{4\alpha_{II}^4}{\varrho_I}[2A_3 \cdot \mathfrak{Coj}\,\alpha_{II} x \cdot \cos\alpha_{II} x + 2B_3 \cdot \mathfrak{Sin}\,\alpha_{II} x \cdot \sin\alpha_{II} x]. \qquad (119)$$

$$y_{II} = \eta_{II} + \sigma_{I}[2A_1 \cdot \mathfrak{Cos}\,\alpha_{I}x \cdot \cos\alpha_{I}x + 2B_1 \cdot \mathfrak{Sin}\,\alpha_{I}x \cdot \sin\alpha_{I}x]$$
$$+ \sigma_{II}[2A_3 \cdot \mathfrak{Cos}\,\alpha_{II}x \cdot \cos\alpha_{II}x + 2B_3 \cdot \mathfrak{Sin}\,\alpha_{II}x \cdot \sin\alpha_{II}x]. \quad (120)$$

$$M_{II} = \frac{2\alpha_{I}^2}{\varrho_{II}} \cdot \sigma_{I}[2A_1 \cdot \mathfrak{Sin}\,\alpha_{I}x \cdot \sin\alpha_{I}x - 2B_1 \cdot \mathfrak{Cos}\,\alpha_{I}x \cdot \cos\alpha_{I}x]$$
$$+ \frac{2\alpha_{II}^2}{\varrho_{II}} \cdot \sigma_{II}[2A_3 \mathfrak{Sin}\,\alpha_{II} \cdot \sin\alpha_{II}x - 2B_3 \cdot \mathfrak{Cos}\,\alpha_{II}x \cdot \cos\alpha_{II}x]. \quad (121)$$

$$Q_{II} = \frac{2\alpha_{I}^3}{\varrho_{II}} \cdot \sigma_{I}[2A_1(\mathfrak{Cos}\,\alpha_{I}x \cdot \sin\alpha_{I}x + \mathfrak{Sin}\,\alpha_{I}x \cdot \cos\alpha_{I}x) + 2B_1(\mathfrak{Cos}\,\alpha_{I}x \cdot \sin\alpha_{I}x$$
$$- \mathfrak{Sin}\,\alpha_{I}x \cdot \cos\alpha_{I}x)] + \frac{2\alpha_{II}^3}{\varrho_{II}} \cdot \sigma_{II}[2A_3(\mathfrak{Cos}\,\alpha_{II}x \cdot \sin\alpha_{II}x + \mathfrak{Sin}\,\alpha_{II}x \cdot \cos\alpha_{II}x)$$
$$+ 2B_3(\mathfrak{Cos}\,\alpha_{II}x \cdot \sin\alpha_{II}x - \mathfrak{Sin}\,\alpha_{II}x \cdot \cos\alpha_{II}x)]. \quad (122)$$

$$q_{II} = -\frac{4\alpha_{I}^4}{\varrho_{II}} \cdot \sigma_{I}[2A_1 \cdot \mathfrak{Cos}\,\alpha_{I}x \cdot \cos\alpha_{I}x + 2B_1 \cdot \mathfrak{Sin}\,\alpha_{I}x \cdot \sin\alpha_{I}x]$$
$$- \frac{4\alpha_{II}^4}{\varrho_{II}} \cdot \sigma_{II}[2A_3 \cdot \mathfrak{Cos}\,\alpha_{II}x \cdot \cos\alpha_{II}x + 2B_3 \cdot \mathfrak{Sin}\,\alpha_{II}x \cdot \sin\alpha_{II}x]. \quad (123)$$

Führt man in diese Gleichungen die für $A_1$, $B_1$, $A_3$ und $B_3$ gefundenen Ausdrücke ein und setzt

$$\left.\begin{array}{ll} \alpha_{I}\left(\dfrac{L}{2}+x\right) = \zeta_{I}, & \alpha_{I}\left(\dfrac{L}{2}-x\right) = \xi_{I}, \\[6pt] \alpha_{II}\left(\dfrac{L}{2}+x\right) = \zeta_{II}, & \alpha_{II}\left(\dfrac{L}{2}-x\right) = \xi_{II}, \end{array}\right\} \quad (124)$$

so ergibt sich

a) für frei aufliegende Längsträger:

$$y_{I} = \eta_{I} - \tau \cdot \frac{\mathfrak{Cos}\,\zeta_{I} \cdot \cos\xi_{I} + \mathfrak{Cos}\,\xi_{I} \cdot \cos\zeta_{I}}{\mathfrak{Cos}\,\lambda_{I} + \cos\lambda_{I}} - \tau' \frac{\mathfrak{Cos}\,\zeta_{II} \cdot \cos\xi_{II} + \mathfrak{Cos}\,\xi_{II} \cdot \cos\zeta_{II}}{\mathfrak{Cos}\,\lambda_{II} + \cos\lambda_{II}} \quad (125)$$

$M_{I}$, $Q_{I}$, $q_{I}$ nehmen entsprechende Formen an wie bei einem Längsträger; man hat nur $\eta_{I}$ durch $\tau$, sowie $\lambda$, $\zeta$ und $\xi$ durch $\lambda_{I}$, $\zeta_{I}$ und $\xi_{I}$ zu ersetzen und ein entsprechendes Glied mit $\tau'$, $\lambda_{II}$, $\zeta_{II}$, $\xi_{II}$ hinzuzufügen.

$$y_{II} = \eta_{II} - \tau \cdot \sigma_{I} \frac{\mathfrak{Cos}\,\zeta_{I} \cdot \cos\xi_{I} + \mathfrak{Cos}\,\xi_{I} \cdot \cos\zeta_{I}}{\mathfrak{Cos}\,\lambda_{I} + \cos\lambda_{I}}$$
$$- \tau' \cdot \sigma_{II} \frac{\mathfrak{Cos}\,\zeta_{II} \cdot \cos\xi_{II} + \mathfrak{Cos}\,\xi_{II} \cdot \cos\zeta_{II}}{\mathfrak{Cos}\,\lambda_{II} + \cos\lambda_{II}}. \quad (126)$$

Entsprechend $M_{II}$, $Q_{II}$, $q_{II}$.

Behandlung der wichtigsten Fälle der Belastung und Konstruktion. 61

b) für vollkommen eingespannte Längsträger.

$$y_I = \eta_I - \tau \cdot \frac{\mathfrak{Cof}\,\zeta_I \cdot \sin\xi_I + \mathfrak{Cof}\,\xi_I \cdot \sin\zeta_I + \mathfrak{Sin}\,\zeta_I \cdot \cos\xi_I + \mathfrak{Sin}\,\xi_I \cdot \cos\zeta_I}{\mathfrak{Sin}\,\lambda_I + \sin\lambda_I}$$

$$- \tau' \cdot \frac{\mathfrak{Cof}\,\zeta_{II} \cdot \sin\xi_{II} + \mathfrak{Cof}\,\xi_{II} \cdot \sin\zeta_{II} + \mathfrak{Sin}\,\zeta_{II} \cdot \cos\xi_{II} + \mathfrak{Sin}\,\xi_{II} \cdot \cos\zeta_{II}}{\mathfrak{Sin}\,\lambda_{II} + \sin\lambda_{II}} \quad (127)$$

Entsprechend $M_I$, $Q_I$, $q_I$.

$$y_{II} = \eta_{II} - \tau \cdot \sigma_I \cdot \frac{\mathfrak{Cof}\,\zeta_I \cdot \sin\xi_I + \mathfrak{Cof}\,\xi_I \cdot \sin\zeta_I + \mathfrak{Sin}\,\zeta_I \cdot \cos\xi_I + \mathfrak{Sin}\,\xi_I \cdot \cos\zeta_I}{\mathfrak{Sin}\,\lambda_I + \sin\lambda_I}$$

$$- \tau' \cdot \sigma_{II} \cdot \frac{\mathfrak{Cof}\,\zeta_{II} \cdot \sin\xi_{II} + \mathfrak{Cof}\,\xi_{II} \cdot \sin\zeta_{II} + \mathfrak{Sin}\,\zeta_{II} \cdot \cos\xi_{II} + \mathfrak{Sin}\,\xi_{II} \cdot \cos\zeta_{II}}{\mathfrak{Sin}\,\lambda_{II} + \sin\lambda_{II}} \quad (128)$$

Entsprechend $M_{II}$, $Q_{II}$, $q_{II}$.

Die Formeln für die Grenzwerte $\left(x = 0,\ x = \frac{L}{2}\right)$ sollen hier nicht wiedergegeben werden, da sie sich im Bedarfsfalle unter Beachtung des oben Gesagten ganz schematisch aus denen für einen Längsträger bilden lassen (Gl. (67) bis (77)). Die Formeln für die Grenzwerte setzen sich hier aus zwei Gliedern, die als $\alpha_I$- und $\alpha_{II}$-Glied bezeichnet werden sollen, zusammen. Die Verbindungen der hyperbolischen und trigonometrischen Funktionen in diesen Gliedern nähern sich mit wachsendem $\lambda_I$ bzw. $\lambda_{II}$ entsprechend den Kurvendarstellungen in Abb. 18, 19 den Werten 0 und 1. Nach den Erfahrungen des Verfassers[1]) ist nun immer $\lambda_{II}$ im Verhältnis zu $\lambda_I$ sehr groß, so daß die Funktionswerte des $\alpha_{II}$-Gliedes viel rascher den Grenzen 0 oder 1 zustreben als die des $\alpha_I$-Gliedes. Aus dieser Tatsache läßt sich ein Schluß ziehen, wann $q_I$ und $q_{II}$ in der Trägermitte 0 werden. Es ist z. B. für frei aufliegende Längsträger

$$q_I = \frac{8\,\alpha_I^4}{\varrho_I} \cdot \tau \cdot \frac{\mathfrak{Cof}\,\frac{\lambda_I}{2} \cdot \cos\frac{\lambda_I}{2}}{\mathfrak{Cof}\,\lambda_I + \cos\lambda_I} + \frac{8\,\alpha_{II}^4}{\varrho_I} \cdot \tau' \cdot \frac{\mathfrak{Cof}\,\frac{\lambda_{II}}{2} \cdot \cos\frac{\lambda_{II}}{2}}{\mathfrak{Cof}\,\lambda_{II} + \cos\lambda_{II}}, \quad (129)$$

$$q_{II} = \frac{8\,\alpha_I^4}{\varrho_{II}} \cdot \tau \cdot \sigma_I \cdot \frac{\mathfrak{Cof}\,\frac{\lambda_I}{2} \cdot \cos\frac{\lambda_I}{2}}{\mathfrak{Cof}\,\lambda_I + \cos\lambda_I} + \frac{8\,\alpha_{II}^4}{\varrho_{II}} \cdot \tau' \cdot \sigma_{II} \cdot \frac{\mathfrak{Cof}\,\frac{\lambda_{II}}{2} \cdot \cos\frac{\lambda_{II}}{2}}{\mathfrak{Cof}\,\lambda_{II} + \cos\lambda_{II}}. \quad (130)$$

Wenn nun $\lambda_{II}$ sehr groß ist, so wird das $\alpha_{II}$-Glied in den beiden Ausdrücken praktisch 0. $q_I$ und $q_{II}$ werden damit unabhängig von $\lambda_{II}$ und erreichen den Wert 0 bei $\lambda_I = \pi$, um bei $\lambda_I > \pi$ negative Werte anzunehmen. Dasselbe gilt für vollkommen eingespannte Längs-

---

[1]) Vgl. auch Zahlenbeispiel 1, Unters. II u. III.

träger; hier wird $q_I$ und $q_{II}$ mit $\lambda_I = \tfrac{3}{2}\pi$ Null. Der Zusammenhang dieser Werte $\lambda_I$ mit den Steifigkeitsverhältnissen der Querträgerunterlage und der Längsträger soll nicht näher untersucht werden, da die Gl. (91) für $\alpha_{I,II}$ einen sehr komplizierten Ausdruck darstellt.

Unter Benutzung des Grenzwertes $x = 0$: $y_I = 0$, $y_{II} = 0$ läßt sich nun im Gleichungssystem aufstellen, aus dem $\tau$ und $\tau'$ gefunden werden kann. Für $x = 0$ ist nämlich nach Gl. (125), (126) oder (127), (128)

$$\eta_I = 0 = \eta_I - \tau - \tau' \tag{131}$$

$$\eta_{II} = 0 = \eta_{II} - \tau \cdot \sigma_I - \tau' \cdot \sigma_{II}. \tag{132}$$

Dieses Gleichungssystem kann man für beliebig viele Längsträger erweitern; es gilt sowohl für frei aufliegende als auch für vollkommen eingespannte Längsträger. Voraussetzung ist, daß die Bauart der Integrationskonstanten die gleiche ist wie im vorliegenden Fall, bzw. daß dieselben Randbedingungen, aus denen diese Konstanten hervorgehen, zugrunde liegen. Man braucht daher, um die $\tau$-Werte zu bestimmen, nicht die bei mehreren Längsträgern ziemlich umfangreichen Bedingungsgleichungen aufzulösen, sondern hat, sobald die $\sigma$-Werte bekannt sind, nur obige einfache Gleichungen anzusetzen.

## Maxima und Minima.

Die Bestimmung der mathematischen Maxima und Minima für die Funktionen $y_I$, $M_I$, $Q_I$, $q_I$ des Mittelträgers und $y_{II}$, $M_{II}$, $Q_{II}$, $q_{II}$ der Seitenträger erfolgt mit Hilfe der Gl. (116) bis (123), die die notwendigen Bedingungsgleichungen liefern. Es ergibt sich für:

1. $y_{I\,\mathrm{max}}^{\mathrm{min}}$, $q_{I\,\mathrm{max}}^{\mathrm{min}}$.

$$0 = \alpha_I [2 A_1 (\mathfrak{Sin}\,\alpha_I x \cdot \cos\alpha_I x - \mathfrak{Cos}\,\alpha_I x \cdot \sin\alpha_I x) + 2 B_1 (\mathfrak{Cos}\,\alpha_I x \cdot \sin\alpha_I x$$
$$+ \mathfrak{Sin}\,\alpha_I x \cdot \cos\alpha_I x)] + \alpha_{II}[2 A_3 (\mathfrak{Sin}\,\alpha_{II} x \cdot \cos\alpha_{II} x - \mathfrak{Cos}\,\alpha_{II} x \cdot \sin\alpha_{II} x)$$
$$+ 2 B_3 (\mathfrak{Cos}\,\alpha_{II} x \cdot \sin\alpha_{II} x + \mathfrak{Sin}\,\alpha_{II} x \cdot \cos\alpha_{II} x)]. \tag{133}$$

$y_{II\,\mathrm{max}}^{\mathrm{min}}$, $q_{II\,\mathrm{max}}^{\mathrm{min}}$.

$$0 = \alpha_I \cdot \sigma_I [2 A_1 (\mathfrak{Sin}\,\alpha_I x \cdot \cos\alpha_I x - \mathfrak{Cos}\,\alpha_I x \cdot \sin\alpha_I x) + 2 B_1 (\mathfrak{Cos}\,\alpha_I x \cdot \sin\alpha_I x$$
$$+ \mathfrak{Sin}\,\alpha_I x \cdot \cos\alpha_I x)] + \alpha_{II} \cdot \sigma_{II}[2 A_3 (\mathfrak{Sin}\,\alpha_{II} x \cdot \cos\alpha_{II} x - \mathfrak{Cos}\,\alpha_{II} x \cdot \sin\alpha_{II} x)$$
$$+ 2 B_3 (\mathfrak{Cos}\,\alpha_{II} x \cdot \sin\alpha_{II} x + \mathfrak{Sin}\,\alpha_{II} x \cdot \cos\alpha_{II} x)]. \tag{134}$$

2. $M_{I\,\mathrm{max}}^{\mathrm{min}}$.

$$0 = 2\alpha_I^3 [2 A_1 (\mathfrak{Cos}\,\alpha_I x \cdot \sin\alpha_I x + \mathfrak{Sin}\,\alpha_I x \cdot \cos\alpha_I x) + 2 B_1 (\mathfrak{Cos}\,\alpha_I x \cdot \sin\alpha_I x$$
$$- \mathfrak{Sin}\,\alpha_I x \cdot \cos\alpha_I x)] + 2\alpha_{II}^3 [2 A_3 (\mathfrak{Cos}\,\alpha_{II} x \cdot \sin\alpha_{II} x + \mathfrak{Sin}\,\alpha_{II} x \cdot \cos\alpha_{II} x)$$
$$+ 2 B_3 (\mathfrak{Cos}\,\alpha_{II} x \cdot \sin\alpha_{II} x - \mathfrak{Sin}\,\alpha_{II} x \cdot \cos\alpha_{II} x)]. \tag{135}$$

$M_{II\genfrac{}{}{0pt}{}{\max}{\min}}$.

$0 = 2a_I^3 \cdot \sigma_I [2 A_1 (\mathfrak{Cof}\, a_I x \cdot \sin a_I x + \mathfrak{Sin}\, a_I x \cdot \cos a_I x) + 2 B_1 (\mathfrak{Cof}\, a_I x \cdot \sin a_I x$
$- \mathfrak{Sin}\, a_I x \cdot \cos a_I x)] + 2 a_{II}^3 \cdot \sigma_{II} [2 A_3 (\mathfrak{Cof}\, a_{II} x \cdot \sin a_{II} x + \mathfrak{Sin}\, a_{II} x \cdot \cos a_{II} x)$
$+ 2 B_3 (\mathfrak{Cof}\, a_{II} x \cdot \sin a_{II} x - \mathfrak{Sin}\, a_{II} x \cdot \cos a_{II} x)].$ (136)

3. $Q_{I\genfrac{}{}{0pt}{}{\max}{\min}}$.

$0 = 4 a_I^4 [2 A_1 \cdot \mathfrak{Cof}\, a_I x \cdot \cos a_I x + 2 B_1 \cdot \mathfrak{Sin}\, a_I x \cdot \sin a_I x]$
$+ 4 a_{II}^4 [2 A_3 \cdot \mathfrak{Cof}\, a_{II} x \cdot \cos a_{II} x + 2 B_3 \cdot \mathfrak{Sin}\, a_{II} x \cdot \sin a_{II} x].$ (137)

$Q_{II\genfrac{}{}{0pt}{}{\max}{\min}}$.

$0 = 4 a_I^4 \cdot \sigma_I [2 A_1 \cdot \mathfrak{Cof}\, a_I x \cdot \cos a_I x + 2 B_1 \cdot \mathfrak{Sin}\, a_I x \cdot \sin a_I x]$
$+ 4 a_{II}^4 \cdot \sigma_{II} [2 A_3 \cdot \mathfrak{Cof}\, a_{II} x \cdot \cos a_{II} x + 2 B_3 \cdot \mathfrak{Sin}\, a_{II} x \cdot \sin a_{II} x].$ (138)

Die Auflösung dieser transzendenten Gleichungen ist im gegebenen Fall durch Probieren möglich. Kurven, aus denen wie bei einem Längsträger die Stellen der Maxima oder Minima leicht gefunden werden können, lassen sich hier nicht geben. Jedoch können die in Abb. 20 dargestellten Kurven für einen Längsträger die Auflösung obiger Gleichungen erleichtern, indem man zunächst in ihnen die $a_{II}$-Glieder vernachlässigt, wodurch diese Gleichungen (133) bis (138) in die Gl. (80) bis (85) übergehen. Man findet dann aus den Kurven (Abb. 20) die zu dem gegebenen $\lambda_I$ gehörenden Stellen $x$ und verändert diese $x$ so lange, bis die Bedingungsgleichungen (133) bis (138) erfüllt werden. Da, wie schon erwähnt, $\lambda_{II}$ und damit $a_{II}$ gegenüber $\lambda_I$ und $a_I$ groß ist, so wird das $a_{II}$-Glied im allgemeinen klein, so daß es die aus den Kurven für $\lambda_I$ ermittelten Stellen eines Maximums oder Minimums nur wenig verschiebt. Das trifft allerdings für die Seitenträger weniger zu, da sich in den Bedingungsgleichungen für die Funktionen der Seitenträger der Einfluß des Wertes $\sigma_{II}$ geltend macht. Außerdem stimmt dieses Verfahren nicht allzu genau für die Funktion $q_I$ des vollkommen eingespannten Mittelträgers, da diese ein Maximum oder Minimum in der Nähe von $x = \dfrac{L}{2}$ hat und da hier das $a_{II}$-Glied gegenüber dem $a_I$-Glied nicht mehr klein ist. Immerhin gibt aber obiges Verfahren einen Anhalt für die wahrscheinliche Lage eines Maximums oder Minimums. Für die Funktionen $M_I$ und $Q_I$ fallen nach den Erfahrungen des Verfassers die für $\lambda_I$ aus den Kurven (Abb. 20) gefundenen $x$ fast vollkommen mit den tatsächlichen Stellen der Maxima und Minima zusammen. — Übrigens ergibt sich schon aus Symmetriegründen, daß die Funktionen $y_I$, $M_I$, $q_I$, $y_{II}$, $M_{II}$, $q_{II}$ bei $x = 0$, d. h. in der Trägermitte, ein Maximum oder Minimum haben.

64 Statische Untersuchung der Bodenkonstruktion.

Wie bei einem Längsträger stellen auch hier die mathematischen Maxima nicht notwendigerweise die Höchstwerte der betreffenden Funktionen dar. Es ist daher noch zu untersuchen, ob bei $x = \dfrac{L}{2}$ Höchstwerte auftreten.

### γ) Bodenkonstruktion bestehend aus dem Mittelträger, vier symmetrisch zur Mitte gelegenen Seitenträgern und $n$ Querträgern.

Infolge der symmetrischen Anordnung der Seitenträger lautet das System der simultanen Differentialgleichungen ebenso wie bei drei beliebig angeordneten Längsträgern, nämlich:

$$\frac{\mu_I}{\varrho_I}\cdot\frac{d^4 y_I}{dx^4} + \frac{\nu_I}{\varrho_{II}}\cdot\frac{d^4 y_{II}}{dx^4} + \frac{o_I}{\varrho_{III}}\cdot\frac{d^4 y_{III}}{dx^4} + y_I = \eta_I, \tag{139}$$

$$\frac{\mu_{II}}{\varrho_I}\cdot\frac{d^4 y_I}{dx^4} + \frac{\nu_{II}}{\varrho_{II}}\cdot\frac{d^4 y_{II}}{dx^4} + \frac{o_{II}}{\varrho_{III}}\cdot\frac{d^4 y_{III}}{dx^4} + y_{II} = \eta_{II}, \tag{140}$$

$$\frac{\mu_{III}}{\varrho_I}\cdot\frac{d^4 y_I}{dx^4} + \frac{\nu_{III}}{\varrho_{III}}\cdot\frac{d^4 y_{II}}{dx^4} + \frac{o_{III}}{\varrho_{III}}\cdot\frac{d^4 y_{III}}{dx^4} + y_{III} = \eta_{III}. \tag{141}$$

Eliminiert man aus den zugehörigen homogenen Gleichungen $\dfrac{d^4 y_{III}}{dx^4}$, so erhält man die beiden Gleichungen:

$$(\mu_I o_{II} - \mu_{II} o_I)\cdot\frac{1}{\varrho_I}\frac{d^4 y_I}{dx^4} + (\nu_I o_{II} - \nu_{II} o_I)\frac{1}{\varrho_{II}}\cdot\frac{d^4 y_{II}}{dx^4}$$
$$+ o_{II}\cdot y_I - o_I\cdot y_{II} = 0, \tag{142}$$

$$(\mu_I o_{III} - \mu_{III} o_I)\cdot\frac{1}{\varrho_I}\frac{d^4 y_I}{dx^4} + (\nu_I o_{III} - \nu_{III} o_I)\frac{1}{\varrho_{II}}\cdot\frac{d^4 y_{II}}{dx^4}$$
$$+ o_{III}\cdot y_I - o_I\cdot y_{III} = 0. \tag{143}$$

Wird hieraus $\dfrac{d^4 y_{II}}{dx^4}$ eliminiert, so ergibt sich

$$-\frac{(\mu_I o_{II} - \mu_{II} o_I)(\nu_I o_{III} - \nu_{III} o_I) - (\mu_I o_{III} - \mu_{III} o_I)(\nu_I o_{II} - \nu_{II} o_I)}{o_I(\nu_I o_{II} - \nu_{II} o_I)\varrho_I}\cdot\frac{d^4 y_I}{dx^4}$$

$$-\frac{\nu_{II} o_{III} - \nu_{III} o_{II}}{\nu_I o_{II} - \nu_{II} o_I}\cdot y_I + \frac{\nu_I o_{III} - \nu_{III} o_I}{\nu_I o_{II} - \nu_{II} o_I}\cdot y_{II} = y_{III}. \tag{144}$$

Setzt man diesen Ausdruck nach viermaliger Differentiation in die zu Gl. (139) und (140) gehörenden homogenen Gleichungen ein, so wird

Behandlung der wichtigsten Fälle der Belastung und Konstruktion. 65

$$\frac{(\mu_I o_{III} - \mu_{III} o_I)(\nu_I o_{II} - \nu_{II} o_I) - (\mu_I o_{II} - \mu_{II} o_I)(\nu_I o_{III} - \nu_{III} o_I)}{(\nu_I o_{II} - \nu_{II} o_I) \varrho_I \cdot \varrho_{III}} \cdot \frac{d^8 y_I}{dx^8}$$

$$+ \left[ \frac{\mu_I}{\varrho_I} - \frac{\nu_{II} o_{III} - \nu_{III} o_{II}}{\nu_I o_{II} - \nu_{II} o_I} \cdot \frac{o_I}{\varrho_{III}} \right] \frac{d^4 y_I}{dx^4}$$

$$+ \left[ \frac{\nu_I}{\varrho_{II}} + \frac{\nu_I o_{III} - \nu_{III} o_I}{\nu_I o_{II} - \nu_{II} o_I} \cdot \frac{o_I}{\varrho_{III}} \right] \frac{d^4 y_{II}}{dx^4} + y_I = 0, \quad (145)$$

$$\frac{(\mu_I o_{III} - \mu_{III} o_I)(\nu_I o_{II} - \nu_{II} o_I) - (\mu_I o_{II} - \mu_{II} o_I)(\nu_I o_{III} - \nu_{III} o_I)}{o_I(\nu_I o_{II} - \nu_{II} o_I) \varrho_I \cdot \varrho_{III}} \cdot o_{II} \frac{d^8 y_I}{dx^8}$$

$$+ \left[ \frac{\mu_{II}}{\varrho_{II}} - \frac{\nu_{II} o_{III} - \nu_{III} o_{II}}{\nu_I o_{II} - \nu_{II} o_I} \cdot \frac{o_{II}}{\varrho_{III}} \right] \frac{d^4 y_I}{dx^4}$$

$$+ \left[ \frac{\nu_{II}}{\varrho_{II}} + \frac{\nu_I o_{III} - \nu_{III} o_I}{\nu_I o_{II} - \nu_{II} o_I} \cdot \frac{o_{II}}{\varrho_{III}} \right] \frac{d^4 y_{II}}{dx^4} + y_{II} = 0. \quad (146)$$

Die Elimination von $\dfrac{d^4 y_{II}}{dx^4}$ aus diesen beiden Gleichungen liefert nach einigen Umformungen die Gleichung

$$\frac{(\mu_I o_{II} - \mu_{II} o_I)(\nu_I o_{III} - \nu_{III} o_I) - (\mu_I o_{III} - \mu_{III} o_I)(\nu_I o_{II} - \nu_{II} o_I)}{o_I \cdot \varrho_I \cdot \varrho_{II} \cdot \varrho_{III}} \cdot \frac{d^8 y_I}{dx^8}$$

$$+ \left[ \frac{\mu_I \nu_{II} - \mu_{II} \nu_I}{\varrho_I \cdot \varrho_{II}} + \frac{\nu_{II} o_{III} - \nu_{III} o_{II}}{\varrho_{II} \cdot \varrho_{III}} + \frac{\nu_I o_{III} - \nu_{III} o_I}{\nu_I o_{II} - \nu_{II} o_I} \cdot \frac{\mu_I o_{II} - \mu_{II} o_I}{\varrho_I \cdot \varrho_{III}} \right] \frac{d^4 y_I}{dx^4}$$

$$+ \left[ \frac{\nu_{II}}{\varrho_{II}} + \frac{\nu_I o_{III} - \nu_{III} o_I}{\nu_I o_{II} - \nu_{II} o_I} \cdot \frac{o_{II}}{\varrho_{III}} \right] y_I = \left[ \frac{\nu_I}{\varrho_{II}} + \frac{\nu_I o_{III} - \nu_{III} o_I}{\nu_I o_{II} - \nu_{II} o_I} \cdot \frac{o_I}{\varrho_{III}} \right] y_{II}. \quad (147)$$

Differenziert man viermal und führt den so erhaltenen Ausdruck für $\dfrac{d^4 y_{II}}{dx^4}$ in Gl. (145) ein, so erhält man

$$\frac{(\mu_I o_{II} - \mu_{II} o_I)(\nu_I o_{III} - \nu_{III} o_I) - (\mu_I o_{III} - \mu_{III} o_I)(\nu_I o_{II} - \nu_{II} o_I)}{o_I \cdot \varrho_I \cdot \varrho_{II} \cdot \varrho_{III}} \cdot \frac{d^{12} y_I}{dx^{12}}$$

$$+ \left[ \frac{\mu_I \nu_{II} - \mu_{II} \nu_I}{\varrho_I \cdot \varrho_{II}} + \frac{\nu_{II} o_{III} - \nu_{III} o_{II}}{\varrho_{II} \cdot \varrho_{III}} + \frac{\mu_I o_{II} - \mu_{II} o_I}{\varrho_I \cdot \varrho_{III}} \right] \frac{d^8 y_I}{dx^8}$$

$$+ \left[ \frac{\mu_I}{\varrho_I} + \frac{\nu_{II}}{\varrho_{II}} + \frac{o_{III}}{\varrho_{III}} \right] \frac{d^4 y_I}{dx^4} + y_I = 0. \quad (148)$$

Das ist eine homogene lineare Differentialgleichung 12. Ordnung mit konstantem Koeffizienten für $y_I$. Die zugehörige charakteristische Gleichung ist ebenfalls 12. Ordnung, kann aber, indem man $u^4 = v$ setzt, auf eine kubische Gleichung gebracht werden. Diese lautet, wenn zur Abkürzung die konstanten Koeffizienten mit $a$, $b$ und $c$ bezeichnet werden,

$$a \cdot v^3 + b \cdot v^2 + c \cdot v + 1 = 0. \quad (149)$$

Schilling, Statik.

Diese Gleichung löst man, indem man sie durch die Substitution $v = \mathfrak{p} - \frac{1}{3}\frac{b}{a}$ in eine reduzierte kubische Gleichung, in der das quadratische Glied nicht mehr vorkommt, umformt und dann eine der bekannten trigonometrischen Auflösungen anwendet. Die reduzierte kubische Gleichung ergibt sich zu

$$\mathfrak{p}^3 - \left(\frac{1}{3}\frac{b^2}{a^2} - \frac{c}{a}\right)\mathfrak{p} + \frac{1}{3}\frac{b}{a}\left(\frac{2}{9}\frac{b^2}{a^2} - \frac{c}{a}\right) + \frac{1}{a} = 0, \qquad (150)$$

oder, wenn man die Koeffizienten mit $f$ und $g$ bezeichnet

$$\mathfrak{p}^3 - f \cdot \mathfrak{p} + g = 0. \qquad (151)$$

Da, wie auf S. 33 bewiesen ist, die Gl. (149) lauter negative reelle Wurzeln haben muß, so muß die reduzierte kubische Gl. (151) lauter reelle Wurzeln haben. Das ist aber nur möglich, wenn $(\frac{1}{3}f)^3 \geqq (\frac{1}{2}g)^2$. Führt man als trigonometrische Hilfsfunktion ein

$$\cos\varphi = \frac{\frac{1}{2}g}{\frac{1}{3}f \cdot \sqrt{\frac{1}{3}f}},$$

so ergeben sich die drei Wurzeln zu

$$\mathfrak{p}_1 = -2\sqrt{\tfrac{1}{3}f}\cdot\cos\tfrac{1}{3}\varphi; \qquad \mathfrak{p}_2 = 2\sqrt{\tfrac{1}{3}f}\cdot\cos(60^0 - \tfrac{1}{3}\varphi);$$
$$\mathfrak{p}_3 = 2\sqrt{\tfrac{1}{3}f}\cdot\cos(60^0 + \tfrac{1}{3}\varphi). \qquad (152)$$

Da $v = \mathfrak{p} - \frac{1}{3}\cdot\frac{b}{a}$ und $u = \sqrt[4]{v}$, so ist

$$u_{1 \ldots 4} = \pm \frac{1}{2}\cdot\sqrt{2}(1 \pm i)\sqrt[4]{2\sqrt{\tfrac{1}{3}f}\cdot\cos\tfrac{1}{3}\varphi + \frac{1}{3}\cdot\frac{b}{a}},$$

$$u_{5 \ldots 8} = \pm \frac{1}{2}\cdot\sqrt{2}(1 \pm i)\sqrt[4]{-2\sqrt{\tfrac{1}{3}f}\cdot\cos(60^0 - \tfrac{1}{3}\varphi) + \frac{1}{3}\cdot\frac{b}{a}},$$

$$u_{9 \ldots 12} = \pm \frac{1}{2}\cdot\sqrt{2}(1 \pm i)\sqrt[4]{-2\sqrt{\tfrac{1}{3}f}\cdot\cos(60^0 + \tfrac{1}{3}\varphi) + \frac{1}{3}\cdot\frac{b}{a}}.$$

Setzt man

$$c_I = \sqrt[4]{\tfrac{1}{2}\cdot\sqrt{\tfrac{1}{3}f}\cdot\cos\tfrac{1}{3}\varphi + \tfrac{1}{12}\cdot\frac{b}{a}}, \qquad (153)$$

$$c_{II} = \sqrt[4]{-\tfrac{1}{2}\cdot\sqrt{\tfrac{1}{3}f}\cdot\cos(60^0 - \tfrac{1}{3}\varphi) + \tfrac{1}{12}\cdot\frac{b}{a}}, \qquad (154)$$

$$c_{III} = \sqrt[4]{-\tfrac{1}{2}\cdot\sqrt{\tfrac{1}{3}f}\cdot\cos(60^0 + \tfrac{1}{3}\varphi) + \tfrac{1}{12}\cdot\frac{b}{a}}, \qquad (155)$$

so erhält man die allgemeine Lösung der inhomogenen Differentialgleichung für $y_I$:

$$y_I = (A_1 \cdot e^{a_I x} + A_2 \cdot e^{-a_I x}) \cos c_I x + (B_1 \cdot e^{a_I x} + B_2 \cdot e^{-a_I x}) \sin c_I x$$
$$+ (A_3 \cdot e^{a_{II} x} + A_4 \cdot e^{-a_{II} x}) \cos c_{II} x + (B_3 \cdot e^{a_{II} x} + B_4 \cdot e^{-a_{II} x}) \sin c_{II} x$$
$$+ (A_5 \cdot e^{a_{III} x} + A_6 \cdot e^{-a_{III} x}) \cos c_{III} x$$
$$+ (B_5 \cdot e^{a_{III} x} + B_6 \cdot e^{-a_{III} x}) \sin c_{III} x + \eta_I. \quad (156)$$

Die allgemeine Lösung für $y_{II}$ geht aus Gl. (147) hervor, in die $y_I$ (homog.) bzw. $\dfrac{d^4 y_I}{dx^4}$, $\dfrac{d^8 y_I}{dx^8}$ eingesetzt und zu der dann $\eta_{II}$ als partikuläre Lösung der inhomogenen Differentialgleichung addiert wird. Schreibt man Gl. (147) in abgekürzter Form, so lautet sie

$$h \cdot \frac{d^8 y_I}{dx^8} + i \cdot \frac{d^4 y_I}{dx^4} + l \cdot y_I = m \cdot y_{II}. \quad (157)$$

Setzt man

$$\begin{aligned}
\sigma_I &= \frac{16 \, c_I^8 \cdot h - 4 \, c_I^4 \cdot i + l}{m}, \\
\sigma_{II} &= \frac{16 \, c_{II}^8 \cdot h - 4 \, c_{II}^4 \cdot i + l}{m}, \\
\sigma_{III} &= \frac{16 \, c_{III}^8 \cdot h - 4 \, c_{III}^4 \cdot i + l}{m},
\end{aligned} \quad (158)$$

so ergibt sich $y_{II}$ (inhomog.) zu

$$y_{II} = \sigma_I [(A_1 \cdot e^{a_I x} + A_2 \cdot e^{-a_I x}) \cos c_I x + (B_1 \cdot e^{a_I x} + B_2 \cdot e^{-a_I x}) \sin c_I x]$$
$$+ \sigma_{II} [(A_3 \cdot e^{a_{II} x} + A_4 \cdot e^{-a_{II} x}) \cos c_{II} x + (B_3 \cdot e^{a_{II} x} + B_4 \cdot e^{-a_{II} x}) \sin c_{II} x]$$
$$+ \sigma_{III} [(A_5 \cdot e^{a_{III} x} + A_6 \cdot e^{-a_{III} x}) \cos c_{III} x$$
$$+ (B_5 \cdot e^{a_{III} x} + B_6 \cdot e^{-a_{III} x}) \sin c_{III} x] + \eta_{II}. \quad (159)$$

Zur Ermittlung von $y_{III}$ wird $y_I$ bzw. $\dfrac{d^4 y_I}{dx^4}$ und $y_{II}$ in Gl. (144) eingesetzt. Diese lautet

$$-\frac{(\mu_I o_{II} - \mu_{II} o_I)(r_I o_{III} - r_{III} o_I) - (\mu_I o_{III} - \mu_{III} o_I)(r_I o_{II} - r_{II} o_I)}{o_I (r_I o_{II} - r_{II} o_I) o_I} \cdot \frac{d^4 y_I}{dx^4}$$

$$- \frac{r_{II} o_{III} - r_{III} o_{II}}{r_I o_{II} - r_{II} o_I} \cdot y_I + \frac{r_I o_{III} - r_{III} o_I}{r_I o_{II} - r_{II} o_I} \cdot y_{II} = y_{III}.$$

68 Statische Untersuchung der Bodenkonstruktion.

Daraus gehen folgende $\sigma$-Werte hervor:

$$\sigma'_I = \frac{1}{r_I o_{II} - r_{II} o_I} \left[ \frac{4\alpha_I^4}{o_I \cdot \varrho_I} ((u_I o_{II} - \mu_{II} o_I)(r_I o_{III} - r_{III} o_I)) \right. \\ - (u_I o_{III} - \mu_{III} o_I)(r_I o_{II} - r_{II} o_I)) \\ \left. - (r_{II} o_{III} - r_{III} o_{II}) + \sigma_I (r_I o_{III} - r_{III} o_I) \right], \tag{160}$$

$$\sigma'_{II} = \frac{1}{r_I o_{II} - r_{II} o_I} \left[ \frac{4\alpha_{II}^4}{o_I \cdot \varrho_I} ((u_I o_{II} - \mu_{II} o_I)(r_I o_{III} - r_{III} o_I)) \right. \\ - (u_I o_{III} - \mu_{III} o_I)(r_I o_{II} - r_{II} o_I)) \\ \left. - (r_{II} o_{III} - r_{III} o_{II}) + \sigma_{II}(r_I o_{III} - r_{III} o_I) \right]. \tag{161}$$

$$\sigma'_{III} = \frac{1}{r_I o_{II} - r_{II} o_I} \left[ \frac{4\alpha_{III}^4}{o_I \cdot \varrho_I} ((u_I o_{II} - \mu_{II} o_I)(r_I o_{III} - r_{III} o_I)) \right. \\ - (u_I o_{III} - \mu_{III} o_I)(r_I o_{II} - r_{II} o_I)) \\ \left. - (r_{II} o_{III} - r_{III} o_{II}) + \sigma_{III}(r_I o_{III} - r_{III} o_I) \right], \tag{162}$$

so daß sich $y_{III}$ (inhomog.) ergibt zu

$$y_{III} = \sigma'_I [(A_1 \cdot e^{\alpha_I x} + A_2 \cdot e^{-\alpha_I x})\cos\alpha_I x + (B_1 \cdot e^{\alpha_I x} + B_2 \cdot e^{-\alpha_I x})\sin\alpha_I x] \\ + \sigma'_{II}[(A_3 \cdot e^{\alpha_{II} x} + A_4 \cdot e^{-\alpha_{II} x})\cos\alpha_{II} x + (B_3 \cdot e^{\alpha_{II} x} + B_4 \cdot e^{-\alpha_{II} x})\sin\alpha_{II} x] \\ + \sigma'_{III}[(A_5 \cdot e^{\alpha_{III} x} + A_6 \cdot e^{-\alpha_{III} x}) \cdot \cos\alpha_{III} x \\ + [(B_5 \cdot e^{\alpha_{III} x} + B_6 \cdot e^{-\alpha_{III} x})\sin\alpha_{III} x] + \eta_{III}. \tag{163}$$

### Bestimmung der Integrationskonstanten.

Da die Randbedingungen dieselben sind wie in den beiden früheren Fällen, so sind die Integrationskonstanten bereits bekannt. Man hat zufolge des auf S. 58 und 62 Gesagten nur die $\tau$-Werte zu bestimmen und erhält dafür folgende drei Gleichungen:

$$\eta_I - \tau - \tau' - \tau'' = 0, \tag{164}$$
$$\eta_{II} - \tau \cdot \sigma_I - \tau' \cdot \sigma_{II} - \tau'' \cdot \sigma_{III} = 0, \tag{165}$$
$$\eta_{III} - \tau \cdot \sigma'_I - \tau' \sigma'_{II} - \tau'' \cdot \sigma'_{III} = 0. \tag{166}$$

Hieraus ergibt sich

$$\tau = \frac{\eta_I(\sigma_{II} \cdot \sigma'_{III} - \sigma'_{II} \cdot \sigma_{III}) + \eta_{II}(\sigma'_{II} - \sigma'_{III}) - \eta_{III}(\sigma_{II} - \sigma_{III})}{(\sigma_I - \sigma_{III})(\sigma'_{II} - \sigma'_{III}) - (\sigma'_I - \sigma'_{III})(\sigma_{II} - \sigma_{III})}, \tag{167}$$

$$\tau' = \frac{\eta_I(\sigma_I \cdot \sigma'_{III} - \sigma'_I \cdot \sigma_{III}) + \eta_{II}(\sigma'_I - \sigma'_{III}) - \eta_{III}(\sigma_I - \sigma_{III})}{(\sigma_{II} - \sigma_{III})(\sigma'_I - \sigma'_{III}) - (\sigma'_{II} - \sigma'_{III})(\sigma_I - \sigma_{III})}, \tag{168}$$

$$\tau'' = \frac{\eta_I(\sigma_{II} \cdot \sigma'_I - \sigma'_{II} \cdot \sigma_I) + \eta_{II}(\sigma'_{II} - \sigma'_I) - \eta_{III}(\sigma_{II} - \sigma_I)}{(\sigma_{III} - \sigma_I)(\sigma'_{II} - \sigma'_I) - (\sigma'_{III} - \sigma'_I)(\sigma_{II} - \sigma_I)}. \tag{169}$$

Behandlung der wichtigsten Fälle der Belastung und Konstruktion. 69

Die Integrationskonstanten schreiben sich nun, wie folgt,

**a) für frei aufliegende Längsträger:**

$$A_1 = -\tau \cdot \frac{\mathfrak{Cof}\frac{\lambda_I}{2} \cdot \cos\frac{\lambda_I}{2}}{\mathfrak{Cof}\lambda_I + \cos\lambda_I} = A_2, \quad (170)$$

$$B_1 = -\tau \cdot \frac{\mathfrak{Sin}\frac{\lambda_I}{2} \cdot \sin\frac{\lambda_I}{2}}{\mathfrak{Cof}\lambda_I + \cos\lambda_I} = -B_2, \quad (171)$$

$$A_3 = -\tau' \cdot \frac{\mathfrak{Cof}\frac{\lambda_{II}}{2} \cdot \cos\frac{\lambda_{II}}{2}}{\mathfrak{Cof}\lambda_{II} + \cos\lambda_{II}} = A_4, \quad (172)$$

$$B_3 = -\tau' \cdot \frac{\mathfrak{Sin}\frac{\lambda_{II}}{2} \cdot \sin\frac{\lambda_{II}}{2}}{\mathfrak{Cof}\lambda_{II} + \cos\lambda_{II}} = -B_4, \quad (173)$$

$$A_5 = -\tau'' \cdot \frac{\mathfrak{Cof}\frac{\lambda_{III}}{2} \cdot \cos\frac{\lambda_{III}}{2}}{\mathfrak{Cof}\lambda_{III} + \cos\lambda_{III}} = A_6, \quad (174)$$

$$B_5 = -\tau'' \cdot \frac{\mathfrak{Sin}\frac{\lambda_{III}}{2} \cdot \sin\frac{\lambda_{III}}{2}}{\mathfrak{Cof}\lambda_{III} + \cos\lambda_{III}} = -B_6; \quad (175)$$

**b) für vollkommen eingespannte Längsträger:**

$$A_1 = -\tau \cdot \frac{\mathfrak{Cof}\frac{\lambda_I}{2} \cdot \sin\frac{\lambda_I}{2} + \mathfrak{Sin}\frac{\lambda_I}{2} \cdot \cos\frac{\lambda_I}{2}}{\mathfrak{Sin}\lambda_I + \sin\lambda_I} = A_2, \quad (176)$$

$$B_1 = -\tau \cdot \frac{\mathfrak{Cof}\frac{\lambda_I}{2} \cdot \sin\frac{\lambda_I}{2} - \mathfrak{Sin}\frac{\lambda_I}{2} \cdot \cos\frac{\lambda_I}{2}}{\mathfrak{Sin}\lambda_I + \sin\lambda_I} = -B_2, \quad (177)$$

$$A_3 = -\tau' \cdot \frac{\mathfrak{Cof}\frac{\lambda_{II}}{2} \cdot \sin\frac{\lambda_{II}}{2} + \mathfrak{Sin}\frac{\lambda_{II}}{2} \cdot \cos\frac{\lambda_{II}}{2}}{\mathfrak{Sin}\lambda_{II} + \sin\lambda_{II}} = A_4, \quad (178)$$

$$B_3 = -\tau' \cdot \frac{\mathfrak{Cof}\frac{\lambda_{II}}{2} \cdot \sin\frac{\lambda_{II}}{2} - \mathfrak{Sin}\frac{\lambda_{II}}{2} \cdot \cos\frac{\lambda_{II}}{2}}{\mathfrak{Sin}\lambda_{II} + \sin\lambda_{II}} = -B_4, \quad (179)$$

$$A_5 = -\tau'' \cdot \frac{\mathfrak{Cof}\frac{\lambda_{III}}{2} \cdot \sin\frac{\lambda_{III}}{2} + \mathfrak{Sin}\frac{\lambda_{III}}{2} \cdot \cos\frac{\lambda_{III}}{2}}{\mathfrak{Sin}\lambda_{III} + \sin\lambda_{III}} = A_6, \quad (180)$$

70  Statische Untersuchung der Bodenkonstruktion.

$$B_5 = -\tau'' \cdot \frac{\mathfrak{Cof}\frac{\lambda_{III}}{2} \cdot \sin\frac{\lambda_{III}}{2} - \mathfrak{Sin}\frac{\lambda_{III}}{2} \cdot \cos\frac{\lambda_{III}}{2}}{\mathfrak{Sin}\,\lambda_{III} + \sin\lambda_{III}} - B_6. \qquad (181)$$

### Endformeln für $y, M, Q, q$.

Die Endformeln in unentwickelter und entwickelter Form sowie die Formeln für die Grenzwerte lassen sich in Analogie mit den früheren Fällen ohne Schwierigkeiten bilden. Man hat den im vorigen Abschnitt ($\beta$) für drei Längsträger gefundenen Formeln nur ein $\alpha_{III}$-Glied hinzuzufügen, das ebenso gebaut ist wie das $\alpha_I$- und $\alpha_{II}$-Glied der betreffenden Formel. Die Wiedergabe dieser ziemlich umfangreichen Ausdrücke erübrigt sich daher.

Für das Verhalten der Grenzwerte bei wachsendem $\lambda_I$, $\lambda_{II}$, $\lambda_{III}$ gilt das auf S. 61 Gesagte, daß die Verbindungen der hyperbolischen und trigonometrischen Funktionen der $\alpha_I$-, $\alpha_{II}$-, $\alpha_{III}$-Glieder in den Ausdrücken für die Grenzwerte den Werten 0 und 1 zustreben. Hier werden nach den Erfahrungen des Verfassers[1]) die Größen $\lambda_{II}$ und $\lambda_{III}$ gegenüber $\lambda_I$ groß, so daß die Grenzwerte in den Trägermitten praktisch nur von $\lambda_I$ abhängen. Damit gilt auch hier der Satz, daß die Funktionen $q_I$, $q_{II}$, $q_{III}$ in den Trägermitten bei $\lambda_I = \pi$ bzw. $\lambda_I = {}^3/_2 \pi$ praktisch 0 und darüber hinaus $< 0$ werden.

### Maxima und Minima.

Die für drei Längsträger gefundenen Bedingungsgleichungen (133) bis (138) für die Stellen der mathematischen Maxima und Minima gelten hier, wenn man ein entsprechendes $\alpha_{III}$-Glied hinzufügt. Die Auflösung dieser Gleichungen wird durch die Benutzung der Kurvendarstellung Abb. 20 erleichtert. Man kann diese Kurven hier benutzen, weil das $\alpha_I$-Glied den Hauptanteil der Funktionen für die elastischen Größen der Längsträger darstellt. Im übrigen ist das auf S. 63 Gesagte sinngemäß auf den vorliegenden Fall zu übertragen.

### $\delta$) Bodenkonstruktion bestehend aus dem Mittelträger, sechs symmetrisch zur Mitte gelegenen Seitenträgern und $n$ Querträgern.

Das System der simultanen Differentialgleichungen für die Funktionen $y_I$, $y_{II}$, $y_{III}$, $y_{IV}$ lautet:

$$\frac{u_I}{\varrho_I} \cdot \frac{d^4 y_I}{dx^4} + \frac{v_I}{\varrho_{II}} \cdot \frac{d^4 y_{II}}{dx^4} + \frac{o_I}{\varrho_{III}} \cdot \frac{d^4 y_{III}}{dx^4} + \frac{z_L}{\varrho_{IV}} \cdot \frac{d^4 y_{II}}{dx^4} + y_I = \eta_I, \qquad (182)$$

---
[1]) Vgl. a. Zahlenbeispiel 2.

$$\frac{u_{II}}{\varrho_I}\cdot\frac{d^4y_I}{dx^4}+\frac{v_{II}}{\varrho_{II}}\cdot\frac{d^4y_{II}}{dx^4}+\frac{o_{II}}{\varrho_{III}}\cdot\frac{d^4y_{III}}{dx^4}+\frac{\chi_{II}}{\varrho_{IV}}\cdot\frac{d^4y_{IV}}{dx^4}+y_{II}=\eta_{II}, \quad (183)$$

$$\frac{u_{III}}{\varrho_I}\cdot\frac{d^4y_I}{dx^4}+\frac{v_{III}}{\varrho_{II}}\cdot\frac{d^4y_{II}}{dx^4}+\frac{o_{III}}{\varrho_{III}}\cdot\frac{d^4y_{III}}{dx^4}+\frac{\chi_{III}}{\varrho_{IV}}\cdot\frac{d^4y_{IV}}{dx^4}+y_{III}=\eta_{III}, \quad (184)$$

$$\frac{u_{IV}}{\varrho_I}\cdot\frac{d^4y_I}{dx^4}+\frac{v_{IV}}{\varrho_{II}}\cdot\frac{d^4y_{II}}{dx^4}+\frac{o_{IV}}{\varrho_{III}}\cdot\frac{d^4y_{III}}{dx^4}+\frac{\chi_{IV}}{\varrho_{IV}}\cdot\frac{d^4y_{IV}}{dx^4}+y_{IV}=\eta_{IV}. \quad (185)$$

Die Auflösung dieses Gleichungssystems soll hier nicht durchgeführt werden. Die Koeffizienten sind in diesen allgemeinen Entwicklungen unbestimmte Zahlen und gestalten daher bei vielen Gleichungen sowohl die Rechnungen als auch die Resultate unübersichtlich und kompliziert. Im Anwendungsfall sind die Koeffizienten bestimmte Zahlen, so daß die Auflösung des obigen Gleichungssystems dann keine Schwierigkeiten bereitet.

Der Gang der Rechnung ist genau derselbe wie in den vorausgegangenen Fällen. Aus den vier Differentialgleichungen ergibt sich durch wiederholte Elimination eine homogene lineare Differentialgleichung 16. Ordnung für $y_I$. Die zugehörige charakteristische Gleichung läßt sich auf eine Gleichung 4. Grades zurückführen, die man durch Zerlegen in zwei quadratische Faktoren löst. Es ergeben sich somit vier Werte $\alpha_I$, $\alpha_{II}$, $\alpha_{III}$, $\alpha_{IV}$. Die Funktionen $y_I$ bis $y_{IV}$ findet man analog Fall $\gamma$, indem man den dort gefundenen Lösungen ein entsprechendes Glied für $\alpha_{IV}$ anfügt. Die Bestimmung der $\sigma$- und $\tau$-Werte bietet nichts Besonderes; ebenso sind auch die Integrationskonstanten und sämtliche Endformeln schematisch aus den früheren Ergebnissen herzuleiten.

Die im Handelsschiffbau normalerweise vorkommenden Bodenkonstruktionen sind hiermit erledigt. Die Untersuchungen lassen sich jedoch sinngemäß auch auf eine größere Anzahl von Längsträgern ausdehnen. Eine Schwierigkeit scheint nur darin zu liegen, daß die charakteristische Gleichung der linearen Differentialgleichung für $y_I$ von sehr hoher Ordnung wird. Wie man jedoch gesehen hat, läßt sich die Ordnung immer auf $1/4$ herabsetzen. Die dann entstehende Gleichung $r$-ten Grades kann man ohne beträchtliche Schwierigkeiten durch Zerlegen in Faktoren niederer Ordnung lösen.

Die hier abgeleiteten Beziehungen gelten nicht nur, wenn die Bodenkonstruktion aus dem Mittelträger und einer Anzahl symmetrisch zur Mitte gelegener Seitenträger besteht, sondern auch, wenn statt des Mittelträgers zwei Längsträger symmetrisch zur Mitte angeordnet werden.

## B. Belastung durch Einzellasten.

Im Anschluß an die allgemeinen Darlegungen über die Belastung durch Einzellasten (S. 37 bis 40) sollen hier die verschiedenen Arten der Bodenkonstruktionen für diesen Belastungsfall untersucht werden. Grundlegend ist der Fall, daß an den Längsträgern Einzellasten in beliebigen, aber gleichen Abständen von den Querschotten angreifen. Außerdem werden die Sonderfälle, daß die Einzellasten in der Mitte zwischen den Querschotten oder paarweise symmetrisch zu dieser Mitte angeordnet sind, behandelt werden.

### a) Bodenkonstruktion bestehend aus dem Mittelträger und $n$ Querträgern.

Grundfall: Einzellast an beliebiger Stelle des Mittelträgers.

Als Koordinatenanfangspunkte werden für die beiden Trägerstücke der linke Auflagerpunkt und der Angriffspunkt der Einzellast gewählt. Für jedes Trägerstück gilt dann die allgemeine Gleichung (24). Bezeichnet man die Integrationskonstanten für das linke Trägerstück mit $A_1, A_2, B_1, B_2$, für das rechte Trägerstück mit $A_1', A_2', B_1', B_2'$, so gilt

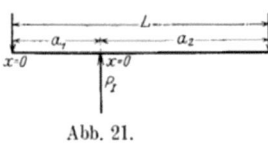

Abb. 21.

$$y_I = (A_1 \cdot e^{\alpha x} + A_2 \cdot e^{-\alpha x}) \cos \alpha x + (B_1 \cdot e^{\alpha x} + B_2 \cdot e^{-\alpha x}) \sin \alpha x, \quad (186)$$

$$y_I' = (A_1' \cdot e^{\alpha x} + A_2' \cdot e^{-\alpha x}) \cos \alpha x + (B_1' \cdot e^{\alpha x} + B_2' \cdot e^{-\alpha x}) \sin \alpha x. \quad (187)$$

Hierin ist $\alpha$ durch Gl. (37) festgelegt, nämlich

$$\alpha = \sqrt[4]{\frac{\varrho_I}{4 \mu_I}}.$$

Zur Abkürzung wird eingeführt

$$\alpha \cdot a_1 = \alpha_1; \qquad \alpha \cdot a_2 = \alpha_2.$$

Bestimmung der Integrationskonstanten.

Es sind nun die acht Integrationskonstanten auf Grund der Randbedingungen für die Trägerenden und der Anschlußbedingungen für die beiden Trägerstücke zu ermitteln.

a) **Mittelträger frei aufliegend.** Die Randbedingungen ergeben für $x = 0$:

$$y_I = 0 = A_1 + A_2, \quad (188)$$

$$\frac{d^2 y_I}{dx^2} = 0 = B_1 - B_2. \quad (189)$$

Die Anschlußbedingungen der beiden Trägerstücke unter der Einzellast liefern

$$x = a_1: \quad y_I - y_I' = 0 = -(A_1 \cdot e^{a_1} + A_2 \cdot e^{-a_1})\cos a_1$$
$$+ (B_1 \cdot e^{a_1} + B_2 \cdot e^{-a_1})\sin a_1 - (A_1' + A_2'), \quad (190)$$

$$\frac{dy_I}{dx} - \frac{dy_I'}{dx} = 0 = A_1 \cdot e^{a_1}(\cos a_1 - \sin a_1)$$
$$- A_2 \cdot e^{-a_1}(\cos a_1 + \sin a_1) + B_1 \cdot e^{a_1}(\cos a_1 + \sin a_1)$$
$$- B_2 \cdot e^{-a_1}(\cos a_1 - \sin a_1) - (A_1' - A_2' + B_1' + B_2'), \quad (191)$$

$$\frac{d^2 y_I}{dx^2} - \frac{d^2 y_I'}{dx^2} = 0 = -(A_1 \cdot e^{a_1} - A_2 \cdot e^{-a_1})\sin a_1$$
$$+ (B_1 \cdot e^{a_1} - B_2 \cdot e^{-a_1})\cos a_1 - (B_1' - B_2'), \quad (192)$$

$$\frac{d^3 y_I}{dx^3} - \frac{d^3 y_I'}{dx^3} = -P_I \varrho_I = 2\alpha^3 [-A_1 \cdot e^{a_1}(\cos a_1 + \sin a_1)$$
$$+ A_2 \cdot e^{-a_1}(\cos a_1 - \sin a_1) + B_1 \cdot e^{a_1}(\cos a_1 - \sin a_1)$$
$$+ B_2 \cdot e^{-a_1}(\cos a_1 + \sin a_1) - (-A_1' + A_2' + B_1' + B_2')]. \quad (193)$$

Schließlich ergeben die Randbedingungen für das rechte Trägerende, für $x = a_2$:

$$y_I' = 0 = (A_1' \cdot e^{a_2} + A_2' \cdot e^{-a_2})\cos a_2$$
$$+ (B_1' \cdot e^{a_2} + B_2' \cdot e^{-a_2})\sin a_2, \quad (194)$$

$$\frac{d^2 y_I'}{dx^2} = 0 = -(A_1' \cdot e^{a_2} - A_2' \cdot e^{-a_2})\sin a_2$$
$$+ (B_1' \cdot e^{a_2} - B_2' \cdot e^{-a_2})\cos a_2. \quad (195)$$

Gl. (188) und (189) liefert

$$A_1 = -A_2; \quad B_1 = B_2. \quad (196)$$

Aus Gl. (194) und (195) ergibt sich

$$A_1' = \frac{B_1' \cdot \cos 2a_2 - B_2' \cdot e^{-2a_2}}{\sin 2a_2}, \quad (197)$$

$$A_2' = -\frac{B_1' \cdot e^{2a_2} - B_2' \cdot \cos 2a_2}{\sin 2a_2}. \quad (198)$$

Führt man zur Abkürzung ein

$$\left.\begin{array}{ll}\dfrac{e^{2a_2} - \cos 2a_2}{\sin 2a_2} = f, & \dfrac{e^{-2a_2} - \cos 2a_2}{\sin 2a_2} = g, \\[6pt] \dfrac{e^{2a_2} + \cos 2a_2}{\sin 2a_2} = h, & \dfrac{e^{-2a_2} + \cos 2a_2}{\sin 2a_2} = i,\end{array}\right\} \quad (199)$$

so wird

$$A_1' + A_2' = -B_1' \cdot f - B_2' \cdot g, \quad (200)$$

$$A_1' - A_2' = B_1' \cdot h - B_2' \cdot i. \quad (201)$$

74    Statische Untersuchung der Bodenkonstruktion.

Gl. (191) und (193) lassen sich durch gegenseitige Addition und Subtraktion in folgende Gleichungen umwandeln:

$$-A_1 \cdot e^{a_1} \cdot \sin\alpha_1 - A_2 \cdot e^{-a_1} \cdot \sin\alpha_1 + B_1 \cdot e^{a_1} \cdot \cos\alpha_1 + B_2 \cdot e^{-a_1} \cdot \cos\alpha_1$$
$$- (B_1' + B_2') = -\frac{P_l \cdot \varrho_l}{4 a^3}, \qquad (202)$$

$$A_1 \cdot e^{a_1} \cdot \cos\alpha_1 - A_2 \cdot e^{-a_1} \cdot \cos\alpha_1 + B_1 \cdot e^{a_1} \cdot \sin\alpha_1 - B_2 \cdot e^{-a_1} \cdot \sin\alpha_1$$
$$- (A_1' - A_2') = \frac{P_l \cdot \varrho_l}{4 a^3}. \qquad (203)$$

Diese beiden Gleichungen sowie Gl. (190) und (192) ergeben, wenn man die Ausdrücke (196) und (200), (201) einsetzt, folgendes System von vier unabhängigen linearen Gleichungen mit den vier Unbekannten $A_1, B_1, B_1', B_2'$:

$$\left.\begin{aligned}
-2A_1 \cdot \mathfrak{Sin}\,\alpha_1 \cdot \sin\alpha_1 + 2 B_1 \cdot \mathfrak{Cof}\,\alpha_1 \cdot \cos\alpha_1 \\
- (B_1' + B_2') &= -\frac{P_l \cdot \varrho_l}{4 a^3} \\
2A_1 \cdot \mathfrak{Cof}\,\alpha_1 \cdot \cos\alpha_1 + 2 B_1 \cdot \mathfrak{Sin}\,\alpha_1 \cdot \sin\alpha_1 \\
- (B_1' \cdot h - B_2' \cdot i) &= \frac{P_l \cdot \varrho_l}{4 a^3} \\
2A_1 \cdot \mathfrak{Sin}\,\alpha_1 \cdot \cos\alpha_1 + 2 B_1 \cdot \mathfrak{Cof}\,\alpha_1 \cdot \sin\alpha_1 \\
- (-B_1' \cdot f - B_2' \cdot g) &= 0 \\
-2A_1 \cdot \mathfrak{Cof}\,\alpha_1 \cdot \sin\alpha_1 + 2 B_1 \cdot \mathfrak{Sin}\,\alpha_1 \cdot \cos\alpha_1 \\
- (B_1' - B_2') &= 0.
\end{aligned}\right\} \quad (204)$$

Eliminiert man hieraus nacheinander $B_1'$ und $B_2'$, so erhält man die beiden Gleichungen für $A_1$ und $B_1$:

$$A_1 [2\,\mathfrak{Sin}\,\alpha_1 (g \cdot \sin\alpha_1 - \cos\alpha_1) - e^{a_1} \cdot \sin\alpha_1 (g - f)]$$
$$- B_1 [2\,\mathfrak{Cof}\,\alpha_1 (g \cdot \cos\alpha_1 + \sin\alpha_1) - e^{a_1} \cdot \cos\alpha_1 (g - f)]$$
$$= \frac{P_l \cdot \varrho_l}{8 a^3}[g + f], \qquad (205)$$

$$A_1 [2\,\mathfrak{Cof}\,\alpha_1 (i \cdot \sin\alpha_1 + \cos\alpha_1) - e^{a_1} \cdot \sin\alpha_1 (i - h)]$$
$$- B_1 [2\,\mathfrak{Sin}\,\alpha_1 (i \cdot \cos\alpha_1 - \sin\alpha_1) - e^{a_1} \cdot \cos\alpha_1 (i - h)]$$
$$= \frac{P_l \cdot \varrho_l}{8 a^3}[2 + h - i]. \qquad (206)$$

Die Auflösung dieser beiden Gleichungen liefert nach Einsetzen der Werte für $f, g, h, i$ (Gl. (199)) und einigen elementaren Umformungen $A_1$ und $B_1$ zu

Behandlung der wichtigsten Fälle der Belastung und Konstruktion. 75

$$A_1 = \frac{P_I \cdot \varrho_I}{16 \alpha^3} \cdot \frac{1}{\mathfrak{Cof}^2 \lambda - \cos^2 \lambda} [\mathfrak{Cof}(\lambda + \alpha_2) \cdot \cos \alpha_1 + \mathfrak{Sin}(\lambda + \alpha_2) \cdot \sin \alpha_1$$
$$- \mathfrak{Cof}\, \alpha_1 \cdot \cos(\lambda + \alpha_2) - \mathfrak{Sin}\, \alpha_1 \cdot \sin(\lambda + \alpha_2)] = -A_2, \quad (207)$$

$$B_1 = \frac{P_I \cdot \varrho_I}{16 \alpha^3} \cdot \frac{1}{\mathfrak{Cof}^2 \lambda - \cos^2 \lambda} [-\mathfrak{Cof}(\lambda + \alpha_2) \cdot \cos \alpha_1 + \mathfrak{Sin}(\lambda + \alpha_2) \cdot \sin \alpha_1$$
$$+ \mathfrak{Cof}\, \alpha_1 \cdot \cos(\lambda + \alpha_2) - \mathfrak{Sin}\, \alpha_1 \cdot \sin(\lambda + \alpha_2)] = B_2. \quad (208)$$

Die übrigen Integrationskonstanten sollen nur durch $A_1$ und $B_1$ ausgedrückt werden, ohne dafür die obigen Ergebnisse einzusetzen, da man sonst zu verwickelte Ausdrücke erhält. $A_1', A_2', B_1', B_2'$ ergeben sich dann aus Gl. (204) zu

$$A_1' = [A_1 \cdot \cos \alpha_1 + B_1 \cdot \sin \alpha_1] e^{\alpha_1} - \frac{P_I \cdot \varrho_I}{8 \alpha^3}, \quad (209)$$

$$A_2' = [-A_1 \cdot \cos \alpha_1 + B_1 \cdot \sin \alpha_1] e^{-\alpha_1} + \frac{P_I \cdot \varrho_I}{8 \alpha^3}, \quad (210)$$

$$B_1' = [-A_1 \cdot \sin \alpha_1 + B_1 \cdot \cos \alpha_1] e^{\alpha_1} + \frac{P_I \cdot \varrho_I}{8 \alpha^3}, \quad (211)$$

$$B_2' = [A_1 \cdot \sin \alpha_1 + B_1 \cdot \cos \alpha_1] e^{-\alpha_1} + \frac{P_I \cdot \varrho_I}{8 \alpha^3}. \quad (212)$$

**b) Mittelträger vollkommen eingespannt.** Die Anschlußbedingungen sind dieselben wie bei frei aufliegendem Mittelträger. Die vier Randbedingungen drücken aus, daß an beiden Trägerenden $y_I = 0$ und $\frac{dy_I}{dx} = 0$ ist; d. h. an Stelle von Gl. (189) und (195) treten hier die beiden Gleichungen

$x = 0:$
$$\frac{dy_I}{dx} = 0 = A_1 - A_2 + B_1 + B_2, \quad (213)$$

$x = a_2:$
$$\frac{dy_I'}{dx} = 0 = A_1' \cdot e^{a_2}(\cos \alpha_2 - \sin \alpha_2) - A_2' \cdot e^{-a_2}(\cos \alpha_2 + \sin \alpha_2)$$
$$+ B_1' \cdot e^{a_2}(\cos \alpha_2 + \sin \alpha_2) + B_2' \cdot e^{-a_2}(\cos \alpha_2 - \sin \alpha_2). \quad (214)$$

Aus Gl. (188) und (213) erhält man
$$A_1 = -A_2 - \frac{B_1 + B_2}{2}. \quad (215)$$

Gl. (194) und (214) liefert
$$A_1' = -\frac{B_1'(1 + \sin 2\alpha_2) + B_2' \cdot e^{-2\alpha_2}}{2 \cos^2 \alpha_2}, \quad (216)$$

$$A_2' = \frac{B_1' \cdot e^{2\alpha_2} + B_2'(1 - \sin 2\alpha_2)}{2 \cos^2 \alpha_2}. \quad (217)$$

76 Statische Untersuchung der Bodenkonstruktion.

Setzt man
$$\frac{e^{2a_2} - \sin 2\alpha_2 - 1}{2\cos^2\alpha_2} = f, \quad \frac{-e^{-2a_2} - \sin 2\alpha_2 + 1}{2\cos^2\alpha_2} = g,$$
$$\frac{e^{2a_2} + \sin 2\alpha_2 + 1}{2\cos^2\alpha_2} = h, \quad \frac{e^{-2a_2} - \sin 2\alpha_2 + 1}{2\cos^2\alpha_2} = i, \quad (218)$$

so wird
$$A_1' + A_2' = B_1 \cdot f + B_2 \cdot g, \quad (219)$$
$$A_1' - A_2' = -B_1' \cdot h - B_2' \cdot i. \quad (220)$$

Nach Einsetzen der Ergebnisse (215) und (219), (220) nehmen die Gleichungen (190), (192), (202), (203) folgende Form an:

$$B_1(e^{a_1}\cos\alpha_1 + \mathfrak{Sin}\,\alpha_1 \cdot \sin\alpha_1) + B_2(e^{-a_1}\cos\alpha_1 + \mathfrak{Sin}\,\alpha_1 \cdot \sin\alpha_1)$$
$$- (B_1' + B_2') = -\frac{P_l \cdot \varrho_l}{4c^3},$$
$$B_1(e^{a_1}\sin\alpha_1 - \mathfrak{Cof}\,\alpha_1 \cdot \cos\alpha_1) - B_2(e^{-a_1}\sin\alpha_1 - \mathfrak{Cof}\,\alpha_1 \cdot \cos\alpha_1)$$
$$- (-B_1' \cdot h - B_2' \cdot i) = \frac{P_l \cdot \varrho_l}{4c^3}, \quad (221)$$
$$B_1(e^{a_1}\sin\alpha_1 - \mathfrak{Sin}\,\alpha_1 \cdot \cos\alpha_1) + B_2(e^{-a_1}\sin\alpha_1 - \mathfrak{Sin}\,\alpha_1 \cdot \cos\alpha_1)$$
$$- (B_1' \cdot f + B_2' \cdot g) = 0,$$
$$B_1(e^{a_1}\cos\alpha_1 + \mathfrak{Cof}\,\alpha_1 \cdot \sin\alpha_1) - B_2(e^{-a_1}\cos\alpha_1 - \mathfrak{Cof}\,\alpha_1 \cdot \sin\alpha_1)$$
$$- (B_1' - B_2') = 0.$$

Durch Elimination von $B_1'$ und $B_2'$ entstehen die beiden Gleichungen für $B_1$ und $B_2$:

$$B_1[e^{a_1}(2\cos\alpha_1 + \sin\alpha_1)(g-f) - 2e^{a_1}(g\cdot\cos\alpha_1 - \sin\alpha_1)$$
$$- 2\mathfrak{Sin}\,\alpha_1(g\cdot\sin\alpha_1 + \cos\alpha_1)] + B_2[e^{a_1}\cdot\sin\alpha_1(g-f)$$
$$- 2e^{-a_1}(g\cdot\cos\alpha_1 - \sin\alpha_1)$$
$$- 2\mathfrak{Sin}\,\alpha_1(g\cdot\sin\alpha_1 + \cos\alpha_1)] = \frac{P_l \cdot \varrho_l}{4c^3}[g+f], \quad (222)$$

$$B_1[e^{a_1}(2\cos\alpha_1 + \sin\alpha_1)(h+i) - 2e^{a_1}(i\cdot\cos\alpha_1 - \sin\alpha_1)$$
$$- 2\mathfrak{Cof}\,\alpha_1(i\cdot\sin\alpha_1 + \cos\alpha_1)] + B_2[e^{a_1}\cdot\sin\alpha_1(h+i)$$
$$+ 2e^{-a_1}(i\cdot\cos\alpha_1 - \sin\alpha_1)$$
$$- 2\mathfrak{Cof}\,\alpha_1(i\cdot\sin\alpha_1 + \cos\alpha_1)] = \frac{P_l \cdot \varrho_l}{4c^3}[2-(h+i)]. \quad (223)$$

Die Auflösung dieser beiden Gleichungen ergibt

$$B_1 = \frac{P_l \cdot \varrho_l}{16c^3} \cdot \frac{1}{\mathfrak{Sin}^2\lambda - \sin^2\lambda} [\mathfrak{Cof}(\lambda + \alpha_2)\langle\sin\alpha_1 - \cos\alpha_1\rangle$$
$$+ \mathfrak{Sin}\,\alpha_1\langle\sin(\lambda + \alpha_2) + \cos(\lambda + \alpha_2)\rangle + e^{-a_1}\langle 2\cos\alpha_1 - \cos(\lambda + \alpha_2)\rangle$$
$$- \sin\alpha_1\langle 2\mathfrak{Cof}\,\alpha_1 - e^{-(\lambda+\alpha_2)}\rangle], \quad (224)$$

Behandlung der wichtigsten Fälle der Belastung und Konstruktion. 77

$$B_2 = \frac{P_I \cdot \varrho_I}{16 a^3} \cdot \frac{1}{\mathfrak{Sin}^2 \lambda - \sin^2 \lambda} [- \mathfrak{Cof}(\lambda + \alpha_2) \langle \sin \alpha_1 + \cos \alpha_1 \rangle$$
$$+ \mathfrak{Sin} \alpha_1 \langle \sin(\lambda + \alpha_2) - \cos(\lambda + \alpha_2) \rangle + e^{\alpha_1}(2\cos\alpha_1 - \cos(\lambda + \alpha_2))$$
$$+ \sin\alpha_1 \langle 2\,\mathfrak{Cof}\,\alpha_1 - e^{(\lambda + \alpha_2)} \rangle], \qquad (225)$$

$$A_1 = -A_2 = \frac{B_1 + B_2}{2} = \frac{P_I \cdot \varrho_I}{16 a^3} \cdot \frac{1}{\mathfrak{Sin}^2 \lambda - \sin^2 \lambda} [\mathfrak{Cof}(\lambda + \alpha_2) \cdot \cos\alpha_1$$
$$+ \mathfrak{Sin}(\lambda + \alpha_2) \cdot \sin\alpha_1 + \mathfrak{Cof}\,\alpha_1 \cdot \cos(\lambda + \alpha_2) - \mathfrak{Sin}\,\alpha_1 \cdot \sin(\lambda + \alpha_2)$$
$$- 2\,\mathfrak{Cof}\,\alpha_1 \cdot \cos\alpha_1]. \qquad (226)$$

$A_1', A_2', B_1', B_2'$ erhält man aus Gl. (221), ausgedrückt durch $A_1, B_1, B_2$, zu

$$A_1' = [A_1 \cdot \cos\alpha_1 + B_1 \cdot \sin\alpha_1] e^{\alpha_1} - \frac{P_I \cdot \varrho_I}{8 a^3}, \qquad (227)$$

$$A_2' = [-A_1 \cdot \cos\alpha_1 + B_2 \cdot \sin\alpha_1] e^{-\alpha_1} + \frac{P_I \cdot \varrho_I}{8 a^3}, \qquad (228)$$

$$B_1' = [-A_1 \cdot \sin\alpha_1 + B_1 \cdot \cos\alpha_1] e^{\alpha_1} + \frac{P_I \cdot \varrho_I}{8 a^3}, \qquad (229)$$

$$B_2' = [A_1 \cdot \sin\alpha_1 + B_2 \cdot \cos\alpha_1] e^{-\alpha_1} + \frac{P_I \cdot \varrho_I}{8 a^3}. \qquad (230)$$

### Endformeln.

Es empfiehlt sich nicht, vollständig entwickelte Endformeln aufzustellen, da sie infolge der verwickelten Ausdrücke für die Integrationskonstanten zu unhandlich werden. Daher sollen hier nur die unentwickelten Formeln für die elastischen Größen $y_I, M_I, Q_I, q_I$ angegeben werden. Sie lauten:

#### a) für frei aufliegenden Mittelträger.

Linkes Trägerstück:

$$y_I = 2 A_1 \cdot \mathfrak{Sin}\,\alpha x \cdot \cos\alpha x + 2 B_1 \cdot \mathfrak{Cof}\,\alpha x \cdot \sin\alpha x, \qquad (231)$$

$$M_I = \frac{2 a^2}{\varrho_I} [2 A_1 \cdot \mathfrak{Cof}\,\alpha x \cdot \sin\alpha x - 2 B_1 \cdot \mathfrak{Sin}\,\alpha x \cdot \cos\alpha x], \qquad (232)$$

$$Q_I = \frac{2 a^3}{\varrho_I} [2 A_1 (\mathfrak{Cof}\,\alpha x \cdot \cos\alpha x + \mathfrak{Sin}\,\alpha x \cdot \sin\alpha x)$$
$$- 2 B_1 (\mathfrak{Cof}\,\alpha x \cdot \cos\alpha x - \mathfrak{Sin}\,\alpha x \cdot \sin\alpha x)], \qquad (233)$$

$$q_I = \frac{4 a^4}{\varrho_I} [2 A_1 \cdot \mathfrak{Sin}\,\alpha x \cdot \cos\alpha x + 2 B_1 \cdot \mathfrak{Cof}\,\alpha x \cdot \sin\alpha x]. \qquad (234)$$

Rechtes Trägerstück:

$$y_I' = (A_1' \cdot e^{\alpha x} + A_2' \cdot e^{-\alpha x}) \cos\alpha x + (B_1' \cdot e^{\alpha x} + B_2' \cdot e^{-\alpha x}) \sin\alpha x, \qquad (235)$$

$$M_I' = \frac{2 a^2}{\varrho_I} [(A_1' \cdot e^{\alpha x} - A_2' \cdot e^{-\alpha x}) \cdot \sin\alpha x$$
$$- (B_1' \cdot e^{\alpha x} - B_2' \cdot e^{-\alpha x}) \cos\alpha x], \qquad (236)$$

78  Statische Untersuchung der Bodenkonstruktion.

$$Q_I' = \frac{2\alpha^3}{\varrho_I}[A_1' \cdot e^{\alpha x}(\cos \alpha x + \sin \alpha x) - A_2' \cdot e^{-\alpha x}(\cos \alpha x - \sin \alpha x)$$
$$- B_1' \cdot e^{\alpha x}(\cos \alpha x - \sin \alpha x) - B_2' \cdot e^{-\alpha x}(\cos \alpha x + \sin \alpha x)], \quad (237)$$

$$q_I' = -\frac{4\alpha^4}{\varrho_I}[(A_1' \cdot e^{\alpha x} + A_2' \cdot e^{-\alpha x})\cos \alpha x$$
$$+ (B_1' \cdot e^{\alpha x} + B_2' \cdot e^{-\alpha x})\sin \alpha x]. \quad (238)$$

**b) für vollkommen eingespannten Mittelträger.**

Linkes Trägerstück:

$$y_I = 2A_1 \cdot \mathfrak{Sin}\,\alpha x \cdot \cos \alpha x + (B_1 \cdot e^{\alpha x} + B_2 \cdot e^{-\alpha x})\sin \alpha x, \quad (239)$$

$$M_I = \frac{2\alpha^2}{\varrho_I}[2A_1 \cdot \mathfrak{Cof}\,\alpha x \cdot \sin \alpha x - (B_1 \cdot e^{\alpha x} - B_2 \cdot e^{-\alpha x})\cos \alpha x], \quad (240)$$

$$Q_I = \frac{2\alpha^3}{\varrho_I}[2A_1(\mathfrak{Cof}\,\alpha x \cdot \cos \alpha x + \mathfrak{Sin}\,\alpha x \cdot \sin \alpha x)$$
$$- B_1 \cdot e^{\alpha x}(\cos \alpha x - \sin \alpha x) - B_2 \cdot e^{-\alpha x}(\cos \alpha x + \sin \alpha x)], \quad (241)$$

$$q_I = -\frac{4\alpha^4}{\varrho_I}[2A_1 \cdot \mathfrak{Sin}\,\alpha x \cdot \cos \alpha x + (B_1 \cdot e^{\alpha x} + B_2 \cdot e^{-\alpha x})\sin \alpha x]. \quad (242)$$

Rechtes Trägerstück: Die Formeln sind dieselben wie für frei aufliegenden Mittelträger (Gl. (233) bis (238)).

Es ist hier eine Bemerkung über das Vorzeichen von $q_I$ nötig. $q_I$ ergibt sich nämlich bei der Integration von $y_I$ positiv, während es tatsächlich negativ ist. Das rührt daher, daß $q_I$ bei der Aufstellung der Differentialgleichung (S. 37) gleich mit dem richtigen negativen Vorzeichen berücksichtigt ist; bekanntlich ergeben Gleichungen, bei deren Aufstellung die Unbekannten mit dem richtigen Vorzeichen angesetzt werden, diese Unbekannten stets mit positivem Vorzeichen im Resultat. In obigen Formeln ist aus diesem Grunde $q_I$ mit dem tatsächlichen negativen Vorzeichen versehen worden.

Die Formeln für die Grenzwerte werden ebenfalls nur in unentwickelter Form angegeben, und zwar für die Auflagerdrücke und die Einspannmomente sowie für die elastischen Größen an der Laststelle.

**a) Mittelträger frei aufliegend.**

$x = 0$:

Auflagerdruck:
$$Q_I = \frac{4\alpha^3}{\varrho_I}[A_1 - B_1]. \quad (243)$$

$x = a_1$ ($x = 0$, Laststelle):

$$y_l' = A_1' + A_2', \tag{244}$$

$$M_l' = \frac{2c^2}{\varrho_l}[B_1' - B_2']. \tag{245}$$

$$\left.\begin{array}{l} Q_l = Q_l' + P_l. \\ Q_l' = \dfrac{2c^3}{\varrho_l}[A_1' - A_2' - B_1' - B_2']. \end{array}\right\} \tag{246}$$

$$q_l' = -\frac{4c^4}{\varrho_l}[A_1' + A_2']. \tag{247}$$

$x = a_2$:

Auflagerdruck:

$$Q_l' = \frac{2c^3}{\varrho_l}[A_1' \cdot e^{a_2}(\cos a_2 + \sin a_2) - A_2' \cdot e^{-a_2}(\cos a_2 - \sin a_2) \\ - B_1' \cdot e^{a_2}(\cos a_2 - \sin a_2) - B_2' \cdot e^{-a_2}(\cos a_2 + \sin a_2)]. \tag{248}$$

**b) Mittelträger vollkommen eingespannt.**

$x = 0$:

Auflagerdruck:

$$Q_l = \frac{2c^3}{\varrho_l}[2A_1 - B_1 - B_2] - \frac{8c^3}{\varrho_l} \cdot A_1. \tag{249}$$

Einspannmoment:

$$M_l = -\frac{2c^2}{\varrho_l}[B_1 - B_2]. \tag{250}$$

$x = a_1$ ($x = 0$, Laststelle):

Die Formeln sind dieselben, wie für frei aufliegenden Mittelträger (Gl. (244) bis (247)).

$x = a_2$:

Auflagerdruck: siehe Formel (248).

Einspannmoment:

$$M_l = \frac{2c^2}{\varrho_l}[(A_1' \cdot e^{a_2} - A_2' \cdot e^{-a_2})\sin a_2 \\ - (B_1' \cdot e^{a_2} - B_2' \cdot e^{-a_2})\cos a_2]. \tag{251}$$

Die Abhängigkeit dieser Grenzwerte von $\lambda$, $a_1$, $a_2$ soll nicht untersucht werden, da die obigen Formeln immer von zwei dieser Größen abhängig sind, so daß einfache Kurvendarstellungen nicht möglich sind. Jedoch muß hier auf das Verhalten von $q_l$ bei wachsendem $\lambda$, $a_1$, $a_2$ näher eingegangen werden, um einen Überblick über die

Art des Zusammenwirkens des Mittelträgers mit den Querträgern bei der vorliegenden Belastung zu erhalten. Bei frei aufliegendem Mittelträger wechselt $q_I$ in der Nähe der Trägerenden das Vorzeichen, wenn an den Trägerenden $\frac{dy_I}{dx} = 0$, denn es ist $q_I$ proportional $y_I$ (vgl. z. B. Gl. (231), (234)). Dagegen tritt dieser Vorzeichenwechsel von $q_I$ bei vollkommen eingespanntem Mittelträger ein, wenn das Einspannmoment $M_I = 0$. Für das linke Trägerende wird also $q_I = 0$, wenn bei

a) **frei aufliegendem Mittelträger**

$$\frac{dy_I}{dx} = 0 = \alpha \left[ 2 A_1 + 2 B_1 \right].$$

Setzt man die für die Integrationskonstanten gefundenen Ausdrücke (Gl. (207), (208)) ein, so erhält man folgende Bedingungsgleichung:

$$\mathfrak{Sin}(\lambda + \alpha_2) \cdot \sin \alpha_1 - \mathfrak{Sin} \alpha_1 \cdot \sin(\lambda + \alpha_2) = 0. \qquad (252)$$

b) **vollkommen eingespantem Mittelträger**

$$M_I = 0 = -\frac{2 a^2}{\varrho_I} [B_1 - B_2].$$

Daraus ergibt sich, wenn man die Ausdrücke (224, 225.) einsetzt,

$$\mathfrak{Cof}(\lambda + \alpha_2) \cdot \sin \alpha_1 + \mathfrak{Sin} \alpha_1 \cdot \cos(\lambda + \alpha_2) - \mathfrak{Cof} \alpha_1 \cdot \sin \alpha_1 - \mathfrak{Sin} \alpha_1 \cdot \cos \alpha_1 = 0$$

oder $\qquad \mathfrak{Sin} \lambda \cdot \mathfrak{Sin} \alpha_2 \cdot \sin \alpha_1 - \mathfrak{Sin} \alpha_1 \cdot \sin \lambda \cdot \sin \alpha_2 = 0. \qquad (252\,\mathrm{a})$

Für das rechte Trägerende gewinnt man die Bedingungsgleichungen für $q_I = 0$ am einfachsten dadurch, daß man den Koordinatenanfang in das rechte Trägerende verlegt. Es gelten dann wieder die Gleichungen (252), (252a), jedoch ist dabei zu beachten, daß jetzt in $\alpha_1$ $a_1$ das Stück vom rechten Trägerende bis zur Laststelle und in $\alpha_2$ $a_2$ das Stück von der Laststelle bis zum linken Trägerende bedeutet.

Da $\lambda = \alpha_1 + \alpha_2$, so lassen sich die Gl. (252), (252a) in Abhängigkeit von $\alpha_1$ und $\alpha_2$ graphisch darstellen, wie es in Abb. 22 geschehen ist. Für $q_I = 0$ in der Nähe des linken Trägerendes gilt bei frei aufliegendem Mittelträger Kurve $N$ (= Gl. (252)), bei vollkommen eingespanntem Mittelträger Kurve $O$ (= Gl. (252a)). $R$ und $S$ sind die entsprechenden Kurven für $q_I = 0$ in der Nähe des rechten Trägerendes. Diese Kurven bewegen sich zwischen $^5/_4 \pi$ und $\pi$ und gehen mit wachsendem $\alpha_1$ und $\alpha_2$ in den Wert $\pi$ über. Überschreitet $\alpha_1$ die durch Kurve $N$ und $O$ angegebenen Werte, so erfährt $q_I$ in der Nähe des linken Trägerendes einen Vorzeichenwechsel; dasselbe tritt am rechten Trägerende ein, wenn $\alpha_2$ die Werte der Kurven $R$ und $S$ überschreitet. Die von den Koordinatenachsen und den Kurven $N$ und $R$ bzw. $O$ und $S$ eingeschlossene Fläche gibt den Bereich an, innerhalb dessen $\alpha_1$ und $\alpha_2$ liegen muß, damit $q_I$ auf der ganzen Trägerlänge niemals das Vorzeichen wechselt. Bei $\alpha_1 = \pi$, $\alpha_2 = \pi$ schneiden sich die Kurven für das linke und rechte Trägerende: $\lambda = \alpha_1 + \alpha_2$ darf also höchstens den Wert $2\pi$ erreichen, wenn $q_I$ in

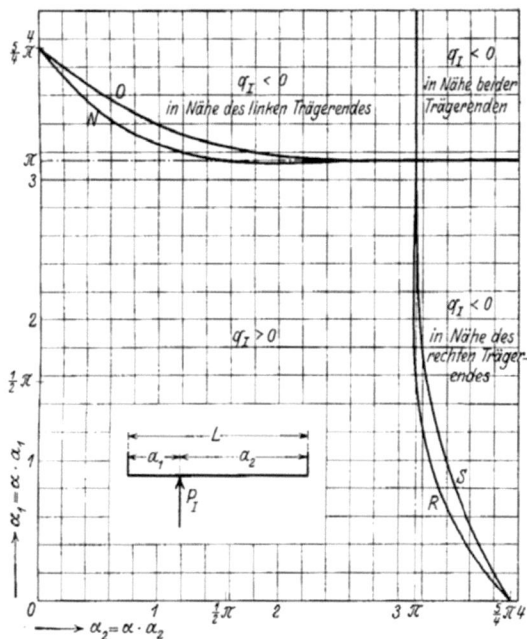

Abb. 22. Kurven für $q_I = 0$ bei Einzellast an beliebiger Stelle des Mittelträgers.

der Nähe des linken oder rechten Trägerendes keinen Vorzeichenwechsel erleiden soll. Die Einzellast steht bei dem Grenzwert $\lambda = 2\pi$ in der Trägermitte.

Die Frage, ob $q_I = 0$ werden kann, gewinnt besondere Bedeutung, wenn die Einzellast eine in einer Raumstütze durch die Belastung hervorgerufene Stützenkraft ist. Die z. B. durch den äußeren Wasserdruck erzeugten Drücke $q_{I(W)}$ wirken im allgemeinen in positiver Richtung auf den Mittelträger, ebenso die Drücke $q_{I(S)}$ infolge der von innen wirkenden (d. h. negativen) Stützenkraft $P_I$; die Stützenkraft erhöht also den Widerstand der Querträgerunterlage. Erfährt

$q_{I(S)}$ einen Vorzeichenwechsel und wird negativ, so wird der Widerstand der Querträgerunterlage an der betreffenden Stelle verringert. Der Mittelträger überträgt an den Stellen $q_{I(S)} < 0$ auf die Querträger zusätzlich belastende Drücke $q_{I(S)} \cdot e$, so daß die Stütze hier nicht nur wirkungslos, sondern sogar schädlich ist. Da bei einer Einzellast $q_{I(S)}$ proportional $y_{I(S)}$ ist, so wird bei $q_{I(S)} < 0$ die durch die Wasserdruckbelastung hervorgerufene Durchbiegung der Bodenkonstruktion durch die Stütze nicht vermindert, sondern vergrößert. Abb. 23 erläutert diese ungünstige Wirkung näher. In diesen Skizzen stellt die dünne gestrichelte Linie die Durchbiegung des Mittelträgers bei alleiniger Belastung durch Wasserdruck dar, die stark ausgezogene Linie bei gleichzeitiger Belastung durch Wasserdruck und eine Stützenkraft.

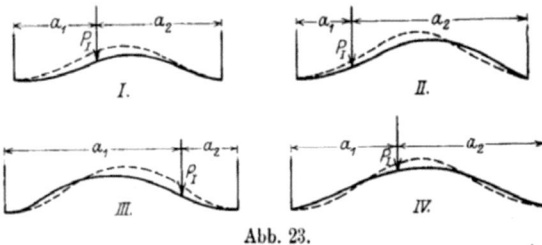

Abb. 23.

Die negativen Drücke $q_{I(S)}$ infolge der Stützenkraft addieren sich nun zu den positiven $q_{I(W)}$ infolge der Wasserdruckbelastung. Da diese an den Trägerenden ihren Höchstwert erreichen, so besteht im allgemeinen keine Gefahr, daß die Summe $q_{I(W)} + q_{I(S)} < 0$ wird, d. h. daß die betreffenden Querträger bei gleichzeitiger Belastung der Bodenkonstruktion durch Wasserdruck und eine Stützenkraft stärker beansprucht werden, als wenn sie nur den auf sie entfallenden Streifen der Wasserdruckbelastung aufzunehmen hätten. Die ungünstige Wirkung einer Stütze würde sich dann nur in einer Vergrößerung der Durchbiegung an den Stellen $q_{I(S)} < 0$ und außerdem in einer Vergrößerung des Auflagerdruckes und des Einspannmomentes des Mittelträgers äußern. Diese ungünstigen Verhältnisse lassen sich durch richtige Anordnung der Stütze oder durch richtige Wahl des Verhältnisses der Trägheitsmomente von Mittelträger und Querträgern sowie des Abstandes der Querträger vermeiden. Letzteres ist mit Hilfe von Gl. (79) für $c$ leicht möglich.

## Maxima und Minima.

Die notwendigen Bedingungsgleichungen zur Ermittlung der Stellen der mathematischen Maxima und Minima für die elastischen Größen der beiden Trägerstücke ergeben sich aus Gl. (231) bis (242). Da im allgemeinen nur die Höchstwerte der elastischen Größen von praktischer Bedeutung sind, genügt es, die Bedingungsgleichungen für die Maxima und Minima der Funktionen $y_I$ und $q_I$ anzugeben. Das Biegungsmoment $M_I$ nimmt nämlich seinen größten Wert bei frei aufliegendem Mittelträger an der Laststelle an, und bei vollkommen eingespanntem Mittelträger an der Laststelle oder an den Einspannstellen, während die Querkraft $Q_I$ an der Laststelle oder an den Auflagerstellen ihren Höchstwert erreicht. — Da nun $q_I$ proportional $y_I$ ist, so hat $q_I$ an denselben Stellen wie $y_I$ ein Maximum oder Minimum. Die Bedingungsgleichungen ergeben sich wie folgt:

### a) Mittelträger frei aufliegend.

$y_{I\,\substack{max \\ min}}$, $q_{I\,\substack{max \\ min}}$.

Linkes Trägerstück: Gl. (231) liefert, wenn man differenziert,

$$0 = A_1 (\mathfrak{Cof}\,\alpha x \cdot \cos \alpha x - \mathfrak{Sin}\,\alpha x \cdot \sin \alpha x) \\ + B_1 (\mathfrak{Cof}\,\alpha x \cdot \cos \alpha x + \mathfrak{Sin}\,\alpha x \cdot \sin \alpha x). \quad (253)$$

Rechtes Trägerstück: Gl. (235) ergibt

$$0 = A_1' \cdot e^{\alpha x}(\cos \alpha x - \sin \alpha x) - A_2' \cdot e^{-\alpha x}(\cos \alpha x + \sin \alpha x) \\ + B_1' \cdot e^{\alpha x}(\cos \alpha x + \sin \alpha x) + B_2' \cdot e^{-\alpha x}(\cos \alpha x - \sin \alpha x). \quad (254)$$

### b) Mittelträger vollkommen eingespannt.

$y_{I\,\substack{max \\ min}}$, $q_{I\,\substack{max \\ min}}$.

Linkes Trägerstück: Gl. (239) ergibt

$$0 = 2 A_1 (\mathfrak{Cof}\,\alpha x \cdot \cos \alpha x - \mathfrak{Sin}\,\alpha x \cdot \sin \alpha x) + B_1 \cdot e^{\alpha x}(\cos \alpha x + \sin \alpha x) \\ + B_2 \cdot e^{-\alpha x}(\cos \alpha x - \sin \alpha x). \quad (255)$$

Rechtes Trägerstück: wie bei a) Gl. (254).

Die Auflösung dieser transzendenten Gleichungen erfolgt im gegebenen Fall durch Probieren; da dann die Integrationskonstanten bekannte Zahlenwerte sind, bereitet die Auflösung keine Schwierigkeiten.

Die Höchstwerte von $q_I$ spielen ihrer Größenordnung nach hier eine bei weitem wichtigere Rolle als bei Wasserdruckbelastung. Denn naturgemäß wird ein erheblicher Bruchteil der Einzellast an die Querträger in der Nähe der Laststelle abgegeben, so daß in diesen Querträgern große Schubbeanspruchungen auftreten. Das wird besonders dann der Fall sein, wenn die Steifigkeit des Längsträgers im Verhältnis zu der der Querträgerunterlage gering ist, wenn also der Längsträger selbst wenig von der Last aufnimmt.

84  Statische Untersuchung der Bodenkonstruktion.

Wirken auf den Mittelträger zwei oder mehrere Einzellasten an beliebigen Stellen, so löst man diese komplizierten Fälle durch Übereinanderlagerung der dem behandelten Grundfall entsprechenden Einzelfälle.

Sonderfall 1: Einzellast in der Mitte des Mittelträgers.

Dieser Fall ist an und für sich schon in dem Grundfall enthalten; die Integrationskonstanten lassen sich aber einfacher und übersichtlicher ableiten, wenn man den Sonderfall selbständig behandelt.

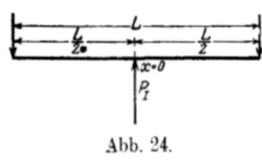

Abb. 24.

Wegen der Symmetrie der beiden Trägerstücke zur Mitte wird als Koordinatenanfang diese Mitte gewählt. Für jedes Trägerstück gilt nun die allgemeine Lösung der Differentialgleichung (32) für $y_I$

$$y_I = (A_1 \cdot e^{\alpha x} + A_2 \cdot e^{-\alpha x})\cos \alpha x + (B_1 \cdot e^{\alpha x} + B_2 \cdot e^{-\alpha x})\sin \alpha x,$$

und zwar, da beide Trägerstücke völlig gleich sind, mit denselben Konstanten $A_1$, $A_2$, $B_1$, $B_2$. Zur Bestimmung dieser Konstanten dienen die Bedingungen, daß die elastische Linie des Mittelträgers an der Laststelle eine horizontale Tangente hat und die Querkraft hier gleich $-\dfrac{P_I}{2}$ ist, und außerdem zwei Bedingungen für die Auflagerung bzw. Einspannung der Trägerenden.

Bestimmung der Integrationskonstanten.

**a) Für frei aufliegenden Mittelträger.**

$x = 0$:

$$\frac{dy_I}{dx} = 0 = A_1 - A_2 + B_1 + B_2, \qquad (256)$$

$$\frac{d^3 y_I}{dx^3} = -\frac{P_I \cdot \varrho_I}{2} = 2\alpha^3[-A_1 + A_2 + B_1 + B_2]; \qquad (257)$$

$x = \dfrac{L}{2}$:

$$y_I = 0 = \left(A_1 \cdot e^{\frac{\lambda}{2}} + A_2 \cdot e^{-\frac{\lambda}{2}}\right)\cos\frac{\lambda}{2} + \left(B_1 \cdot e^{\frac{\lambda}{2}} + B_2 \cdot e^{-\frac{\lambda}{2}}\right)\sin\frac{\lambda}{2}, \quad (258)$$

$$\frac{d^2 y_I}{dx^2} = 0 = \left(A_1 \cdot e^{\frac{\lambda}{2}} - A_2 \cdot e^{-\frac{\lambda}{2}}\right)\sin\frac{\lambda}{2} - \left(B_1 \cdot e^{\frac{\lambda}{2}} - B_2 \cdot e^{-\frac{\lambda}{2}}\right)\cos\frac{\lambda}{2}. \quad (259)$$

Die Auflösung dieser vier Gleichungen ergibt

$$A_1 = \frac{P_I \cdot \varrho_I}{16\,\alpha^3} \cdot \frac{e^{-\lambda} + \cos\lambda + \sin\lambda}{\mathfrak{Cof}\,\lambda + \cos\lambda}, \qquad (260)$$

$$A_2 = -\frac{P_I \cdot \varrho_I}{16\,\alpha^3} \cdot \frac{-e^{\lambda} - \cos\lambda + \sin\lambda}{\mathfrak{Cof}\,\lambda + \cos\lambda}, \qquad (261)$$

$$B_1 = \frac{P_I \cdot \varrho_I}{16\,\alpha^3} \cdot \frac{e^{-\lambda} + \cos\lambda - \sin\lambda}{\mathfrak{Cof}\,\lambda + \cos\lambda}, \qquad (262)$$

$$B_2 = \frac{P_I \cdot \varrho_I}{16\,\alpha^3} \cdot \frac{e^{\lambda} + \cos\lambda + \sin\lambda}{\mathfrak{Cof}\,\lambda + \cos\lambda}. \qquad (263)$$

**b) Für vollkommen eingespannten Mittelträger.** An Stelle der Bedingungsgleichung (259) tritt eine Gleichung, welche ausdrückt, daß die elastische Linie für $x = \frac{L}{2}$ eine horizontale Tangente hat.

$x = \frac{L}{2}:$

$$\frac{dy_I}{dx} = 0 = A_1 \cdot e^{\frac{\lambda}{2}}\left(\cos\frac{\lambda}{2} - \sin\frac{\lambda}{2}\right) - A_2 \cdot e^{-\frac{\lambda}{2}}\left(\cos\frac{\lambda}{2} + \sin\frac{\lambda}{2}\right)$$
$$+ B_1 \cdot e^{\frac{\lambda}{2}}\left(\cos\frac{\lambda}{2} + \sin\frac{\lambda}{2}\right) + B_2 \cdot e^{-\frac{\lambda}{2}}\left(\cos\frac{\lambda}{2} - \sin\frac{\lambda}{2}\right). \qquad (264)$$

Die übrigen Gleichungen ((256) bis (258)) bleiben bestehen. Es ergibt sich

$$A_1 = \frac{P_I \cdot \varrho_I}{16\,\alpha^3} \cdot \frac{e^{-\lambda} + \cos\lambda - \sin\lambda - 2}{\mathfrak{Sin}\,\lambda + \sin\lambda}, \qquad (265)$$

$$A_2 = \frac{P_I \cdot \varrho_I}{16\,\alpha^3} \cdot \frac{e^{\lambda} + \cos\lambda + \sin\lambda - 2}{\mathfrak{Sin}\,\lambda + \sin\lambda}, \qquad (266)$$

$$B_1 = \frac{P_I \cdot \varrho_I}{16\,\alpha^3} \cdot \frac{-e^{-\lambda} + \cos\lambda + \sin\lambda}{\mathfrak{Sin}\,\lambda + \sin\lambda}, \qquad (267)$$

$$B_2 = \frac{P_I \cdot \varrho_I}{16\,\alpha^3} \cdot \frac{e^{\lambda} - \cos\lambda + \sin\lambda}{\mathfrak{Sin}\,\lambda + \sin\lambda}. \qquad (268)$$

### Endformeln.

Die unentwickelten Endformeln sind dieselben wie bei dem Grundfall Gl. (235) bis (238), wenn man an Stelle von $A_1', A_2', \ldots A_1, A_2, \ldots$ setzt. Hier lassen sich auch entwickelte Endformeln angeben, denn die Ausdrücke für die Integrationskonstanten sind verhältnismäßig einfach. Man erhält aus Gl. (235) bis (238), wenn man die gefundenen Ausdrücke für $A_1, A_2, B_1, B_2$ einführt, nach einigen Umformungen:

## a) Für frei aufliegenden Mittelträger.

$$y_I = \frac{P_I \cdot \varrho_I}{8\,a^3} \cdot \frac{1}{\mathfrak{Cof}\,\lambda + \cos\lambda} [\mathfrak{Cof}(\lambda - \alpha') \cdot \sin\alpha' + \mathfrak{Sin}(\lambda - \alpha') \cdot \cos\alpha'$$
$$- \mathfrak{Cof}\,\alpha' \cdot \sin(\lambda - \alpha') - \mathfrak{Sin}\,\alpha' \cdot \cos(\lambda - \alpha')]. \quad (269)$$

$$M_I = \frac{P_I}{4\,a} \cdot \frac{1}{\mathfrak{Cof}\,\lambda + \cos\lambda} [-\mathfrak{Cof}(\lambda - \alpha') \cdot \sin\alpha' + \mathfrak{Sin}(\lambda - \alpha') \cdot \cos\alpha'$$
$$+ \mathfrak{Cof}\,\alpha' \cdot \sin(\lambda - \alpha') - \mathfrak{Sin}\,\alpha' \cdot \cos(\lambda - \alpha')]. \quad (270)$$

$$Q_I = -\frac{P_I}{2} \cdot \frac{1}{\mathfrak{Cof}\,\lambda + \cos\lambda} [\mathfrak{Cof}(\lambda - \alpha') \cdot \cos\alpha' + \mathfrak{Cof}\,\alpha' \cdot \cos(\lambda - \alpha')]. \quad (271)$$

$$q_I = -\frac{P_I \cdot a}{2} \cdot \frac{1}{\mathfrak{Cof}\,\lambda + \cos\lambda} [\mathfrak{Cof}(\lambda - \alpha') \cdot \sin\alpha' + \mathfrak{Sin}(\lambda - \alpha') \cdot \cos\alpha'$$
$$- \mathfrak{Cof}\,\alpha' \cdot \sin(\lambda - \alpha') - \mathfrak{Sin}\,\alpha' \cdot \cos(\lambda - \alpha')]. \quad (272)$$

Hierin steht $\alpha'$ an Stelle von $\alpha \cdot x$.

## b) Für vollkommen eingespannten Mittelträger.

$$y_I = \frac{P_I \cdot \varrho_I}{8\,a^3} \cdot \frac{1}{\mathfrak{Sin}\,\lambda + \sin\lambda} [\mathfrak{Cof}(\lambda - \alpha') \cdot \cos\alpha' + \mathfrak{Sin}(\lambda - \alpha') \cdot \sin\alpha'$$
$$+ \mathfrak{Cof}\,\alpha' \cdot \cos(\lambda - \alpha') - \mathfrak{Sin}\,\alpha' \cdot \sin(\lambda - \alpha') - 2\,\mathfrak{Cof}\,\alpha' \cdot \cos\alpha']. \quad (273)$$

$$M_I = \frac{P_I}{4\,a} \cdot \frac{1}{\mathfrak{Sin}\,\lambda + \sin\lambda} [\mathfrak{Cof}(\lambda - \alpha') \cdot \cos\alpha' - \mathfrak{Sin}(\lambda - \alpha') \cdot \sin\alpha'$$
$$- \mathfrak{Cof}\,\alpha' \cdot \cos(\lambda - \alpha') - \mathfrak{Sin}\,\alpha' \cdot \sin(\lambda - \alpha') - 2\,\mathfrak{Sin}\,\alpha' \cdot \sin\alpha']. \quad (274)$$

$$Q_I = -\frac{P_I}{2} \cdot \frac{1}{\mathfrak{Sin}\,\lambda + \sin\lambda} [\mathfrak{Sin}(\lambda - \alpha') \cdot \cos\alpha' + \mathfrak{Cof}\,\alpha' \cdot \sin(\lambda - \alpha')$$
$$+ \mathfrak{Cof}\,\alpha' \cdot \sin\alpha' + \mathfrak{Sin}\,\alpha' \cdot \cos\alpha']. \quad (275)$$

$$q_I = -\frac{P_I \cdot a}{2} \cdot \frac{1}{\mathfrak{Sin}\,\lambda + \sin\lambda} [\mathfrak{Cof}(\lambda - \alpha') \cdot \cos\alpha' + \mathfrak{Sin}(\lambda - \alpha') \cdot \sin\alpha'$$
$$+ \mathfrak{Cof}\,\alpha' \cdot \cos(\lambda - \alpha') - \mathfrak{Sin}\,\alpha' \cdot \sin(\lambda - \alpha') - 2\,\mathfrak{Cof}\,\alpha' \cdot \cos\alpha']. \quad (276)$$

Mit Hilfe dieser Gleichungen (269) bis (276) lassen sich einfache Ausdrücke für die Grenzwerte $\left(x = 0,\ x = \dfrac{L}{2}\right)$ bilden. Man erhält:

## a) Für frei aufliegenden Mittelträger.

$x = 0$:

$$y_I = \frac{P_I \cdot \varrho_I}{8\,a^3} \cdot \frac{\mathfrak{Sin}\,\lambda - \sin\lambda}{\mathfrak{Cof}\,\lambda + \cos\lambda}, \quad (277)$$

$$M_I = \frac{P_I}{4\,a} \cdot \frac{\mathfrak{Sin}\,\lambda + \sin\lambda}{\mathfrak{Cof}\,\lambda + \cos\lambda}, \quad (278)$$

$$Q_I = -\frac{P_I}{2}, \quad (279)$$

$$q_I = -\frac{P_I \cdot a}{2} \cdot \frac{\mathfrak{Sin}\,\lambda - \sin\lambda}{\mathfrak{Cof}\,\lambda + \cos\lambda}. \quad (280)$$

$x = \dfrac{L}{2}$:

Auflagerdruck

$$Q_I = P_I \cdot \dfrac{\mathfrak{Cof}\,\dfrac{\lambda}{2} \cdot \cos\dfrac{\lambda}{2}}{\mathfrak{Cof}\,\lambda + \cos\lambda}. \qquad (281)$$

**b) Für vollkommen eingespannten Mittelträger.**

$x = 0$:

$$y_I = \dfrac{P_I \cdot \varrho_I}{8\,\alpha^3} \cdot \dfrac{\mathfrak{Cof}\,\lambda + \cos\lambda - 2}{\mathfrak{Sin}\,\lambda + \sin\lambda}, \qquad (282)$$

$$M_I = \dfrac{P_I}{4\,\alpha} \cdot \dfrac{\mathfrak{Cof}\,\lambda - \cos\lambda}{\mathfrak{Sin}\,\lambda + \sin\lambda}, \qquad (283)$$

$$Q_I = -\dfrac{P_I}{2},$$

$$q_I = -\dfrac{P_I \cdot \alpha}{2} \cdot \dfrac{\mathfrak{Cof}\,\lambda + \cos\lambda - 2}{\mathfrak{Sin}\,\lambda + \sin\lambda}. \qquad (284)$$

$x = \dfrac{L}{2}$:

Auflagerdruck

$$Q_I = P_I \cdot \dfrac{\mathfrak{Cof}\,\dfrac{\lambda}{2} \cdot \sin\dfrac{\lambda}{2} + \mathfrak{Sin}\,\dfrac{\lambda}{2} \cdot \cos\dfrac{\lambda}{2}}{\mathfrak{Sin}\,\lambda + \sin\lambda}; \qquad (285)$$

Einspannmoment

$$M_I = -\dfrac{P_I}{\alpha} \cdot \dfrac{\mathfrak{Sin}\,\dfrac{\lambda}{2} \cdot \sin\dfrac{\lambda}{2}}{\mathfrak{Sin}\,\lambda + \sin\lambda}. \qquad (286)$$

Die Verbindungen der hyperbolischen und trigonometrischen Funktionen in diesen Formeln lassen sich in Abhängigkeit von $\lambda$ graphisch darstellen. Den Formeln (278), (281), (283), (285) entsprechen die Kurven V, I, VI, III in Abb. 18 und 19, den Formeln (277), (280), (282), (284), (286) die Kurven VIII, IX, X in Abb. 25. Aus diesen Darstellungen erkennt man, daß die Funktionenverbindungen der Grenzwerte in der Trägermitte dem Wert 1 mit wachsendem $\lambda$ zustreben; bei $\lambda = 2\pi$ sind sie praktisch gleich 1. Die Grenzwerte für $x = \dfrac{L}{2}$ werden mit wachsendem $\lambda$ gleich 0. Bei $\lambda = \pi$ wird der Auflagerdruck des frei aufliegenden Mittelträgers zum ersten Male 0; dasselbe erfolgt bei $\lambda = {}^3/_2\pi$ für den Auflagerdruck und bei $\lambda = 2\pi$ für das Einspannmoment des vollkommen eingespannten Mittelträgers. Geht $\lambda$ über diese Werte hinaus, so wechseln die beiden

Auflagerdrücke und das Einspannmoment das Vorzeichen; bei $\lambda = 3\pi$ sind diese Größen praktisch gleich 0 und von da an unabhängig von $\lambda$.

In der Nähe der Trägerenden wechselt $q_I$ das Vorzeichen, wenn — wie bei dem Grundfall — an den Trägerenden bei frei aufliegendem Mittelträger $\dfrac{dy_I}{dx} = 0$ und bei vollkommen eingespanntem Mittelträger $M_I = 0$. Es ist nun, wenn man Gl. (269) differenziert und $a' = \dfrac{\lambda}{2}$ setzt,

$$\frac{dy_I}{dx} = -\frac{P_I \cdot \varrho_I}{8\,a^2} \cdot \frac{\mathfrak{Sin}\dfrac{\lambda}{2} \cdot \sin\dfrac{\lambda}{2}}{\mathfrak{Cof}\,\lambda + \cos\lambda}. \tag{287}$$

Der Wert für $M_{I_{x=\frac{L}{2}}}$ ist durch Gl. (286) gegeben. Diese beiden Ausdrücke ((286), (287)) werden bei $\lambda = 2\pi$ gleich 0. $q_I$ wechselt also bei frei aufliegendem und vollkommen eingespanntem Mittelträger bei $\lambda = 2\pi$ das Vorzeichen. Dieses Resultat ergab sich übrigens schon bei dem Grundfall (vgl. S. 81). Über die Bedeutung des Vorzeichenwechsels von $q_I$ ist auf S. 81 und 82 ausführlich gesprochen worden.

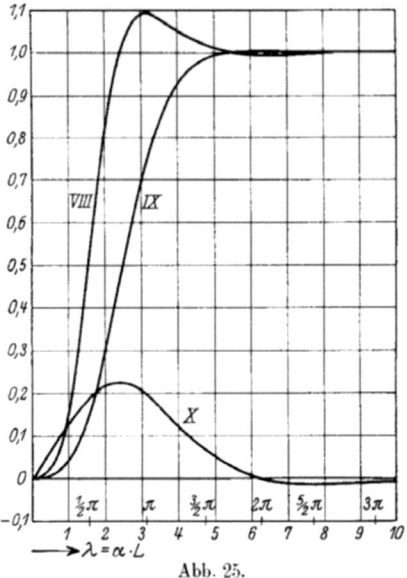

Abb. 25.

Maxima und Minima.

Die Höchstwerte der Funktionen $y_I$, $M_I$, $Q_I$, $q_I$ treten im allgemeinen in der Trägermitte auf; bei vollkommen eingespanntem Mittelträger kann auch das Einspann-Moment den Höchstwert der Biegungsmomente darstellen. Erfährt $q_I$ in der Nähe der Trägerenden einen Vorzeichenwechsel, so läßt sich mit Hilfe von Gl. (254), in welcher $A_1'$, $A_2'$, ... durch $A_1$, $A_2$ zu ersetzen ist, feststellen, wo das Maximum bzw. Minimum von $q_I$ auftritt.

Den vorstehenden Sonderfall hat auch Hayashi[1]) behandelt; seine Ergebnisse stimmen natürlich mit den obigen nur der Form

---

[1]) Hayashi, K.: Theorie des Trägers auf elastischer Unterlage, S. 73 ff. Berlin, Julius Springer, 1921.

Behandlung der wichtigsten Fälle der Belastung und Konstruktion. 89

nach überein, da bei H. die elastische Unterlage, wie z. B. der Erdboden, in der Querrichtung unbegrenzt ist, während hier die Querträger die elastische Unterlage bilden.

Sonderfall 2: Zwei gleiche Einzellasten symmetrisch zur Mitte des Mittelträgers.

Entsprechend den beiden Laststellen erhält man in den Gleichungen für $Q_i$ zwei Diskontinuitätspunkte. Da an jedem Diskontinuitätspunkte die Integrationskonstanten durch neue ersetzt werden müssen, so ergeben sich zunächst 12 unbekannte Integrationskonstanten. Infolge der symmetrischen Belastungsanordnung sind die äußeren Trägerstücke gleich, so daß sich die Zahl der Konstanten auf 8 vermindert.

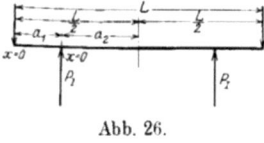

Abb. 26.

Ihre Bestimmung erfolgt auf Grund derselben Bedingungen wie bei dem Grundfall: Einzellast an beliebiger Stelle, nur sind hier an Stelle der Bedingungen für das rechte Auflager zwei Bedingungen, in denen sich die Symmetrie ausdrückt, zu setzen. Diese Symmetriebedingungen besagen, daß für $x = \dfrac{L}{2}$ die Tangente an die elastische Linie horizontal ist und die Querkraft verschwindet.

Bestimmung der Integrationskonstanten.

Setzt man zur Abkürzung
$$a \cdot a_1 = \alpha_1, \qquad a \cdot a_2 = \alpha_2,$$

so lauten die 6 ersten Bedingungsgleichungen genau so wie bei dem Grundfall, d. h. wie Gl. (188) bis (193) für frei aufliegenden und wie Gl. (213), (189) bis (193) für vollkommen eingespannten Mittelträger. Es ist daher unnötig, sie hier noch einmal wiederzugeben.

Die beiden Symmetriebedingungen sind für frei aufliegenden und vollkommen eingespannten Mittelträger dieselben, nämlich:

$x = \dfrac{L}{2}$:

$$\frac{dy_I'}{dx} = 0 = A_1' \cdot e^{\alpha_2}(\cos\alpha_2 - \sin\alpha_2) - A_2' \cdot e^{-\alpha_2}(\cos\alpha_2 + \sin\alpha_2)$$
$$+ B_1' \cdot e^{\alpha_2}(\cos\alpha_2 + \sin\alpha_2) + B_2' \cdot e^{-\alpha_2}(\cos\alpha_2 - \sin\alpha_2), \quad (288)$$

$$\frac{d^3y_I'}{dx^3} = 0 = -A_1' \cdot e^{\alpha_2}(\cos\alpha_2 + \sin\alpha_2) + A_2' \cdot e^{-\alpha_2}(\cos\alpha_2 - \sin\alpha_2)$$
$$+ B_1' \cdot e^{\alpha_2}(\cos\alpha_2 - \sin\alpha_2) + B_2' \cdot e^{-\alpha_2}(\cos\alpha_2 + \sin\alpha_2). \quad (289)$$

Hieraus ergibt sich

$$A_1' = \frac{B_1' \cdot \cos 2\alpha_2 + B_2' \cdot e^{-2a_2}}{\sin 2\alpha_2}, \quad (290)$$

$$A_2' = \frac{B_1' \cdot e^{2a_2} + B_2' \cdot \cos 2\alpha_2}{\sin 2\alpha_2}. \quad (291)$$

Führt man ein

$$\left. \begin{array}{ll} -\dfrac{e^{2a_2} + \cos 2\alpha_2}{\sin 2\alpha_2} = f, & -\dfrac{e^{-2a_2} + \cos 2\alpha_2}{\sin 2\alpha_2} = g, \\[6pt] -\dfrac{e^{2a_2} - \cos 2\alpha_2}{\sin 2\alpha_2} = h, & -\dfrac{e^{-2a_2} - \cos 2\alpha_2}{\sin 2\alpha_2} = i, \end{array} \right\} \quad (292)$$

so wird

$$A_1' + A_2' = -B_1' \cdot f - B_2' \cdot g, \quad (293)$$

$$A_1' - A_2' = B_1' \cdot h - B_2' \cdot i. \quad (294)$$

Auch diese Ergebnisse stimmen der Form nach mit denen des Grundfalles überein. Man kann daher ohne weiteres an die Gleichungssysteme (204) bzw. (221) anknüpfen.

**a) Mittelträger frei aufliegend.** Das Gleichungssystem (204) gilt hier völlig unverändert. Der Übersichtlichkeit halber soll es noch einmal angeschrieben werden:

$$\left. \begin{array}{l} -2A_1 \cdot \mathfrak{Sin}\,\alpha_1 \cdot \sin\alpha_1 + 2B_1 \cdot \mathfrak{Cof}\,\alpha_1 \cdot \cos\alpha_1 - (B_1' + B_2') = -\dfrac{P_l \cdot \varrho_l}{4\alpha^3} \\[6pt] 2A_1 \cdot \mathfrak{Cof}\,\alpha_1 \cdot \cos\alpha_1 + 2B_1 \cdot \mathfrak{Sin}\,\alpha_1 \cdot \sin\alpha_1 - (B_1' \cdot h - B_2' \cdot i) = \dfrac{P_l \cdot \varrho_l}{4\alpha^3} \\[6pt] 2A_1 \cdot \mathfrak{Sin}\,\alpha_1 \cdot \cos\alpha_1 + 2B_1 \cdot \mathfrak{Cof}\,\alpha_1 \cdot \sin\alpha_1 - (-B_1' \cdot f - B_2' \cdot g) = 0 \\[6pt] -2A_1 \cdot \mathfrak{Cof}\,\alpha_1 \cdot \sin\alpha_1 + 2B_1 \cdot \mathfrak{Sin}\,\alpha_1 \cdot \cos\alpha_1 - (B_1' - B_2') = 0. \end{array} \right\} \quad (295)$$

Die Auflösung dieser Gleichungen ergibt nach einigen Umformungen

$$A_1 = \frac{P_l \cdot \varrho_l}{8\alpha^3} \cdot \frac{1}{\mathfrak{Cof}\,\lambda + \cos\lambda} [\mathfrak{Cof}(\lambda - \alpha_1) \cdot \cos\alpha_1 + \mathfrak{Sin}(\lambda - \alpha_1) \cdot \sin\alpha_1$$
$$+ \mathfrak{Cof}\,\alpha_1 \cdot \cos(\lambda - \alpha_1) + \mathfrak{Sin}\,\alpha_1 \cdot \sin(\lambda - \alpha_1)] = -A_2, \quad (296)$$

$$B_1 = \frac{P_l \cdot \varrho_l}{8\alpha^3} \cdot \frac{1}{\mathfrak{Cof}\,\lambda + \cos\lambda} [-\mathfrak{Cof}(\lambda - \alpha_1) \cdot \cos\alpha_1 + \mathfrak{Sin}(\lambda - \alpha_1) \cdot \sin\alpha_1$$
$$- \mathfrak{Cof}\,\alpha_1 \cdot \cos(\lambda - \alpha_1) + \mathfrak{Sin}\,\alpha_1 \cdot \sin(\lambda - \alpha_1)] = B_2. \quad (297)$$

Die übrigen Konstanten ergeben sich genau so wie bei dem Grundfall, ausgedrückt durch $A_1$ und $B_1$, zu

Behandlung der wichtigsten Fälle der Belastung und Konstruktion. 91

$$A_1' = [A_1 \cdot \cos \alpha_1 + B_1 \cdot \sin \alpha_1] e^{\alpha_1} - \frac{P_l \cdot \varrho_l}{8 c^3}, \tag{298}$$

$$A_2' = [-A_1 \cdot \cos \alpha_1 + B_1 \cdot \sin \alpha_1] e^{-\alpha_1} + \frac{P_l \cdot \varrho_l}{8 c^3}, \tag{299}$$

$$B_1' = [-A_1 \cdot \sin \alpha_1 + B_1 \cdot \cos \alpha_1] e^{\alpha_1} + \frac{P_l \cdot \varrho_l}{8 c^3}, \tag{300}$$

$$B_2' = [A_1 \cdot \sin \alpha_1 + B_1 \cdot \cos \alpha_1] e^{-\alpha_1} + \frac{P_l \cdot \varrho_l}{8 c^3}. \tag{301}$$

**b) Mittelträger vollkommen eingespannt.** Das Gleichungssystem (221), von dem hier auszugehen ist, ändert sich bezüglich der Vorzeichen von $f, g, h, i$, wie aus dem Vergleich von Gl. (219), (220) und (293), (294) hervorgeht, und lautet dann

$$\begin{aligned}
B_1(e^{\alpha_1} \cdot \cos \alpha_1 + \mathfrak{Sin}\, \alpha_1 \cdot \sin \alpha_1) + B_2(e^{-\alpha_1} \cdot \cos \alpha_1 + \mathfrak{Sin}\, \alpha_1 \cdot \sin \alpha_1) \\
- (B_1' + B_2') = -\frac{P_l \cdot \varrho_l}{4 c^3}, \\
B_1(e^{\alpha_1} \cdot \sin \alpha_1 - \mathfrak{Cof}\, \alpha_1 \cdot \cos \alpha_1) - B_2(e^{-\alpha_1} \cdot \sin \alpha_1 + \mathfrak{Cof}\, \alpha_1 \cdot \cos \alpha_1) \\
- (B_1' \cdot h - B_2' \cdot i) = \frac{P_l \cdot \varrho_l}{4 c^3}, \\
B_1(e^{\alpha_1} \cdot \sin \alpha_1 - \mathfrak{Sin}\, \alpha_1 \cdot \cos \alpha_1) + B_2(e^{-\alpha_1} \cdot \sin \alpha_1 - \mathfrak{Sin}\, \alpha_1 \cdot \cos \alpha_1) \\
- (- B_1' \cdot f - B_2' \cdot g) = 0, \\
B_1(e^{\alpha_1} \cdot \cos \alpha_1 + \mathfrak{Cof}\, \alpha_1 \cdot \sin \alpha_1) - B_2(e^{-\alpha_1} \cdot \cos \alpha_1 - \mathfrak{Cof}\, \alpha_1 \cdot \sin \alpha_1) \\
- (B_1' - B_2') = 0.
\end{aligned} \tag{302}$$

Die Elimination von $B_1'$ und $B_2'$ liefert die beiden Gleichungen

$$\begin{aligned}
B_1 [e^{\alpha_1}(2 \cos \alpha_1 + \sin \alpha_1)(f - g) + 2 e^{\alpha_1}(\sin \alpha_1 + g \cdot \cos \alpha_1) \\
- 2 \mathfrak{Sin}\, \alpha_1 (\cos \alpha_1 - g \cdot \sin \alpha_1)] + B_2 [e^{-\alpha_1} \cdot \sin \alpha_1 (f - g) \\
+ 2 e^{-\alpha_1}(\sin \alpha_1 + g \cdot \cos \alpha_1) - 2 \mathfrak{Sin}\, \alpha_1 (\cos \alpha_1 - g \cdot \sin \alpha_1)] \\
= -\frac{P_l \cdot \varrho_l}{4 c^3}[f + g],
\end{aligned} \tag{303}$$

$$\begin{aligned}
B_1 [e^{\alpha_1}(2 \cos \alpha_1 + \sin \alpha_1)(h - i) - 2 e^{\alpha_1}(\sin \alpha_1 - i \cdot \cos \alpha_1) \\
+ 2 \mathfrak{Cof}\, \alpha_1 (\cos \alpha_1 + i \cdot \sin \alpha_1)] + B_2 [e^{-\alpha_1} \cdot \sin \alpha_1 (h - i) \\
+ 2 e^{-\alpha_1}(\sin \alpha_1 - i \cdot \cos \alpha_1) + 2 \mathfrak{Cof}\, \alpha_1 (\cos \alpha_1 + i \cdot \sin \alpha_1)] \\
= -\frac{P_l \cdot \varrho_l}{4 c^3}[2 + h - i].
\end{aligned} \tag{304}$$

Hieraus folgt

92  Statische Untersuchung der Bodenkonstruktion.

$$B_1 = \frac{P_l \cdot \varrho_l}{8c^3} \cdot \frac{1}{\mathfrak{Sin}\,\lambda + \sin\lambda} [\mathfrak{Sin}\,(\lambda - \alpha_1)\langle\sin\alpha_1 - \cos\alpha_1\rangle$$
$$+ \mathfrak{Sin}\,\alpha_1 \langle\sin(\lambda - \alpha_1) - \cos(\lambda - \alpha_1)\rangle$$
$$- e^{-(\lambda-\alpha_1)} \cdot \sin\alpha_1 - e^{-\alpha_1} \cdot \sin(\lambda - \alpha_1)], \qquad (305)$$

$$B_2 = \frac{P_l \cdot \varrho_l}{8c^3} \cdot \frac{1}{\mathfrak{Sin}\,\lambda + \sin\lambda} [-\mathfrak{Sin}\,(\lambda - \alpha_1)\langle\sin\alpha_1 + \cos\alpha_1\rangle$$
$$- \mathfrak{Sin}\,\alpha_1 \langle\sin(\lambda - \alpha_1) + \cos(\lambda - \alpha_1)\rangle$$
$$- e^{(\lambda-\alpha_1)} \cdot \sin\alpha_1 - e^{\alpha_1} \cdot \sin(\lambda - \alpha_1)], \qquad (306)$$

$$A_1 = -A_2 = -\frac{B_1 + B_2}{2} = \frac{P_l \cdot \varrho_l}{8c^3} \cdot \frac{1}{\mathfrak{Sin}\,\lambda + \sin\lambda} [\mathfrak{Cos}\,(\lambda - \alpha_1) \cdot \sin\alpha_1$$
$$+ \mathfrak{Sin}\,(\lambda - \alpha_1) \cdot \cos\alpha_1 + \mathfrak{Cos}\,\alpha_1 \cdot \sin(\lambda - \alpha_1)$$
$$+ \mathfrak{Sin}\,\alpha_1 \cdot \cos(\lambda - \alpha_1)]. \qquad (307)$$

Die vier übrigen Konstanten ergeben sich aus Gl. (295) zu

$$A_1' = -[A_1 \cdot \cos\alpha_1 + B_1 \cdot \sin\alpha_1] e^{\alpha_1} - \frac{P_l \cdot \varrho_l}{8c^3}, \qquad (308)$$

$$A_2' = [-A_1 \cdot \cos\alpha_1 + B_2 \cdot \sin\alpha_1] e^{-\alpha_1} + \frac{P_l \cdot \varrho_l}{8c^3}, \qquad (309)$$

$$B_1' = [-A_1 \cdot \sin\alpha_1 + B_1 \cdot \cos\alpha_1] e^{\alpha_1} + \frac{P_l \cdot \varrho_l}{8c^3}, \qquad (310)$$

$$B_2' = [A_1 \cdot \sin\alpha_1 + B_2 \cdot \cos\alpha_1] e^{-\alpha_1} + \frac{P_l \cdot \varrho_l}{8c^3}. \qquad (311)$$

### Endformeln.

Die unentwickelten Endformeln sind auch hier dieselben wie bei dem Grundfall (S. 77, 78, Gl. (231) bis (242)), wenn man unter linkem Trägerstück das Stück vom linken Auflager bis zur linken Laststelle und unter rechtem Trägerstück das Stück von dieser Laststelle bis zur Trägermitte versteht. Von der Ableitung entwickelter Endformeln soll wegen der komplizierten Form der Integrationskonstanten abgesehen werden.

Für die Grenzwerte der elastischen Größen des Mittelträgers an den Auflager- und den Laststellen lassen sich verhältnismäßig einfache entwickelte Ausdrücke ableiten. Den Ausgangspunkt für diese Ableitungen bilden die Gleichungen (243) bis (251); nach Einsetzen der Ausdrücke für die Integrationskonstanten sind längere Umformungen elementarer Art erforderlich, die aber der Übersichtlichkeit halber hier fortgelassen sind. Es ergibt sich dann

Behandlung der wichtigsten Fälle der Belastung und Konstruktion. 93

**a) für frei aufliegenden Mittelträger:**

$x = 0$:

Auflagerdruck $Q_l = \dfrac{2c^3}{\varrho_l}[2A_1 - 2B_1]$

$$= P_l \cdot \dfrac{\mathfrak{Cof}(\lambda - \alpha_1) \cdot \cos \alpha_1 + \mathfrak{Cof}\,\alpha_1 \cdot \cos(\lambda - \alpha_1)}{\mathfrak{Cof}\,\lambda + \cos \lambda}. \quad (312)$$

$x = a$: ($x = 0$, Laststelle)

$$y_l' = A_1' + A_2' = \dfrac{P_l \cdot \varrho_l}{8c^3} \cdot \dfrac{1}{\mathfrak{Cof}\,\lambda + \cos \lambda}[\mathfrak{Cof}\,2\alpha_1 \cdot \sin 2\alpha_2$$
$$+ \mathfrak{Sin}\,2\alpha_1 \cdot \cos 2\alpha_2 - \mathfrak{Cof}\,2\alpha_2 \cdot \sin 2\alpha_1 - \mathfrak{Sin}\,2\alpha_2 \cdot \cos 2\alpha_1$$
$$+ \mathfrak{Sin}\,\lambda - \sin \lambda], \quad (313)$$

$$M_l' = -\dfrac{2c^2}{\varrho_l}[B_1' - B_2'] = \dfrac{P_l}{4c} \cdot \dfrac{1}{\mathfrak{Cof}\,\lambda + \cos \lambda}[-\mathfrak{Cof}\,2\alpha_1 \cdot \sin 2\alpha_2$$
$$+ \mathfrak{Sin}\,2\alpha_1 \cdot \cos 2\alpha_2 + \mathfrak{Cof}\,2\alpha_2 \cdot \sin 2\alpha_1 - \mathfrak{Sin}\,2\alpha_2 \cdot \cos 2\alpha_1$$
$$+ \mathfrak{Sin}\,\lambda + \sin \lambda], \quad (314)$$

$$\left.\begin{aligned}Q_l &= Q_l' + P_l, \\ Q_l' &= \dfrac{2c^3}{\varrho_l}[A_1' - A_2' - B_1' - B_2'] \\ &= \dfrac{P_l}{2}\left[\dfrac{\mathfrak{Cof}\,2\alpha_1 \cdot \cos 2\alpha_2 + \mathfrak{Cof}\,2\alpha_2 \cdot \cos 2\alpha_1}{\mathfrak{Cof}\,\lambda + \cos \lambda} - 1\right].\end{aligned}\right\} \quad (315)$$

$$q_l' = \dfrac{P_l \cdot c}{2} \cdot \dfrac{1}{\mathfrak{Cof}\,\lambda + \cos \lambda}[\mathfrak{Cof}\,2\alpha_1 \cdot \sin 2\alpha_2 + \mathfrak{Sin}\,2\alpha_1 \cdot \cos 2\alpha_2$$
$$- \mathfrak{Cof}\,2\alpha_2 \cdot \sin 2\alpha_1 - \mathfrak{Sin}\,2\alpha_2 \cdot \cos 2\alpha_1$$
$$+ \mathfrak{Sin}\,\lambda - \sin \lambda]. \quad (316)$$

**b) Für vollkommen eingespannten Mittelträger:**

$x = 0$:

Auflagerdruck $Q_l = \dfrac{2c^3}{\varrho_l}[2A_1 - B_1 - B_2] = \dfrac{8c^3}{\varrho_l} \cdot A_1$

$$= P_l \cdot \dfrac{1}{\mathfrak{Sin}\,\lambda + \sin \lambda}[\mathfrak{Cof}(\lambda - \alpha_1) \cdot \sin \alpha_1$$
$$+ \mathfrak{Sin}(\lambda - \alpha_1) \cdot \cos \alpha_1 + \mathfrak{Cof}\,\alpha_1 \cdot \sin(\lambda - \alpha_1)$$
$$+ \mathfrak{Sin}\,\alpha_1 \cdot \cos(\lambda - \alpha_1)]. \quad (317)$$

Einspannmoment

$$M_l = -\dfrac{2c^2}{\varrho_l}[B_1 - B_2]$$
$$= -\dfrac{P_l}{c} \cdot \dfrac{\mathfrak{Sin}(\lambda - \alpha_1) \cdot \sin \alpha_1 + \mathfrak{Sin}\,\alpha_1 \cdot \sin(\lambda - \alpha_1)}{\mathfrak{Sin}\,\lambda + \sin \lambda}. \quad (318)$$

94 Statische Untersuchung der Bodenkonstruktion.

$x = a_1$: ($x = 0$, Laststelle)

$$y_I' = A_1' + A_2' = \frac{P_I \cdot \varrho_I}{8\alpha^3} \cdot \frac{1}{\mathfrak{Sin}\,\lambda + \sin\lambda} [\mathfrak{Cof}\,2\alpha_1 \cdot \cos 2\alpha_2$$
$$+ \mathfrak{Sin}\,2\alpha_1 \cdot \sin 2\alpha_2 + \mathfrak{Cof}\,2\alpha_2 \cdot \cos 2\alpha_1 - \mathfrak{Sin}\,2\alpha_2 \cdot \sin 2\alpha_1$$
$$+ \mathfrak{Cof}\,\lambda + \cos\lambda - 2\mathfrak{Cof}\,2\alpha_2 - 2\cos 2\alpha_2], \qquad (319)$$

$$M_I' = -\frac{2\alpha^2}{\varrho_I}[B_1' - B_2'] = \frac{P_I}{4\alpha} \cdot \frac{1}{\mathfrak{Sin}\,\lambda + \sin\lambda} [\mathfrak{Cof}\,2\alpha_1 \cdot \cos 2\alpha_2$$
$$- \mathfrak{Sin}\,2\alpha_1 \cdot \sin 2\alpha_2 - \mathfrak{Cof}\,2\alpha_2 \cdot \cos 2\alpha_1 - \mathfrak{Sin}\,2\alpha_2 \cdot \sin 2\alpha_1$$
$$+ \mathfrak{Cof}\,\lambda - \cos\lambda], \qquad (320)$$

$$\left.\begin{aligned}Q_I &= Q_I' + P_I, \\ Q_I' &= -\frac{2\alpha^3}{\varrho_I}[A_1' - A_2' - B_1' - B_2'] \\ &= \frac{P_I}{2}\left[\frac{\mathfrak{Cof}\,2\alpha_2 \cdot \sin 2\alpha_1 + \mathfrak{Sin}\,2\alpha_1 \cdot \cos 2\alpha_2 + \mathfrak{Sin}\,2\alpha_2 + \sin 2\alpha_2}{\mathfrak{Sin}\,\lambda + \sin\lambda} - 1\right].\end{aligned}\right\} (321)$$

$$q_I' = \frac{P_I \cdot \alpha}{2} \cdot \frac{1}{\mathfrak{Sin}\,\lambda + \sin\lambda}[\mathfrak{Cof}\,2\alpha_1 \cdot \cos 2\alpha_2 + \mathfrak{Sin}\,2\alpha_1 \cdot \sin 2\alpha_2$$
$$+ \mathfrak{Cof}\,2\alpha_2 \cdot \cos 2\alpha_1 - \mathfrak{Sin}\,2\alpha_2 \cdot \sin 2\alpha_1 + \mathfrak{Cof}\,\lambda + \cos\lambda$$
$$- 2\mathfrak{Cof}\,2\alpha_2 - 2\cos 2\alpha_2]. \qquad (322)$$

Die Abhängigkeit dieser Grenzwerte von $\lambda$, $\alpha_1$, $\alpha_2$ soll nicht untersucht werden, da, wie schon bei dem Grundfall erwähnt, keine einfachen graphischen Darstellungen möglich sind.

Von besonderer Wichtigkeit ist auch hier wieder das Verhalten der Funktion $q_I$. $q_I$ kann entweder in der Nähe der Trägerenden oder in der Trägermitte oder auch an beiden Stellen zugleich das Vorzeichen wechseln. Der Vorzeichenwechsel in der Nähe der Trägerenden tritt ein, wenn an den Trägerenden bei frei aufliegendem Mittelträger $\frac{dy_I}{dx} = 0$ und bei vollkommen eingespanntem Mittelträger das Einspannmoment $M_I = 0$ wird.

Da nun

$$\left.\frac{dy_I}{dx}\right|_{x=0} = 2\alpha(A_1 + B_1),$$

so ergibt sich unter Einsetzen der Ausdrücke für die Integrationskonstanten die Bedingungsgleichung für einen Vorzeichenwechsel von $q_I$ in der Nähe der Enden des frei aufliegenden Mittelträgers

$$\mathfrak{Sin}(\lambda - \alpha_1) \cdot \sin\alpha_1 + \mathfrak{Sin}\,\alpha_1 \cdot \sin(\lambda - \alpha_1) = 0. \qquad (323)$$

Für vollkommen eingespannten Mittelträger liefert zufolge Gl. (318) $M_I\bigr|_{x=0} = 0$ dieselbe Bedingungsgleichung (323).

Um festzustellen, ob $q_I$ in der Trägermitte einen Vorzeichenwechsel erleidet, hat man die Ausdrücke für $q_I'\bigr|_{x=a_2}$ abzuleiten. Setzt man in Gl. (238) für $x$ $a_2$, so erhält man

$$q_I' = \frac{4\,c^4}{\varrho_I}[(A_1' \cdot e^{a_2} + A_2' \cdot e^{-a_2})\cos a_2 + (B_1' \cdot e^{a_2} + B_2' \cdot e^{-a_2})\sin a_2].$$

Daraus folgt

**a) für frei aufliegenden Mittelträger:**

$$q_I' = \frac{4\,c^4}{\varrho_I}\left[2A_1 \cdot \mathfrak{Sin}\frac{\lambda}{2}\cdot\cos\frac{\lambda}{2} + 2B_1\,\mathfrak{Cof}\frac{\lambda}{2}\cdot\sin\frac{\lambda}{2} \right.$$
$$\left. + \frac{P_I \cdot \varrho_I}{4\,c^3}(\mathfrak{Cof}\,a_2 \cdot \sin a_2 - \mathfrak{Sin}\,a_2 \cdot \cos a_2)\right],$$

oder nach Einsetzen der Ausdrücke für $A_1$ und $B_1$ ((296), (297))

$$q_I' = P_I \cdot a \cdot \frac{1}{\mathfrak{Cof}\,\lambda + \cos\lambda}[\mathfrak{Cof}(\lambda - a_2) \cdot \sin a_2 + \mathfrak{Sin}(\lambda - a_2) \cdot \cos a_2$$
$$- \mathfrak{Cof}\,a_2 \cdot \sin(\lambda - a_2) - \mathfrak{Sin}\,a_2 \cdot \cos(\lambda - a_2)].$$

Diese Gleichung wird Null, wenn

$$\mathfrak{Cof}(\lambda - a_2) \cdot \sin a_2 + \mathfrak{Sin}(\lambda - a_2) \cdot \cos a_2 - \mathfrak{Cof}\,a_2 \cdot \sin(\lambda - a_2)$$
$$- \mathfrak{Sin}\,a_2 \cdot \cos(\lambda - a_2) = 0. \qquad (324)$$

**b) Für vollkommen eingespannten Mittelträger:**

$$q_I' = \frac{4\,c^4}{\varrho_I}\left[2A_1 \cdot \mathfrak{Sin}\frac{\lambda}{2}\cdot\cos\frac{\lambda}{2} + \left(B_1 \cdot e^{\frac{\lambda}{2}} + B_2 \cdot e^{-\frac{\lambda}{2}}\right)\sin\frac{\lambda}{2}\right.$$
$$\left. + \frac{P_I \cdot \varrho_I}{4\,c^3}(\mathfrak{Cof}\,a_2 \cdot \sin a_2 - \mathfrak{Sin}\,a_2 \cdot \cos a_2)\right].$$

Nach Einsetzen der Ausdrücke für $A_1$, $B_1$, $B_2$ ((305), (306), (307)) wird

$$q_I' = P_I \cdot a \cdot \frac{1}{\mathfrak{Sin}\,\lambda + \sin\lambda}[\mathfrak{Cof}(\lambda - a_2) \cdot \cos a_2 + \mathfrak{Sin}(\lambda - a_2) \cdot \sin a_2$$
$$+ \mathfrak{Cof}\,a_2 \cdot \cos(\lambda - a_2) - \mathfrak{Sin}\,a_2 \cdot \sin(\lambda - a_2)$$
$$- 2\,\mathfrak{Cof}\,a_2 \cdot \cos a_2].$$

Dieser Ausdruck wird Null, wenn

$$\mathfrak{Cof}(\lambda - a_2) \cdot \cos a_2 + \mathfrak{Sin}(\lambda - a_2) \cdot \sin a_2 + \mathfrak{Cof}\,a_2 \cdot \cos(\lambda - a_2)$$
$$- \mathfrak{Sin}\,a_2 \cdot \sin(\lambda - a_2) - 2\,\mathfrak{Cof}\,a_2 \cdot \cos a_2 = 0. \qquad (325)$$

In Abb. 27 sind diese drei Bedingungsgleichungen (323) bis (325) in Abhängigkeit von $\alpha_1$ und $\alpha_2$ (da $\lambda - \alpha_2 = 2\alpha_1 + \alpha_2$) graphisch dargestellt. Kurve $T$ entspricht Gl. (323) und gibt an, welche Werte $\alpha_1$ nicht überschreiten darf, damit kein Vorzeichenwechsel von $q_I$ in der Nähe der Trägerenden eintritt. Diese Kurve geht von $\alpha_1 = \pi$ aus und nähert sich mit wachsendem $\alpha_2$ asymptotisch der Geraden $\alpha_1 = \pi$. Die Kurven $U$ und $V$ entsprechen Gl. (324) und (325) und geben

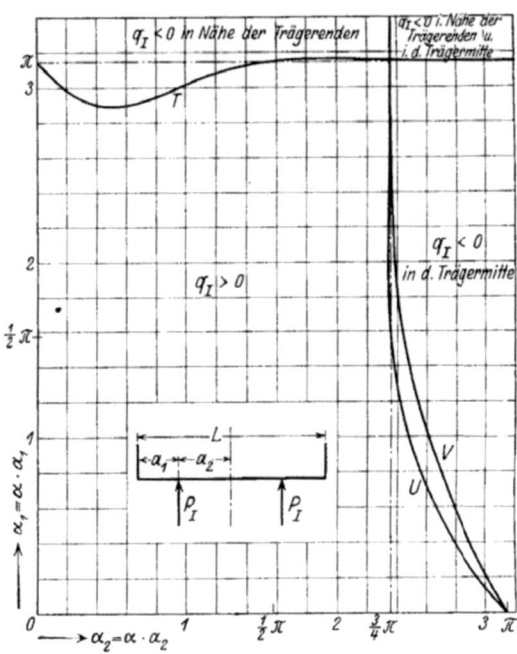

Abb. 27. Kurven für $q_I = 0$ bei zwei gleichen Einzellasten symmetrisch zur Mitte des Mittelträgers.

an, welche Werte $\alpha_2$ nicht überschreiten darf, damit $q_I$ in der Trägermitte nicht das Vorzeichen wechselt. Diese beiden Kurven gehen von $\alpha_2 = \pi$ aus und nähern sich mit wachsendem $\alpha_1$ asymptotisch der Geraden $\alpha_2 = {}^3/_4\pi$. Innerhalb des von den Koordinatenachsen und den Kurven $T$ und $U$ bzw. $V$ abgegrenzten Bereiches wechselt also $q_I$ auf der ganzen Länge des Mittelträgers niemals das Vorzeichen. Bei $\alpha_1 \sim \pi$ und $\alpha_2 = {}^3/_4\pi$ schneiden sich die Kurven für die Trägerenden und die Trägermitte; das bedeutet, daß $\lambda = 2(\alpha_1 + \alpha_2)$ den Wert $3^1/_2\pi$ nicht überschreiten darf, damit $q_I$ an den Trägerenden oder in der Trägermitte keinen Vorzeichenwechsel erfährt.

Über die Bedeutung eines Vorzeichenwechsels von $q_I$, insbesondere wenn die Einzellasten Stützenkräfte sind, unterrichten die Erörterungen auf S. 81 und 82. Die Verhältnisse an den Trägerenden sind hier dieselben wie bei dem Grundfall. Bei Stützenkräften ist es ganz besonders ungünstig, wenn $q_{I(S)}$ in der Trägermitte das Vorzeichen wechselt, also negativ wird. Der kleinste Wert $\lambda$, bei dem das eintritt, ist $\lambda = 2\alpha_2 = 2\pi$. Bei diesem Wert $\lambda$ ist aber $q_{I(W)}$ infolge der Wasserdruckbelastung ebenfalls negativ (vgl. S. 48 und Abb. 18, Kurve I und III). Mithin wird auch die Summe $q_{I(W)} + q_{I(S)}$ negativ. Das heißt, die mittleren Querträger werden durch den Mittelträger sowohl infolge der Wasserdruckbelastung als auch infolge der Stützenkräfte zusätzlich belastet und daher stärker beansprucht, als

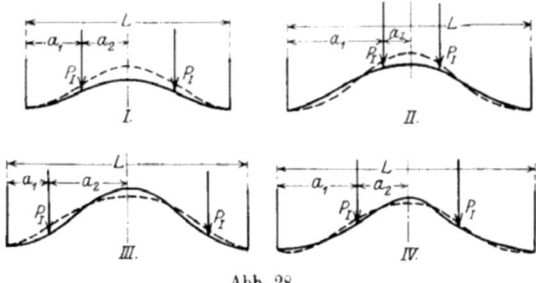

Abb. 28.

wenn sie nur den auf sie entfallenden Streifen der Wasserdruckbelastung aufzunehmen hätten, und auch stärker, als wenn gar keine Stützen vorhanden wären. — In den vorstehenden Skizzen sind die verschiedenen Möglichkeiten von ungünstigen Stützenanordnungen, wenn zwei Stützen symmetrisch zur Mitte stehen, veranschaulicht, und zwar wieder an Hand der Durchbiegungen (Abb. 28). Skizze I zeigt außerdem die Wirkung einer günstigen Stützenanordnung. In diesen Skizzen bedeutet wieder die dünne gestrichelte Linie die Durchbiegung des Mittelträgers unter alleiniger Belastung durch den Wasserdruck, die stark ausgezogene unter gleichzeitiger Belastung durch den Wasserdruck und die Stützenkräfte.

Diese ungünstigen Wirkungen der Stützen werden sofort vermieden, wenn man von vornherein das Verhältnis der Trägheitsmomente von Mittelträger und Querträgern oder den Abstand der Querträger so festlegt, daß die Wasserdruckbelastung keine negativen $q_{I(W)}$ hervorruft. Dann muß nämlich $\lambda < \pi$ oder $< {}^3/_2 \pi$ sein (vgl. S. 48). $\alpha_1$ und $\alpha_2$ kann dann höchstens die Werte $\alpha_1 = {}^1/_2 \pi \left({}^3/_4 \pi\right)$, $\alpha_2 = 0$ bzw. $\alpha_2 = {}^1/_2 \pi \left({}^3/_4 \pi\right)$, $\alpha_1 = 0$ erreichen. Diese Werte liegen aber innerhalb des Bereiches der von den Koordinatenachsen und den Kurven $T$ und $U$ bzw. $V$ abgegrenzt wird; $q_{I(S)}$ wird also auf der ganzen Länge des Mittelträgers niemals negativ. Man ist dann in der Wahl der Stützenanordnung völlig frei.

### Maxima und Minima.

Da die Höchstwerte der Biegungsmomente $M_I$ und der Querkräfte $Q_I$ entweder an den Auflager- oder an den Laststellen auftreten und außerdem die Funktionen $y_I$, $M_I$, $q_I$ in der Trägermitte ein Maximum oder Minimum im mathematischen Sinne haben, so bleibt hier nur zu untersuchen, ob und an welcher Stelle in dem Bereich zwischen Auflager- und Laststelle sowie zwischen Laststelle und Trägermitte die Funktionen $y_I$ und $q_I$ zu einem Maximum oder Minimum wird. Die Bedingungsgleichungen hierfür sind dieselben wie bei dem Grundfall (Gl. (253) bis (255)), wenn man unter linkem und rechtem Trägerstück die auf S. 92 definierten Trägerstücke versteht. Die Auflösung dieser Gleichungen erfolgt wieder durch Probieren.

### β) Bodenkonstruktion bestehend aus dem Mittelträger, zwei symmetrisch zur Mitte gelegenen Seitenträgern und $n$ Querträgern.

Auf jeden Längsträger wirken gemäß einem der drei im vorigen Abschnitt behandelten Fälle Einzellasten. Bei dem Grundfall: Einzellast an beliebiger Stelle greift am Mittelträger in der Entfernung $a_1$ vom Querschott (links) $P_I$ an, an jedem der beiden Seitenträger in derselben Entfernung $P_{II}$. Entsprechend ist die Lastanordnung bei den beiden Sonderfällen. Für das linke Stück der Längsträger ergeben sich als allgemeine Lösungen der beiden nach Gl. (32) anzusetzenden Differentialgleichungen die Gleichungen

$$y_I = (A_1 \cdot e^{\alpha_I x} + A_2 \cdot e^{-\alpha_I x}) \cos \alpha_I x + (B_1 \cdot e^{\alpha_I x} + B_2 \cdot e^{-\alpha_I x}) \sin \alpha_I x$$
$$+ (A_3 \cdot e^{\alpha_{II} x} + A_4 \cdot e^{-\alpha_{II} x}) \cos \alpha_{II} x + (B_3 \cdot e^{\alpha_{II} x} + B_4 \cdot e^{-\alpha_{II} x}) \sin \alpha_{II} x$$
(326)

$$y_{II} = \sigma_I [(A_1 \cdot e^{\alpha_I x} + A_2 \cdot e^{-\alpha_I x}) \cos \alpha_I x + (B_1 \cdot e^{\alpha_I x} + B_2 \cdot e^{-\alpha_I x}) \sin \alpha_I x]$$
$$+ \sigma_{II} [(A_3 \cdot e^{\alpha_{II} x} + A_4 \cdot e^{-\alpha_{II} x}) \cos \alpha_{II} x + (B_3 \cdot e^{\alpha_{II} x} + B_4 \cdot e^{-\alpha_{II} x}) \sin \alpha_{II} x]$$
(326a)

Für die rechten Trägerstücke gelten die entsprechenden Gleichungen, wenn man die neuen Integrationskonstanten durch (') kennzeichnet. $\alpha_I$ und $\alpha_{II}$ sind durch Gl. (91), $\sigma_I$ und $\sigma_{II}$ durch Gl. (94), (95) gegeben. Diese allgemeinen Lösungen für $y_I$ und $y_{II}$ gelten sowohl für den Grundfall als auch für die beiden Sonderfälle.

Die Bestimmung der 16 (bzw. 8 bei Sonderfall 1) Integrationskonstanten soll hier in ähnlicher Weise wie bei der Wasserdruckbelastung erfolgen. Sie lassen sich nämlich wie dort ohne weiteres aus den Konstanten für die Bodenkonstruktion mit nur einem Längsträger herleiten. Infolge der besonderen Bauart der Gleichungen für $y_I$ und $y_{II}$ kann man immer je zwei der zur Bestimmung der Konstanten erforderlichen Bedingungsgleichungen auf eine einzige zurückführen. Man erhält nach Elimination des $\alpha_{II}$-Gliedes aus sämtlichen Bedingungsgleichungen, d. h. des aus den Konstanten, den hyperbolischen und trigonometrischen Funktionen für $\alpha_{II}$ bestehenden Gliedes, ein Gleichungssystem für die zu $\alpha_I$ gehörenden Konstanten, das seiner Bauart nach völlig dem Gleichungssystem für einen Längsträger entspricht. Für die zu $\alpha_{II}$ gehörenden Konstanten ergibt sich ein analoges System, wenn man das $\alpha_I$-Glied eliminiert. Diese beiden Systeme unterscheiden sich von dem für einen Längsträger nur dadurch, daß die in jedem der beiden Systeme vorkommende Gleichung mit rechter Seite nicht mehr $\dfrac{P_I \cdot \varrho_I}{2\alpha^3}$ als rechte Seite hat, sondern einen Ausdruck, der mit $\tau$ bzw. $\tau'$ bezeichnet werden soll. Unter Verwendung dieses $\tau$- und $\tau'$-Wertes lassen sich nun sämtliche Integrationskonstanten anschreiben, indem man in den Konstanten für einen Längsträger $\dfrac{P_I \cdot \varrho_I}{2\alpha^3}$ durch $\tau$ bzw. $\tau'$ und $\alpha$ durch $\alpha_I$ bzw. $\alpha_{II}$ ersetzt. Die Bauart der Konstanten ändert sich nicht, wie es schon die Untersuchung für Wasserdruckbelastung bei mehreren Längsträgern gezeigt hat. Voraussetzung ist natürlich, daß bei dem vorliegenden Fall genau dieselben Randbedingungen bestehen wie bei einem Längsträger. Es kommt nun nur darauf an, die Werte $\tau$ und $\tau'$ zu bestimmen. Diese Werte entstehen daraus, daß zwei Bedingungsgleichungen mit rechter Seite durch Elimination des $\alpha_{II}$- bzw. $\alpha_I$-Gliedes in eine einzige Gleichung überführt werden. Von diesen beiden Gleichungen ist hier auszugehen. Sie ergeben sich aus der Bedingung, daß für den Mittelträger bzw. für den Seitenträger an der Anschlußstelle der Trägerstücke die Differenz der Querkräfte gleich $P_I$ bzw. $P_{II}$ ist, und lauten:

$$\frac{d^3 y_I}{dx^3} - \frac{d^3 y_I'}{dx^3} = -P_I \cdot \varrho_I = 2\alpha_I^3 \left[ -A_1 \cdot e^{\alpha_I 1}(\cos\alpha_{I1} + \sin\alpha_{I1}) \right.$$
$$+ A_2 \cdot e^{-\alpha_I 1}(\cos\alpha_{I1} - \sin\alpha_{I1}) + B_1 \cdot e^{\alpha_I 1}(\cos\alpha_{I1} - \sin\alpha_{I1})$$
$$+ B_2 \cdot e^{-\alpha_I 1}(\cos\alpha_{I1} + \sin\alpha_{I1}) - (-A_1' + A_2' + B_1' + B_2') \big]$$
$$+ 2\alpha_{II}^3 \left[ -A_3 \cdot e^{\alpha_{II} 1}(\cos\alpha_{II1} + \sin\alpha_{II1}) \right.$$
$$+ A_4 \cdot e^{-\alpha_{II} 1}(\cos\alpha_{II1} - \sin\alpha_{II1}) + B_3 \cdot e^{\alpha_{II} 1}(\cos\alpha_{II1} - \sin\alpha_{II1})$$
$$+ B_4 \cdot e^{-\alpha_{II} 1}(\cos\alpha_{II1} + \sin\alpha_{II1}) - (-A_3' + A_4' + B_3' + B_4') \big]. \quad (327)$$

$$\frac{d^3 y_{II}}{dx^3} - \frac{d^3 y_{II}'}{dx^3} = -P_{II} \cdot \varrho_{II} = 2\alpha_I^3 \cdot \sigma_I \big[ -A_1 \cdot e^{\alpha_{I1}} (\cos\alpha_{I1} + \sin\alpha_{I1})$$
$$+ A_2 \cdot e^{-\alpha_{I1}} (\cos\alpha_{I1} - \sin\alpha_{I1}) + B_1 \cdot e^{\alpha_{I1}} (\cos\alpha_{I1} - \sin\alpha_{I1})$$
$$+ B_2 \cdot e^{-\alpha_{I1}} (\cos\alpha_{I1} + \sin\alpha_{I1}) - (-A_1' + A_2' + B_1' + B_2') \big]$$
$$+ 2\alpha_{II}^3 \cdot \sigma_{II} \big[ -A_3 \cdot e^{\alpha_{II1}} (\cos\alpha_{II1} + \sin\alpha_{II1})$$
$$+ A_4 \cdot e^{-\alpha_{II1}} (\cos\alpha_{II1} - \sin\alpha_{II1}) + B_3 \cdot e^{\alpha_{II1}} (\cos\alpha_{II1} - \sin\alpha_{II1})$$
$$+ B_4 \cdot e^{-\alpha_{II1}} (\cos\alpha_{II1} + \sin\alpha_{II1}) - (-A_3' + A_4' + B_3' + B_4') \big]. \quad (328)$$

Eliminiert man hieraus das $\alpha_{II}$-Glied, so ergibt sich eine Gleichung, die bis auf die rechte Seite mit Gl. (193) übereinstimmt[1]),

$$-A_1 \cdot e^{\alpha_{I1}} (\cos\alpha_{I1} + \sin\alpha_{I1}) + A_2 \cdot e^{-\alpha_{I1}} (\cos\alpha_{I1} - \sin\alpha_{I1})$$
$$+ B_1 \cdot e^{\alpha_{I1}} (\cos\alpha_{I1} - \sin\alpha_{I1}) + B_2 \cdot e^{-\alpha_{I1}} (\cos\alpha_{I1} + \sin\alpha_{I1})$$
$$-(-A_1' + A_2' + B_1' + B_2') = -\frac{P_I \cdot \varrho_I \cdot \sigma_{II} - P_{II} \cdot \varrho_{II}}{2\alpha_I^3 (\sigma_{II} - \sigma_I)}. \quad (329)$$

Damit ist $\tau$ bestimmt zu

$$\tau = \frac{P_I \cdot \varrho_I \cdot \sigma_{II} - P_{II} \cdot \varrho_{II}}{2\alpha_I^3 (\sigma_{II} - \sigma_I)}. \quad (330)$$

Entsprechend ergibt sich, wenn man das $\alpha_I$-Glied eliminiert,

$$\tau' = \frac{P_I \cdot \varrho_I \cdot \sigma_I - P_{II} \cdot \varrho_{II}}{2\alpha_{II}^3 (\sigma_I - \sigma_{II})}. \quad (331)$$

Diese Ausdrücke für $\tau$ und $\tau'$ entsprechen vollkommen denen für Wasserdruckbelastung. An Stelle von $\eta_I$ und $\eta_{II}$ steht hier $P_I \cdot \varrho_I$ und $P_{II} \cdot \varrho_{II}$; außerdem ist der Faktor $\frac{1}{2\alpha_I^3}$ für $\tau$ und $\frac{1}{2\alpha_{II}^3}$ für $\tau'$ hinzugekommen. Diese Übereinstimmung ist ganz natürlich, denn bei der Wasserdruckbelastung werden zwei Gleichungen, deren rechte Seite $\eta_I$ bzw. $\eta_{II}$ ist, in eine Gleichung übergeführt. Als wichtige Folgerung ergibt sich daraus, daß man bei mehreren Längsträgern die Ausdrücke für die $\tau$ bei Einzellasten schematisch aus denen für die $\tau$ bei Wasserdruckbelastung bilden kann, indem man $\eta_I, \eta_{II}, \ldots$ durch $P_I \cdot \varrho_I, P_{II} \cdot \varrho_{II}, \ldots$ ersetzt und den so erhaltenen Ausdrücken die Faktoren $\frac{1}{2\alpha_I^3}, \frac{1}{2\alpha_{II}^3}, \ldots$ beigibt.

Hiermit ist die Aufgabe für eine Bodenkonstruktion bestehend aus dem Mittelträger, zwei symmetrisch zur Mitte gelegenen Seitenträgern und $n$ Querträgern als gelöst zu betrachten; sowohl für den Grundfall als auch für die beiden Sonderfälle ergeben sich dieselben

---

[1]) In diesen Gleichungen ist gemäß der früheren Schreibweise $\alpha_I \cdot a_1 = \alpha_{I1}$; $\alpha_{II} \cdot a_1 = \alpha_{II1}$ gesetzt.

Werte $\tau$ und $\tau'$ (Gl. (330), (331)). Die Endformeln, die Ausdrücke für die Grenzwerte der elastischen Größen und alle sonstigen Gleichungen lassen sich nach einem einfachen Bildungsgesetz aus den entsprechenden für einen Längsträger entwickeln. Man hat $\alpha$ durch $\alpha_I$ und $\dfrac{P_I \cdot \varrho_I}{2\,c^3}$ durch $\tau$ zu ersetzen und der betreffenden Formel ein Glied für $\alpha_{II}$ und $\tau'$ von derselben Bauart wie das $\alpha_I$-Glied hinzuzufügen. In den Formeln für die Seitenträger erhält außerdem das $\alpha_I$-Glied den Beiwert $\sigma_I$ und das $\alpha_{II}$-Glied $\sigma_{II}$ (vgl. Gl. (325), (326)). Man erkennt aus diesem Bildungsgesetz, daß die Untersuchung für mehrere Längsträger bei Belastung durch Einzellasten völlig parallel mit der Untersuchung bei Wasserdruckbelastung verläuft.

Die wichtige Frage, wann die Funktionen $q_I$ und $q_{II}$ in der Nähe der Trägerenden oder in der Trägermitte Null werden und das Vorzeichen wechseln, läßt sich allgemein schwer beantworten, ausgenommen bei dem Sonderfall 1: Einzellast in der Mitte der Längsträger, denn bei diesem sind die Bedingungsgleichungen für $q_I = 0$, $q_{II} = 0$ nur von $\lambda_I$ und $\lambda_{II}$ abhängig. Da erfahrungsgemäß $\lambda_{II}$ im Verhältnis zu $\lambda_I$ groß ist (vgl. S. 61), so wird das $\alpha_{II}$-Glied, wie aus Abb. 25 Kurve VIII, IX hervorgeht, viel eher Null als das $\alpha_I$-Glied, d. h. die Bedingungsgleichungen sind praktisch nur von dem $\alpha_I$-Glied abhängig. $q_I$ und $q_{II}$ werden daher wie bei einem Längsträger in der Nähe der Trägerenden Null bzw. wechseln das Vorzeichen, wenn $\lambda_I = 2\pi$ (siehe S. 88). — Bei dem Grundfall und dem Sonderfall 2 liegen die Verhältnisse wegen der Veränderlichkeit der Laststelle verwickelter. Im gegebenen Fall sind nach obigem Bildungsgesetz die Bedingungsgleichungen aus denen für einen Längsträger abzuleiten und aufzulösen. Es ist jedoch empfehlenswerter, den Verlauf der Funktionen $q_I$ und $q_{II}$ über die ganze Trägerlänge zu ermitteln, da man dann gleichzeitig die Höchstwerte erhält. Im übrigen gestattet obiges Bildungsgesetz ohne weiteres die Aufstellung der Bedingungsgleichungen zur Ermittlung der mathematischen Maxima und Minima für sämtliche elastischen Größen.

### γ) Bodenkonstruktion bestehend aus dem Mittelträger, vier symmetrisch zur Mitte gelegenen Seitenträgern und $n$ Querträgern.

Die Lastanordnung ist ganz entsprechend dem vorigen Fall. Z. B. greifen bei dem Grundfall: Einzellast an beliebiger Stelle am Mittelträger $P_I$, an den Seitenträger $P_{II}$ und $P_{III}$ an in der für sämtliche Längsträger gleichen Entfernung $a_1$ vom Querschott (links). Für die linken Trägerstücke gelten die allgemeinen Lösungen der nach Gl. (32) anzusetzenden Differentialgleichungen:

## Statische Untersuchung der Bodenkonstruktion.

$$y_I = (A_1 \cdot e^{a_I x} + A_2 \cdot e^{-a_I x}) \cos a_I x + (B_1 \cdot e^{a_I x} + B_2 \cdot e^{-a_I x}) \sin a_I x$$
$$\quad + (A_3 \cdot e^{a_{II} x} + A_4 \cdot e^{-a_{II} x}) \cos a_{II} x + (B_3 \cdot e^{a_{II} x} + B_4 \cdot e^{-a_{II} x}) \sin a_{II} x$$
$$\quad + (A_5 \cdot e^{a_{III} x} + A_6 \cdot e^{-a_{III} x}) \cos a_{III} x$$
$$\quad + (B_5 \cdot e^{a_{III} x} + B_6 \cdot e^{-a_{III} x}) \sin a_{III} x, \quad (332)$$

$$y_{II} = \sigma_I[(A_1 \cdot e^{a_I x} + A_2 \cdot e^{-a_I x}) \cos a_I x + (B_1 \cdot e^{a_I x} + B_2 \cdot e^{-a_I x}) \sin a_I x]$$
$$\quad + \sigma_{II}[(A_3 \cdot e^{a_{II} x} + A_4 \cdot e^{-a_{II} x}) \cos a_{II} x + (B_3 \cdot e^{a_{II} x} + B_4 \cdot e^{-a_{II} x}) \sin a_{II} x]$$
$$\quad + \sigma_{III}[(A_5 \cdot e^{a_{III} x} + A_6 \cdot e^{-a_{III} x}) \cos a_{III} x$$
$$\quad + (B_5 \cdot e^{a_{III} x} + B_6 \cdot e^{-a_{III} x}) \sin a_{III} x], \quad (333)$$

$$y_{III} = \sigma_I'[(A_1 \cdot e^{a_I x} + A_2 \cdot e^{-a_I x}) \cos a_I x + (B_1 \cdot e^{a_I x} + B_2 \cdot e^{-a_I x}) \sin a_I x]$$
$$\quad + \sigma_{II}'[(A_3 \cdot e^{a_{II} x} + A_4 \cdot e^{-a_{II} x}) \cos a_{II} x + (B_3 \cdot e^{a_{II} x} + B_4 \cdot e^{-a_{II} x}) \sin a_{II} x]$$
$$\quad + \sigma_{III}'[(A_5 \cdot e^{a_{III} x} + A_6 \cdot e^{-a_{III} x}) \cos a_{III} x$$
$$\quad + (B_5 \cdot e^{a_{III} x} + B_6 \cdot e^{-a_{III} x}) \sin a_{III} x]. \quad (334)$$

Für die rechten Trägerstücke bestehen dieselben Gleichungen, jedoch mit neuen, durch (') gekennzeichneten Konstanten. In diesen Gleichungen ist $a_I$, $a_{II}$, $a_{III}$ durch Gl. (153) bis (155), $\sigma_I$, $\sigma_{II}$, $\sigma_{III}$ durch Gl. (158) und $\sigma_I'$, $\sigma_{II}'$, $\sigma_{III}'$ durch Gl. (160) bis (162) bestimmt.

Die 24 (bzw. 12) Integrationskonstanten findet man, wie auf S. 99 ff. dargelegt ist, auch hier aus denen für einen Längsträger, wenn man $a$ nacheinander durch $a_I$, $a_{II}$, $a_{III}$ und $\dfrac{P_I \cdot \varrho_I}{2\,a^3}$ durch $\tau$, $\tau'$, $\tau''$ ersetzt. Diese $\tau$-Werte lassen sich zufolge des auf S. 100 Gesagten aus den entsprechenden für Wasserdruckbelastung (Gl. (167) bis (169)) bilden und ergeben sich zu

$$\tau = \frac{1}{2\,a_I^3} \cdot \frac{P_I \cdot \varrho_I(\sigma_{II} \cdot \sigma_{III}' - \sigma_{II}' \cdot \sigma_{III}) + P_{II} \cdot \varrho_{II}(\sigma_{II}' - \sigma_{III}') - P_{III} \cdot \varrho_{III}(\sigma_{II} - \sigma_{III})}{(\sigma_I - \sigma_{III})(\sigma_{II}' - \sigma_{III}') - (\sigma_I' - \sigma_{III}')(\sigma_{II} - \sigma_{III})} \quad (335)$$

$$\tau' = \frac{1}{2\,a_{II}^3} \cdot \frac{P_I \cdot \varrho_I(\sigma_I \cdot \sigma_{III}' - \sigma_I' \cdot \sigma_{III}) + P_{II} \cdot \varrho_{II}(\sigma_I' - \sigma_{III}') - P_{III} \cdot \varrho_{III}(\sigma_I - \sigma_{III})}{(\sigma_{II} - \sigma_{III})(\sigma_I' - \sigma_{III}') - (\sigma_{II}' - \sigma_{III}')(\sigma_I - \sigma_{III})} \quad (336)$$

$$\tau'' = \frac{1}{2\,a_{III}^3} \cdot \frac{P_I \cdot \varrho_I(\sigma_{II} \cdot \sigma_I' - \sigma_{II}' \cdot \sigma_I) + P_{II} \cdot \varrho_{II}(\sigma_{II}' - \sigma_I') - P_{III} \cdot \varrho_{III}(\sigma_{II} - \sigma_I)}{(\sigma_{III} - \sigma_I)(\sigma_{II}' - \sigma_I') - (\sigma_{III}' - \sigma_I')(\sigma_{II} - \sigma_I)} \quad (337)$$

Sie sind für den Grundfall und die beiden Sonderfälle dieselben.

Sämtliche Endformeln usw. lassen sich analog dem vorigen Fall ohne weiteres bilden, wenn man in den Formeln für einen Längsträger $a$ durch $a_I$ und $\dfrac{P_I \cdot \varrho_I}{2\,a^3}$ durch $\tau$ ersetzt und ein entsprechendes $a_{II}$- und $a_{III}$-Glied hinzufügt.

Wann die Funktionen $q_I$, $q_{II}$, $q_{III}$ das Vorzeichen wechseln, läßt sich wieder nur bei dem Sonderfall 1 allgemein feststellen. Zufolge der bei Wasserdruckbelastung erwähnten Erfahrungstatsache, daß $\lambda_{II}$ und $\lambda_{III}$ gegenüber $\lambda_I$ groß ist, ergibt sich, daß $q_I$, $q_{II}$, $q_{III}$ praktisch bei $\lambda_I = 2\pi$ in der Nähe der Trägerenden das Vorzeichen wechseln.

Die Bedingungsgleichungen für die Stellen der mathematischen Maxima und Minima ergeben sich nach demselben Bildungsgesetz wie die Endformeln aus denen für einen Längsträger.

Es empfiehlt sich auch hier, den Verlauf der elastischen Größen über die ganze Trägerlänge zu ermitteln, da erst dann die verwickelten Verhältnisse völlig zu überblicken sind.

---

Für sechs und mehr symmetrisch zur Mitte gelegene Seitenträger erfolgt die Untersuchung analog den bisherigen Fällen. Zu beachten ist — besonders für die Ermittlung der $\tau$-Werte — das bei diesem Fall der Wasserdruckbelastung Gesagte (S. 71, 62). Besondere Schwierigkeiten bieten sich bei solchen verwickelteren Untersuchungen nicht, da die Formeln und Gleichungen ganz schematisch aus den entsprechenden für einen Längsträger gebildet werden.

Bisher war bei der Behandlung der Belastung durch Einzellasten vorausgesetzt worden, daß jeder Längsträger belastet war. Es kommt aber sehr häufig vor, daß die Einzellasten nur auf dem Mittelträger oder auf zwei bzw. vier symmetrisch zur Mitte gelegenen Seitenträgern angeordnet sind, so daß ein Teil der Seitenträger oder der Mittelträger unbelastet ist. In diesen Fällen ist stets so vorzugehen, als ob sämtliche Längsträger belastet wären; bei der Bestimmung der $\tau$-Werte sind dann die fehlenden Einzellasten mit Null einzusetzen. Gegenüber der Belastung sämtlicher Längsträger ändern sich also nur die $\tau$.

In dieser Weise hat man auch zu verfahren, wenn die Einzellasten auf sämtlichen Längsträgern nicht mehr in der gleichen Entfernung von den Querschotten, sondern ganz beliebig angeordnet sind. Z. B. greife bei drei Längsträgern am Mittelträger in der Entfernung $a_1$ vom linken Querschott $P_I$ an, an den Seitenträgern in der Entfernung $b_1$ $P_{II}$. Dann untersucht man zunächst den Fall, daß nur der Mittelträger belastet und $P_{II} = 0$ gesetzt ist, und lagert darüber den Fall, daß nur die Seitenträger belastet sind, also $P_I = 0$ ist. Dieses Verfahren ist etwas umständlich, aber nur so läßt sich die Untersuchung für eine ganz beliebige Anordnung der Einzellasten bei mehreren Längsträgern durchführen.

## C. Belastung durch den Stützdruck im Dock.

Die Belastung durch den beim Docken des Schiffes auftretenden Stützdruck ist eine besondere Art der stetigen Belastung. Im Dock ruht das Schiff mit dem Mittelträger auf einer großen Anzahl elastischer Dockstapel und ist außerdem seitlich durch die Kimmschlitten gestützt. Für die folgenden Untersuchungen wird festgesetzt, daß das ganze Schiffsgewicht nur von den Mittschiffs-Dockstapeln aufgenommen wird[1]). Ferner wird angenommen, daß für die Elastizität dieser Unterstützung nur die Elastizität der dünnen Weichholzschicht,

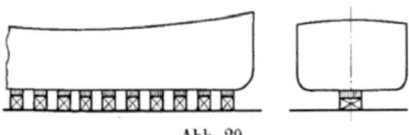

Abb. 29.

die auf den eigentlichen Dockstapeln angebracht ist, maßgebend ist[2]). Die Elastizität dieser eigentlichen Dockstapel und ebenso die Elastizität der Docksohle wird vernachlässigt.

Das Schiff senkt sich nun beim Docken in die elastische Weichholzunterlage ein. Dabei biegen sich die nachgiebigen Bodenfelder zwischen den Querschotten nach oben hin durch. Durch die Zusammenpressung der Holzunterlage werden Drücke erzeugt, die man als proportional der Zusammenpressung, d. h. der Einsenkung des Mittelträgers in die Holzunterlage ansehen kann. Auf diese Annahme gründet sich die bekannte Theorie des Trägers auf elastischer Unterlage. Versuche, die Föppl angestellt hat, haben die praktische Richtigkeit dieser Annahme erwiesen.

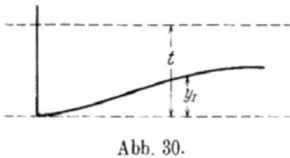

Abb. 30.

Für ein Bodenfeld zwischen zwei Querschotten soll zur Vereinfachung der Untersuchung angenommen werden, daß die beiden Schotte sich um das gleiche Stück $t$ in die Holzunterlage einsenken; die Verbindungslinie der Schottunterkanten soll also parallel zur ursprünglichen Oberkante der Dockstapel sein. Da die Funktion der Durchbiegung des Mittelträgers $y_I$ ist, so ergibt sich die Einsenkung an beliebiger Stelle zwischen den Schotten zu $(t - y_I)$ (Abb. 30). Bezeichnet $k$ die Elastizitätsziffer der Holzunterlage, d. h. die Zahl, welche angibt, bei welchem Druck in $t/m^2$ das Holz um 1 m zusammengedrückt wird, und $b$ die Breite der zusammengedrückten

---

[1]) Pietzker, F.: Festigkeit der Schiffe, S. 106, 107.
[2]) Pietzker, F.: Festigkeit der Schiffe, S. 94.

Holzunterlage, so ist der Stützdruck $p$ an beliebiger Stelle zwischen den Querschotten

$$p = k \cdot b \cdot (t - y_I) = k' \cdot (t - y_I).$$

Hierbei ist vorausgesetzt, daß sich der Druck $p$ über die Breite der Holzunterlage gleichmäßig verteilt. Streng genommen müßte man die Druckverteilung in der Querrichtung ebenfalls als proportional der Zusammendrückung ansetzen. Da jedoch die dicke und verhältnismäßig schmale Kielplatte in der Querrichtung keine nennenswerte Verbiegung erfährt, so weicht die Druckverteilung kaum von einer gleichmäßigen ab. Außerdem ändert die Annahme einer gleichmäßigen Druckverteilung in der Querrichtung an den statischen Verhältnissen der Bodenkonstruktion praktisch nichts, denn die Breite der Dockstapel beträgt bei großen Docks $\sim$ 1,2 m, so daß bei einer Schiffsbreite von 20 bis 30 m die Druckverteilung auf die kleine Strecke von 1,2 m gar keine Rolle spielt.

In der Längsrichtung ist der Boden des Schiffes durch eine große Anzahl von Streckenlasten entsprechend der Zahl und Länge der Dockstapel belastet. Da der Abstand dieser Dockstapel gering ist — er beträgt $\sim$ 1,2 m bei großen Docks bis 1,5 m bei kleineren von Mitte zu Mitte gerechnet bei einer Länge der Dockstapel von $\sim$ 0,6 m —, so kann man die große Anzahl von einzelnen Streckenlasten durch eine kontinuierliche Belastung ersetzen. Statt einzelner Dockstapel hat man dann eine kontinuierliche gleichmäßig elastische Unterlage (Abb. 31).

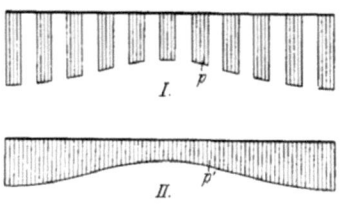

Abb. 31.

Für den Schiffsboden sind diese beiden Belastungen praktisch einander gleichwertig und rufen dieselben Formänderungen hervor.

Da die Belastungsfläche I in die Fläche II, die den gleichen Inhalt haben muß, umgewandelt ist, treten an Stelle der Drücke $p$, der Flächendrücke der Dockstapel, die kleineren Drücke $p'$ der kontinuierlichen elastischen Unterlage. Da ferner $p = k'(t - y_I)$ und $y_I$ bei der neuen Belastung sich nicht ändert, so muß die Einsenkung $t$ der Querschotte bei der kontinuierlichen elastischen Unterlage eine kleinere, mit $t'$ zu bezeichnende, sein. Es ist also $p' = k'(t' - y_I)$. Die Drücke $p'$ und die Einsenkung $t'$ entsprechen demnach nicht den tatsächlichen Verhältnissen. Für die Formänderung des Schiffsbodens ist das, wie schon gesagt, bedeutungslos. Für die Bemessung der Dockstapel müssen aber die wirklich auftretenden Drücke $p$ zugrunde gelegt werden, d. h. man hat die Belastungsfläche II wieder in die Fläche I umzuwandeln, die den gleichen Inhalt und die gleiche Schlußkurve wie II hat.

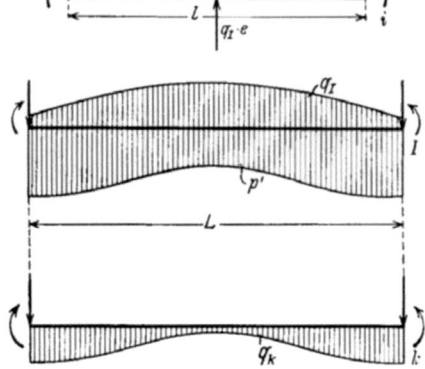

Abb. 32.
$i$ = Querträger, $I$ = Mittelträger, $k$ = Seitenträger.

Die Untersuchung der Bodenkonstruktion erfolgt nun in entsprechender Weise wie bei Wasserdruck-Belastung. Die Differentialgleichungen ändern sich jedoch, da in dem Ausdruck für $p'$ $y_I$ vorkommt. Die Belastung wird wegen des Zusammenhangs von $p'$ und $y_I$ auf dem Mittelträger angeordnet. Nach Zerlegung der Bodenkonstruktion in ihre Längs- und Querträger ergeben sich für die einzelnen Träger obige Belastungsschemata (Abb. 32).

Beachtet man, daß die allgemeine Differentialgleichung der Biegungslinie des durch $p'$ und $q_I$ stetig belasteten Mittelträgers lautet:

$$\frac{1}{\varrho_I} \cdot \frac{d^4 y_I}{dx^4} = p' - q_I = k'(t' - y_I) - q_I, \qquad (338)$$

während die Differentialgleichungen für die Seitenträger dieselben sind wie in Gl. (17), so lassen sich gemäß den Entwicklungen auf S. 31, 32 für die Funktionen $y_k\genfrac{}{}{0pt}{}{k=r}{k=I}$ des Trägernetzes folgende Differentialgleichungen aufstellen:

$$\begin{aligned}
\sum_{k=I}^{k=r} \frac{\varrho_I}{\varrho_k} \cdot \frac{d^4 y_k}{dx^4} + (1 + \mu_I \cdot k') y_I &= \mu_I \cdot k' \cdot t' \\
\sum_{k=I}^{k=r} \frac{\varrho_{II}}{\varrho_k} \cdot \frac{d^4 y_k}{dx^4} + \mu_{II} \cdot k' \cdot y_I + y_{II} &= \mu_{II} \cdot k' \cdot t' \\
\cdots \cdots \cdots & \\
\sum_{k=I}^{k=r} \frac{\varrho_k}{\varrho_k} \cdot \frac{d^4 y_k}{dx^4} + \mu_k \cdot k' \cdot y_I + y_k &= \mu_k \cdot k' \cdot t' \\
\cdots \cdots \cdots & \\
\sum_{k=I}^{k=r} \frac{\varrho_r}{\varrho_k} \cdot \frac{d^4 y_k}{dx^4} + \mu_r \cdot k' \cdot y_I + y_r &= \mu_r \cdot k' \cdot t'.
\end{aligned} \qquad (339)$$

Dieses System von simultanen Differentialgleichungen unterscheidet sich von dem für Wasserdruckbelastung (vgl. Gl. (18)) nur dadurch, daß je ein Glied $\left. \mu_k \cdot k' \cdot y_I \right|_{k=1}^{k=r}$ hinzugetreten und $\eta_k \Big|_{k=1}^{k=r}$ durch die konstanten Glieder $\left. \mu_k \cdot k' \cdot t' \right|_{k=1}^{k=r}$ ersetzt ist. Die allgemeinen Lösungen der zugehörigen homogenen Gleichungen haben dieselbe Form wie Gl. (24), (25), jedoch sind unter $a_k \Big|_{k=1}^{k=r}$ andere Werte als bei Wasserdruckbelastung zu verstehen. Um ihre Bestimmung wird es sich in den folgenden Untersuchungen der verschiedenen Bodenkonstruktionen vornehmlich handeln. Um die allgemeinen Lösungen der inhomogenen Differentialgleichungen zu erhalten, hat man zu den allgemeinen Lösungen der homogenen Gleichungen je eine partikuläre Lösung der inhomogenen zu addieren. Diese partikulären Lösungen ergeben sich zu

$$\bar{y}_k = \left. \frac{\mu_k \cdot k' \cdot t'}{1 + \mu_I \cdot k'} \right|_{k=1}^{k=r}. \tag{340}$$

Von ihrer Richtigkeit kann man sich durch Einsetzen in die inhomogenen Differentialgleichungen (339) überzeugen.

Zur Bestimmung der in den allgemeinen Lösungen vorkommenden Integrationskonstanten hat man wie früher[1]) die Randbedingungen für freie Auflagerung und vollkommene Einspannung der Längsträger anzusetzen. Die Ausdrücke für die Integrationskonstanten entsprechen der Form nach völlig denen für Wasserdruckbelastung, wenn man beachtet, daß hier die partikulären Lösungen der inhomogenen Differentialgleichungen nicht $\eta_k \Big|_{k=1}^{k=r}$, sondern

$$\left. \frac{\mu_k \cdot k' \cdot t'}{1 + \mu_I \cdot k_I} \right|_{k=1}^{k=r} \text{ lauten.}$$

In diesen Ergebnissen ist noch die Größe der Einsenkung der Querschotte in die Holzunterlage $t'$ unbekannt. Die Bestimmung von $t'$ ist nun nur möglich, wenn der gesamte auf das Bodenfeld zwischen zwei Querschotten wirkende Stützdruck $P$ bekannt ist, denn dann ist

$$P = \int_0^L k'(t' - y_I) \, dx, \tag{341}$$

woraus sich $t'$ leicht ermitteln läßt. $P$ ist jedoch ebenfalls unbekannt. Man kennt nur den auf das ganze Schiff wirkenden Stützdruck, der mit dem Schiffsgewicht im Gleichgewicht steht. Um $P$

---

[1]) Gl. (28) und (29).

exakt zu bestimmen, müßte man die Bodenuntersuchung über die ganze Schiffslänge hin vornehmen. Wie schon früher erwähnt, bietet eine solche Untersuchung so große Schwierigkeiten, daß ihre Ausführbarkeit kaum möglich ist. Es kann aber ein Annäherungsverfahren eingeschlagen werden. Betrachtet man wie bei einer Längsfestigkeitsrechnung das Schiff als einen Träger vom Widerstandsmoment des Hauptspantquerschnittes, so erfährt das Schiff beim Docken eine Längsbiegung in ähnlicher Weise wie bei Wasserdruckbelastung. Diese Biegungslinie und damit die Stützdruckkurve, deren Ordinaten proportional den Einsenkungen in die Holzunterlage sind, läßt sich graphisch ermitteln, wie es Pietzker[1]) und Föppl[2]) gezeigt haben, wenn die Gewichtsverteilung im Schiff bekannt ist. Man kann nun annehmen, daß bei weiterer Durchbiegung der Bodenfelder zwischen den Querschotten die Stützdruckkurve sich in den einzelnen Schottbereichen nur ihrer Form, aber nicht ihrem Inhalt nach ändert. Exakt richtig ist diese Annahme nicht, denn wenn verschieden lange Räume nebeneinander liegen, deren Bodenfelder sich ganz verschieden durchbiegen, so ergibt sich, wie Abb. 33 zeigt, daß die nach diesem Verfahren ermittelte Stützdruckkurve ($p'$) an den Schotten sich sprungweise ändert. Das ist aber nicht möglich, da die Stützdrücke $p'$ proportional den Einsenkungen ($t' - y_l$) sind. Immerhin kann man, wenn die an den zu untersuchenden Raum anstoßenden Räume ungefähr die gleiche Länge wie jener haben, auf diese Weise einigermaßen genau die Größe des auf ein Bodenfeld wirkenden Stützdruckes $P$ ermitteln.

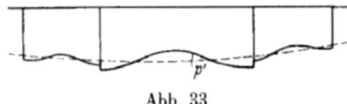

Abb. 33.

In der praktischen Ausführung ist obiges Verfahren recht umständlich, denn die Ermittlung der Längsbiegung nach der graphischen Methode stellt ein ziemlich langwieriges Probieren dar, zu dem noch die Bestimmung des Widerstandsmomentes des Hauptspantquerschnittes und der Gewichtsverteilung kommt. Man kann diese Schwierigkeiten umgehen, indem man auf die Ergebnisse der Untersuchungen von Pietzker zurückgreift. Pietzker hat nämlich gefunden, daß die Stützdruckkurve, die sich aus der Längsbiegung ergibt, eine flache parabelförmige Kurve mit den Endordinaten $p_m$ und der maximalen Ordinate $1{,}25\, p_m$ ist[3]). Hierbei ist $p_m$ der Quotient aus dem Schiffsgewicht und der unterstützten Schiffslänge; die Zwischenräume zwischen den Dockstapeln sind in dieser Länge mit

---

[1]) Pietzker, F.: Festigkeit der Schiffe, S. 98 bis 100.
[2]) Föppl, A.: Vorlesungen über Technische Mechanik, Bd. 3, S. 264, 265.
[3]) Pietzker, F.: Festigkeit der Schiffe, S. 102.

enthalten. Der gesamte Stützdruck auf ein mittleres Bodenfeld ist dann angenähert $1{,}25\,p_m \cdot L$. $P$ läßt sich also so sehr einfach bestimmen. Allerdings muß man sich darüber klar sein, daß diese Ermittlung von $P$ nur ein rohes Annäherungsverfahren darstellt, das sehr anfechtbar ist, zumal da die Ergebnisse der Pietzkerschen Untersuchungen sich im allgemeinen nur auf Kriegsschiffe beziehen. Trotzdem wird man es in praktischen Fällen vorziehen, $P$ in dieser einfachen Weise zu bestimmen als nach obigem umständlichen Verfahren.

Angaben über die Größe der Elastizitätsziffer $k$ der Holzunterlage findet man bei Pietzker in Gestalt von Diagrammen für gebrauchtes und neues Weich- und Hartholz[1]).

Im folgenden werden die aus der verschiedenen Anzahl der Längsträger sich ergebenden Bodenkonstruktionsarten genauer untersucht.

### a) Bodenkonstruktion bestehend aus dem Mittelträger und $n$ Querträgern.

Die Differentialgleichung für die Funktion $y_I$ lautet zufolge Gl. (339)

$$\frac{\mu_I}{\varrho_I} \cdot \frac{d^4 y_I}{dx^4} + (1 + \mu_I \cdot k') y_I = \mu_I \cdot k' \cdot t'. \qquad (341\,\mathrm{a})$$

Ihre Lösung ergibt sich zu

$$y_I = (A_1 \cdot e^{\alpha x} + A_2 \cdot e^{-\alpha x}) \cos \alpha x + (B_1 \cdot e^{\alpha x} + B_2 \cdot e^{-\alpha x}) \sin \alpha x + \frac{\mu_I \cdot k' \cdot t'}{1 + \mu_I \cdot k'}, \qquad (342)$$

worin

$$\alpha = \sqrt[4]{\frac{(1 + \mu_I \cdot k') \varrho_I}{4\,\mu_I}}. \qquad (343)$$

Bestimmung der Integrationskonstanten.

Die Integrationskonstanten $A_1, A_2, B_1, B_2$ lassen sich, wie schon gesagt, ohne weiteres aus den entsprechenden für Wasserdruckbelastung bilden, indem man $\eta_I$ hier durch $\dfrac{\mu_I \cdot k' \cdot t'}{1 + \mu_I \cdot k_I}$ ersetzt.

**a) Mittelträger frei aufliegend.**

$$A_1 = -\frac{\mu_I \cdot k' \cdot t'}{1 + \mu_I \cdot k'} \cdot \frac{\mathfrak{Cof}\,\frac{\lambda}{2} \cdot \cos\frac{\lambda}{2}}{\mathfrak{Cof}\,\lambda + \cos\lambda} = A_2, \qquad (344)$$

$$B_1 = -\frac{\mu_I \cdot k' \cdot t'}{1 + \mu_I \cdot k'} \cdot \frac{\mathfrak{Sin}\,\frac{\lambda}{2} \cdot \sin\frac{\lambda}{2}}{\mathfrak{Cof}\,\lambda + \cos\lambda} = -B_2. \qquad (345)$$

---

[1]) Pietzker, F.: Festigkeit der Schiffe, S. 95, 96.

### b) Mittelträger vollkommen eingespannt.

$$A_1 = -\frac{\mu_I \cdot k' \cdot t'}{1 + \mu_I \cdot k'} \cdot \frac{\mathfrak{Cof}\frac{\lambda}{2} \cdot \sin\frac{\lambda}{2} + \mathfrak{Sin}\frac{\lambda}{2} \cdot \cos\frac{\lambda}{2}}{\mathfrak{Sin}\lambda + \sin\lambda} = A_2, \quad (346)$$

$$B_1 = -\frac{\mu_I \cdot k' \cdot t'}{1 + \mu_I \cdot k'} \cdot \frac{\mathfrak{Cof}\frac{\lambda}{2} \cdot \sin\frac{\lambda}{2} - \mathfrak{Sin}\frac{\lambda}{2} \cdot \cos\frac{\lambda}{2}}{\mathfrak{Sin}\lambda + \sin\lambda} = -B_2. \quad (347)$$

### Bestimmung von $t'$.

Wird $P$ als bekannt vorausgesetzt, so läßt sich $t'$ aus der Bedingung

$$P = \int_0^L k'(t' - y_I)\,dx$$

bestimmen. Da der Koordinatenanfangspunkt in der Mitte des Mittelträgers liegt, so wird von 0 bis $\frac{L}{2}$ integriert. Obige Bedingung läßt sich nun in folgender Form schreiben

$$P = k' \cdot t' \cdot L - 2k' \int_0^{\frac{L}{2}} y_I\,dx. \quad (348)$$

Die Integration von Gl. (342) liefert

$$\int_0^{\frac{L}{2}} y_I\,dx = \frac{1}{\alpha}\left[A_1\left(\mathfrak{Cof}\frac{\lambda}{2} \cdot \sin\frac{\lambda}{2} + \mathfrak{Sin}\frac{\lambda}{2} \cdot \cos\frac{\lambda}{2}\right)\right.$$
$$\left. + B_1\left(\mathfrak{Cof}\frac{\lambda}{2} \cdot \sin\frac{\lambda}{2} - \mathfrak{Sin}\frac{\lambda}{2} \cdot \cos\frac{\lambda}{2}\right)\right] + \frac{\mu_I \cdot k' \cdot t' \cdot L}{2(1 + \mu_I \cdot k')}, \quad (349)$$

denn es ist $A_1 = A_2$ und $B_1 = -B_2$.

Die Einführung der für $A_1$ und $B_1$ gefundenen Ausdrücke erfolgt getrennt für frei aufliegenden und vollkommen eingespannten Mittelträger.

### a) Mittelträger frei aufliegend.
Nach einigen Umformungen ergibt sich

$$\int_0^{\frac{L}{2}} y_I\,dx = \frac{\mu_I \cdot k' \cdot t'}{2(1 + \mu_I \cdot k')}\left[L - \frac{1}{\alpha} \cdot \frac{\mathfrak{Sin}\lambda + \sin\lambda}{\mathfrak{Cof}\lambda + \cos\lambda}\right]. \quad (350)$$

Folglich

$$P = k' \cdot t' \cdot L\left[1 - \frac{\mu_I \cdot k'}{1 + \mu_I \cdot k'}\left(1 - \frac{1}{\lambda} \cdot \frac{\mathfrak{Sin}\lambda + \sin\lambda}{\mathfrak{Cof}\lambda + \cos\lambda}\right)\right]. \quad (351)$$

Hieraus
$$t' = \frac{P}{k' \cdot L} \cdot \frac{1}{1 - \dfrac{\mu_I \cdot k'}{1 + \mu_I \cdot k'} \left(1 - \dfrac{1}{\lambda} \cdot \dfrac{\mathfrak{Sin}\,\lambda + \sin\lambda}{\mathfrak{Coj}\,\lambda + \cos\lambda}\right)}. \tag{352}$$

### b) Mittelträger vollkommen eingespannt.

$$\int_0^{\frac{L}{2}} y_I\,dx = \frac{\mu_I \cdot k' \cdot t'}{2(1 + \mu_I \cdot k')} \left[L - \frac{2}{\alpha}\,\frac{\mathfrak{Coj}\,\lambda - \cos\lambda}{\mathfrak{Sin}\,\lambda + \sin\lambda}\right]. \tag{353}$$

Hieraus
$$t' = \frac{P}{k' \cdot L} \cdot \frac{1}{1 - \dfrac{\mu_I \cdot k'}{1 + \mu_I \cdot k'} \left(1 - \dfrac{2}{\lambda} \cdot \dfrac{\mathfrak{Coj}\,\lambda - \cos\lambda}{\mathfrak{Sin}\,\lambda + \sin\lambda}\right)}. \tag{354}$$

Die Endformeln für $y_I$, $M_I$ und $Q_I$ sind dieselben wie bei Wasserdruckbelastung; man hat nur $\eta_I$ durch $\dfrac{\mu_I \cdot k' \cdot t'}{1 + \mu_I \cdot k'}$ zu ersetzen (vgl. S. 107). Ebenso haben die dort ermittelten Ausdrücke für die Grenzwerte sowie die Bedingungsgleichungen für die mathematischen Maxima und Minima hier Gültigkeit.

Betreffs der Funktion $q_I$ ist folgendes zu beachten. Da die Belastung auf dem Mittelträger angeordnet ist, stellt $q_I$ die von dem Längsträger an die Querträger abgegebenen Lastbeträge dar, also umgekehrt wie bei Wasserdruckbelastung. Nach Gl. (338) ist

$$\frac{1}{\varrho_I} \cdot \frac{d^4 y_I}{dx^4} = p' - q_I,$$

d. h. $\dfrac{1}{\varrho_I} \cdot \dfrac{d^4 y_I}{dx^4}$ ist die Differenz aus dem Stützdruck $p'$ und den an die Querträger abgegebenen Lastbeträgen $q_I$ und ist somit die Belastung, die der Mittelträger allein aufnimmt. Für diese Belastung $\dfrac{1}{\varrho_I} \cdot \dfrac{d^4 y_I}{dx^4}$ gelten die durch Analogieschluß aus den Formeln für $q_I$ der Wasserdruckbelastung hergeleiteten Formeln, da dort $q_I = \dfrac{1}{\varrho_I} \cdot \dfrac{d^4 y_I}{dx^4}$. Es entspricht also hier $\dfrac{1}{\varrho_I} \cdot \dfrac{d^4 y_I}{dx^4}$ völlig dem $q_I$ der Wasserdruckbelastung; alle dort über $q_I$ angestellten Erörterungen sind hier auf $\dfrac{1}{\varrho_I} \cdot \dfrac{d^4 y_I}{dx^4}$ zu beziehen.

In der Mitte des Mittelträgers wird $\dfrac{1}{\varrho_I} \cdot \dfrac{d^4 y_I}{dx^4}$ negativ, wenn $\lambda > \pi$ bei frei aufliegendem bzw. $\lambda > {}^3/_2\,\pi$ bei vollkommen eingespanntem

Mittelträger. Das bedeutet, daß dann der Mittelträger in der Trägermitte nichts mehr von dem Stützdruck aufnimmt, sondern die mittleren Querträger zusätzlich belastet, denn es ist

$$q_I = p' - \frac{1}{\varrho_I} \cdot \frac{d^4 y_I}{dx^4}. \tag{355}$$

Da $q_I = \frac{1}{\mu_I} \cdot y_I$, so ergibt sich, daß die Höchstwerte von $q_I$ in der Trägermitte auftreten, also da, wo die kleinsten Werte von $\frac{1}{\varrho_I} \cdot \frac{d^4 y_I}{dx^4}$ vorliegen. Die mittleren Querträger erfahren mithin nicht nur die größten Biegungsbeanspruchungen wie bei Wasserdruckbelastung, sondern auch die größten Schubbeanspruchungen. $\frac{1}{\varrho_I} \cdot \frac{d^4 y_I}{dx^4} \leq 0$ ist bei der Belastung durch den Stützdruck im Dock das Kriterium für ein ungünstiges Zusammenwirken des Mittelträgers mit den Querträgern.

### β) Bodenkonstruktion bestehend aus dem Mittelträger, zwei symmetrisch zur Mitte gelegenen Seitenträgern und $n$ Querträgern.

Die beiden Differentialgleichungen für die Funktionen $y_I$ und $y_{II}$ lauten:

$$\frac{\mu_I}{\varrho_I} \cdot \frac{d^4 y_I}{dx^4} + \frac{\nu_I}{\varrho_{II}} \cdot \frac{d^4 y_{II}}{dx^4} + (1 + \mu_I \cdot k') y_I = \mu_I \cdot k' \cdot t', \tag{356}$$

$$\frac{\mu_{II}}{\varrho_I} \cdot \frac{d^4 y_I}{dx^4} + \frac{\nu_{II}}{\varrho_{II}} \cdot \frac{d^4 y_{II}}{dx^4} + \mu_{II} \cdot k' \cdot y_I + y_{II} = \mu_{II} \cdot k' \cdot t'. \tag{357}$$

Eliminiert man aus den zugehörigen homogenen Differentialgleichungen $\frac{d^4 y_{II}}{dx^4}$, so erhält man

$$(\mu_I \nu_{II} - \mu_{II} \nu_I) \frac{1}{\varrho_I} \cdot \frac{d^4 y_I}{dx^4} + [(1 + \mu_I \cdot k') \nu_{II} - \mu_{II} \nu_I \cdot k'] y_I = \nu_I \cdot y_{II}. \tag{358}$$

Differenziert man diesen Ausdruck viermal und setzt ihn dann in die zu Gl. (356) gehörige homogene Gleichung ein, so ergibt sich folgende homogene lineare Differentialgleichung 8. Ordnung mit konstanten Koeffizienten

$$(\mu_I \nu_{II} - \mu_{II} \nu_I) \frac{1}{\varrho_I \cdot \varrho_{II}} \cdot \frac{d^8 y_I}{dx^8} + \left[ \frac{\mu_I}{\varrho_I} + ((1 + \mu_I k') \nu_{II} - \mu_{II} \nu_I \cdot k') \cdot \frac{1}{\varrho_{II}} \right] \cdot \frac{d^4 y_I}{dx^4}$$
$$+ (1 + \mu_I \cdot k') y_I = 0. \tag{359}$$

Behandlung der wichtigsten Fälle der Belastung und Konstruktion. 113

Die zugehörige charakteristische Gleichung hat die Wurzeln

$$u_{1\div 8} = \pm \frac{1}{2}\sqrt{2}(1\pm i)$$

$$\cdot \sqrt[4]{\frac{1}{2}\left(\frac{\mu_I \varrho_{II}+\nu_{II}\varrho_I}{\mu_I \nu_{II}-\mu_{II}\nu_I}+k'\varrho_I\right)\left[1\pm\sqrt{1-\frac{4\varrho_I\varrho_{II}(\mu_I\nu_{II}-\mu_{II}\nu_I)(1+\mu_I k')}{(\mu_I\varrho_{II}+\nu_{II}\varrho_I+k'\varrho_I(\mu_I\nu_{II}-\mu_{II}\nu_I))^2}}\right]}.$$
(360)

Führt man ein

$$\alpha_{I,II} = \sqrt[4]{\frac{1}{8}\left(\frac{\mu_I\varrho_{II}+\nu_{II}\varrho_I}{\mu_I\nu_{II}-\mu_{II}\nu_I}+k'\varrho_I\right)\left[1\pm\sqrt{1-\frac{4\varrho_I\varrho_{II}(\mu_I\nu_{II}-\mu_{II}\nu_I)(1+\mu_I k')}{(\mu_I\varrho_{II}+\nu_{II}\varrho_I+k'\varrho_I(\mu_I\nu_{II}-\mu_{II}\nu_I))^2}}\right]},$$
(361)

so lautet die allgemeine Lösung der inhomogenen Differentialgleichungen für $y_I$:

$$y_I = (A_1 \cdot e^{\alpha_I x} + A_2 \cdot e^{-\alpha_I x})\cos\alpha_I x + (B_1 \cdot e^{\alpha_I x} + B_2 \cdot e^{-\alpha_I x})\sin\alpha_I x$$
$$+ (A_3 \cdot e^{\alpha_{II} x} + A_4 \cdot e^{-\alpha_{II} x})\cos\alpha_{II} x + (B_3 \cdot e^{\alpha_{II} x} + B_4 \cdot e^{-\alpha_{II} x})\sin\alpha_{II} x$$
$$+ \frac{\mu_I \cdot k' \cdot t'}{1+\mu_I \cdot k'},$$
(362)

$y_{II}$ erhält man mit Hilfe von Gl. (358), wenn man setzt:

$$\frac{\nu_{II}}{\nu_I}(1+\mu_I \cdot k') - \mu_{II}\cdot k' - \frac{4\alpha_I^4}{\nu_I\cdot\varrho_I}(\mu_I\nu_{II}-\mu_{II}\nu_I) = \sigma_I,$$
(363)

$$\frac{\nu_{II}}{\nu_I}(1+\mu_I \cdot k') - \mu_{II}\cdot k' - \frac{4\alpha_{II}^4}{\nu_I\cdot\varrho_I}(\mu_I\nu_{II}-\mu_{II}\nu_I) = \sigma_{II},$$
(364)

$$y_{II} = \sigma_I[(A_1 \cdot e^{\alpha_I x} + A_2 \cdot e^{-\alpha_I x})\cos\alpha_I x + (B_1 \cdot e^{\alpha_I x} + B_2 \cdot e^{-\alpha_I x})\sin\alpha_I x]$$
$$+ \sigma_{II}[(A_3 \cdot e^{\alpha_{II} x} + A_4 \cdot e^{-\alpha_{II} x})\cos\alpha_{II} x + (B_3 \cdot e^{\alpha_{II} x} + B_4 \cdot e^{-\alpha_{II} x})\sin\alpha_{II} x]$$
$$+ \frac{\mu_{II}\cdot k' \cdot t'}{1+\mu_I\cdot k'}.$$
(365)

### Bestimmung der Integrationskonstanten.

Die Integrationskonstanten sind genau die gleichen wie bei Wasserdruckbelastung (Gl. (107), (108), (110) bis (115)), wenn man unter $\tau$ und $\tau'$ folgende Werte versteht:

$$\tau = \frac{k'\cdot t'}{1+\mu_I\cdot k'} \cdot \frac{\mu_I\cdot\sigma_{II}-\mu_{II}}{\sigma_{II}-\sigma_I},$$
(366)

$$\tau' = \frac{k'\cdot t'}{1+\mu_I\cdot k'} \cdot \frac{\mu_I\cdot\sigma_I-\mu_{II}}{\sigma_I-\sigma_{II}}.$$
(367)

Diese Werte sind aus den entsprechenden für Wasserdruckbelastung (Gl. (106), (109)) hergeleitet, indem $\eta_I$ und $\eta_{II}$ durch $\dfrac{\mu_I\cdot k'\cdot t'}{1+\mu_I\cdot k'}$ und $\dfrac{\mu_{II}\cdot k'\cdot t'}{1+\mu_I\cdot k'}$ ersetzt ist.

Schilling. Statik. 8

114 Statische Untersuchung der Bodenkonstruktion.

## Bestimmung von $t'$.

**a) Längsträger frei aufliegend.** Die Integration von $y_I$ ergibt nach Einsetzen der für die Integrationskonstanten gefundenen Werte

$$\int_0^{\frac{L}{2}} y_I\, dx = \frac{k' \cdot t'}{2(1+\mu_I \cdot k')}\left[\mu_I \cdot L - \frac{1}{\alpha_I} \cdot \frac{\mu_I \cdot \sigma_{II} - \mu_{II}}{\sigma_{II} - \sigma_I} \cdot \frac{\mathfrak{Sin}\,\lambda_I + \sin\lambda_I}{\mathfrak{Cof}\,\lambda_I + \cos\lambda_I} \right.$$
$$\left. - \frac{1}{\alpha_{II}} \cdot \frac{\mu_I \cdot \sigma_I - \mu_{II}}{\sigma_I - \sigma_{II}} \cdot \frac{\mathfrak{Sin}\,\lambda_{II} + \sin\lambda_{II}}{\mathfrak{Cof}\,\lambda_{II} + \cos\lambda_{II}}\right]; \quad (368)$$

dann wird

$$t' = \frac{P}{k' \cdot L} \cdot \frac{1}{1 - \dfrac{k'}{1+\mu_I \cdot k'}\left[\mu_I - \dfrac{1}{\lambda_I} \cdot \dfrac{\mu_I \cdot \sigma_{II} - \mu_{II}}{\sigma_{II} - \sigma_I} \cdot \dfrac{\mathfrak{Sin}\,\lambda_I + \sin\lambda_I}{\mathfrak{Cof}\,\lambda_I + \cos\lambda_I} - \dfrac{1}{\lambda_{II}} \cdot \dfrac{\mu_I \cdot \sigma_I - \mu_{II}}{\sigma_I - \sigma_{II}} \cdot \dfrac{\mathfrak{Sin}\,\lambda_{II} + \sin\lambda_{II}}{\mathfrak{Cof}\,\lambda_{II} + \cos\lambda_{II}}\right]}. \quad (369)$$

**b) Längsträger vollkommen eingespannt.** Durch Analogieschluß ergibt sich

$$t' = \frac{P}{k' \cdot L} \cdot \frac{1}{1 - \dfrac{k'}{1+\mu_I \cdot k'}\left[\mu_I - \dfrac{2}{\lambda_I} \cdot \dfrac{\mu_I \cdot \sigma_{II} - \mu_{II}}{\sigma_{II} - \sigma_I} \cdot \dfrac{\mathfrak{Cof}\,\lambda_I - \cos\lambda_I}{\mathfrak{Sin}\,\lambda_I + \sin\lambda_I} - \dfrac{2}{\lambda_{II}} \cdot \dfrac{\mu_I \cdot \sigma_I - \mu_{II}}{\sigma_I - \sigma_{II}} \cdot \dfrac{\mathfrak{Cof}\,\lambda_{II} - \cos\lambda_{II}}{\mathfrak{Sin}\,\lambda_{II} + \sin\lambda_{II}}\right]}. \quad (370)$$

Sämtliche Endformeln usw. gehen aus den entsprechenden für Wasserdruckbelastung hervor, indem man $\eta_I$ durch $\dfrac{\mu_I \cdot k' \cdot t'}{1+\mu_I \cdot k'}$ und $\eta_{II}$ durch $\dfrac{\mu_{II} \cdot k' \cdot t'}{1+\mu_I \cdot k'}$ ersetzt. Betreffs $q_I$ gilt dasselbe wie für einen Längsträger (S. 111). Dagegen hat $q_{II}$ dieselbe Bedeutung wie bei Wasserdruckbelastung, da auch hier $q_{II} = \dfrac{1}{\varrho_{II}} \cdot \dfrac{d^4 y_{II}}{dx^4}$ ist. Der Stützdruck $p'$ wird in folgender Weise auf die Längs- und Querträger verteilt: der Mittelträger nimmt die Belastung $\dfrac{1}{\varrho_I} \cdot \dfrac{d^4 y_I}{dx^4}$ auf und gibt an die Querträger die Lastbeträge $q_I \cdot e$ ab. Die Querträger wiederum übertragen auf die Seitenträger die Lastbeträge $q_{II} \cdot e$. $\dfrac{1}{\varrho_I} \cdot \dfrac{d^4 y_I}{dx^4}$ und $q_{II}$ werden bei $\lambda_I = \pi$ bzw. $^3/_2\,\pi$ in der Trägermitte negativ, analog dem Fall der Wasserdruckbelastung (S. 62). Die mittleren Querträger sind auch hier die am ungünstigsten beanspruchten Querträger hinsichtlich der Biegungsbeanspruchungen. Die größten Querkräfte können jedoch an einem anderen Querträger auftreten, da $q_I = p' - \dfrac{1}{\varrho_I} \cdot \dfrac{d^4 y_I}{dx^4}$ bei mehreren Längsträgern seinen Höchstwert nicht in der Mitte zu haben braucht, wie Beispiel 3, S. 174, 175 und Abb. 62 zeigt.

### γ) Bodenkonstruktion bestehend aus dem Mittelträger, vier symmetrisch zur Mitte gelegenen Seitenträgern und $n$ Querträgern.

Das System der simultanen Differentialgleichungen für die Funktionen $y_I$, $y_{II}$, $y_{III}$ lautet:

$$\frac{\mu_I}{\varrho_I} \cdot \frac{d^4 y_I}{dx^4} + \frac{\nu_I}{\varrho_{II}} \cdot \frac{d^4 y_{II}}{dx^4} + \frac{o_I}{\varrho_{III}} \cdot \frac{d^4 y_{III}}{dx^4} + (1 + \mu_I \cdot k') \cdot y_I = \mu_I \cdot k' \cdot t', \quad (371)$$

$$\frac{\mu_{II}}{\varrho_I} \cdot \frac{d^4 y_I}{dx^4} + \frac{\nu_{II}}{\varrho_{II}} \cdot \frac{d^4 y_{II}}{dx^4} + \frac{o_{II}}{\varrho_{III}} \cdot \frac{d^4 y_{III}}{dx^4} + \mu_{II} \cdot k' \cdot y_I + y_{II} = \mu_{II} \cdot k' \cdot t', \quad (372)$$

$$\frac{\mu_{III}}{\varrho_I} \cdot \frac{d^4 y_I}{dx^4} + \frac{\nu_{III}}{\varrho_{II}} \cdot \frac{d^4 y_{II}}{dx^4} + \frac{o_{III}}{\varrho_{III}} \cdot \frac{d^4 y_{III}}{dx^4} + \mu_{III} \cdot k' \cdot y_I + y_{III} = \mu_{III} \cdot k' \cdot t'. \quad (373)$$

Die Elimination von $\dfrac{d^4 y_{III}}{dx^4}$ aus den zugehörigen homogenen Gleichungen ergibt

$$(\mu_I o_{II} - \mu_{II} o_I) \frac{1}{\varrho_I} \cdot \frac{d^4 y_I}{dx^4} + (\nu_I o_{II} - \nu_{II} o_I) \frac{1}{\varrho_{II}} \cdot \frac{d^4 y_{II}}{dx^4}$$
$$+ [(1 + \mu_I \cdot k') o_{II} - \mu_{II} o_I \cdot k'] y_I - o_I \cdot y_{II} = 0, \quad (374)$$

$$(\mu_I o_{III} - \mu_{III} o_I) \frac{1}{\varrho_I} \cdot \frac{d^4 y_I}{dx^4} + (\nu_I o_{III} - \nu_{III} o_I) \frac{1}{\varrho_{II}} \cdot \frac{d^4 y_{II}}{dx^4}$$
$$+ [(1 + \mu_I \cdot k') o_{III} - \mu_{III} o_I \cdot k'] y_I - o_I \cdot y_{III} = 0. \quad (375)$$

Hieraus wird $\dfrac{d^4 y_{II}}{dx^4}$ eliminiert, so daß man erhält:

$$-\frac{(\mu_I o_{II} - \mu_{II} o_I)(\nu_I o_{III} - \nu_{III} o_I) - (\mu_I o_{III} - \mu_{III} o_I)(\nu_I o_{II} - \nu_{II} o_I)}{o_I(\nu_I o_{II} - \nu_{II} o_I)\varrho_I} \cdot \frac{d^4 y_I}{dx^4}$$

$$-\frac{(1 + \mu_I k')(\nu_{II} o_{III} - \nu_{III} o_{II}) - k'[\mu_{II}(\nu_I o_{III} - \nu_{III} o_I) - \mu_{III}(\nu_I o_{II} - \nu_{II} o_I)]}{\nu_I o_{II} - \nu_{II} o_I} \cdot y_I$$

$$+ \frac{\nu_I o_{III} - \nu_{III} o_I}{\nu_I o_{II} - \nu_{II} o_I} \cdot y_{II} = y_{III}. \quad (376)$$

116    Statische Untersuchung der Bodenkonstruktion.

Diesen Ausdruck setzt man nach viermaliger Differentiation in die zu Gl. (371) und (372) gehörenden homogenen Gleichungen ein. Dann ergibt sich:

$$\frac{(\mu_I o_{III} - \mu_{III} o_I)(\nu_I o_{II} - \nu_{II} o_I) - (\mu_I o_{II} - \mu_{II} o_I)(\nu_I o_{III} - \nu_{III} o_I)}{(\nu_I o_{II} - \nu_{II} o_I)\varrho_I \cdot \varrho_{III}} \cdot \frac{d^8 y_I}{dx^8}$$

$$+ \left[\frac{\mu_I}{\varrho_I} - \frac{(1+\mu_I \cdot k')(\nu_{II} o_{III} - \nu_{III} o_{II}) - k'[\mu_{II}(\nu_I o_{III} - \nu_{III} o_I) - \mu_{III}(\nu_I o_{II} - \nu_{II} o_I)]}{\nu_I o_{II} - \nu_{II} o_I} \cdot \frac{o_I}{\varrho_{III}}\right]$$

$$\cdot \frac{d^4 y_I}{dx^4} + \left[\frac{\nu_I}{\varrho_{II}} + \frac{\nu_I o_{III} - \nu_{III} o_I}{\nu_I o_{II} - \nu_{II} o_I} \cdot \frac{o_I}{\varrho_{III}}\right]\frac{d^4 y_{II}}{dx^4} + (1+\mu_I \cdot k')y_I = 0. \qquad (377)$$

$$\frac{(\mu_I o_{III} - \mu_{III} o_I)(\nu_I o_{II} - \nu_{II} o_I) - (\mu_I o_{II} - \mu_{II} o_I)(\nu_I o_{III} - \nu_{III} o_I)}{o_I(\nu_I o_{II} - \nu_{II} o_I)\varrho_I \cdot \varrho_{III}} \cdot o_{II} \cdot \frac{d^8 y_I}{dx^8}$$

$$+ \left[\frac{\mu_{II}}{\varrho_I} - \frac{(1+\mu_I \cdot k')(\nu_{II} o_{III} - \nu_{III} o_{II}) - k'[\mu_{II}(\nu_I o_{III} - \nu_{III} o_I) - \mu_{III}(\nu_I o_{II} - \nu_{II} o_I)]}{\nu_I o_{II} - \nu_{II} o_I} \cdot \frac{o_{II}}{\varrho_{III}}\right]$$

$$\cdot \frac{d^4 y_I}{dx^4} + \left[\frac{\nu_{II}}{\varrho_{II}} + \frac{\nu_I o_{III} - \nu_{III} o_I}{\nu_I o_{II} - \nu_{II} o_I} \cdot \frac{o_{II}}{\varrho_{III}}\right]\frac{d^4 y_{II}}{dx^4} + \mu_{II} \cdot k' y_I + y_{II} = 0. \qquad (378)$$

Eliminiert man $\frac{d^4 y_{II}}{dx^4}$, so erhält man folgende Gleichung für $y_{II}$:

$$\frac{(\mu_I o_{II} - \mu_{II} o_I)(\nu_I o_{III} - \nu_{III} o_I) - (\mu_I o_{III} - \mu_{III} o_I)(\nu_I o_{II} - \nu_{II} o_I)}{o_I \cdot \varrho_I \cdot \varrho_{II} \cdot \varrho_{III}} \cdot \frac{d^8 y_I}{dx^8}$$

$$+ \left[\frac{\mu_I \nu_{II} - \mu_{II} \nu_I}{\varrho_I \cdot \varrho_{II}} + \frac{\nu_I o_{III} - \nu_{III} o_I}{\nu_I o_{II} - \nu_{II} o_I} \cdot \frac{\mu_I o_{II} - \mu_{II} o_I}{\varrho_I \cdot \varrho_{III}}\right.$$

$$+ \left.\frac{(1+\mu_I \cdot k')(\nu_{II} o_{III} - \nu_{III} o_{II}) - k'[\mu_{II}(\nu_I o_{III} - \nu_{III} o_I) - \mu_{III}(\nu_I o_{II} - \nu_{II} o_I)]}{\varrho_{II} \cdot \varrho_{III}}\right]\frac{d^4 y_I}{dx^4}$$

$$+ \left[(1+\mu_I \cdot k')\left(\frac{\nu_{II}}{\varrho_{II}} + \frac{\nu_I o_{III} - \nu_{III} o_I}{\nu_I o_{II} - \nu_{II} o_I} \cdot \frac{o_{II}}{\varrho_{III}}\right) - \mu_{II} \cdot k'\left(\frac{\nu_I}{\varrho_{II}} + \frac{\nu_I o_{III} - \nu_{III} o_I}{\nu_I o_{II} - \nu_{II} o_I} \cdot \frac{o_I}{\varrho_{III}}\right)\right] y_I$$

$$= \left[\frac{\nu_I}{\varrho_{II}} + \frac{\nu_I o_{III} - \nu_{III} o_I}{\nu_I o_{II} - \nu_{II} o_I} \cdot \frac{o_I}{\varrho_{III}}\right] \cdot y_{II}. \qquad (379)$$

Nach viermaliger Differentiation dieser Gleichung und Einsetzen in Gl. (377) ergibt sich folgende homogene lineare Differentialgleichung 12. Ordnung mit konstanten Koeffizienten:

$$\frac{(\mu_I o_{II} - \mu_{II} o_I)(\nu_I o_{III} - \nu_{III} o_I) - (\mu_I o_{III} - \mu_{III} o_I)(\nu_I o_{II} - \nu_{II} o_I)}{o_I \cdot \varrho_I \cdot \varrho_{II} \cdot \varrho_{III}} \cdot \frac{d^{12} y_I}{dx^{12}}$$

$$+ \left[\frac{\mu_I \nu_{II} - \mu_{II} \nu_I}{\varrho_I \cdot \varrho_{II}} + \frac{\nu_{II} o_{III} - \nu_{III} o_{II}}{\varrho_{II} \cdot \varrho_{III}} + \frac{\mu_I o_{III} - \mu_{III} o_I}{\varrho_I \cdot \varrho_{III}}\right.$$

$$+ \left.k' \cdot \frac{\mu_I(\nu_{II} o_{III} - \nu_{III} o_{II}) - \mu_{II}(\nu_I o_{III} - \nu_{III} o_I) + \mu_{III}(\nu_I o_{II} - \nu_{II} o_I)}{\varrho_{II} \cdot \varrho_{III}}\right]\frac{d^8 y_I}{dx^8}$$

Behandlung der wichtigsten Fälle der Belastung und Konstruktion. 117

$$+ \left[\frac{\mu_I}{\varrho_I} + \frac{\nu_{II}}{\varrho_{II}} + \frac{o_{III}}{\varrho_{III}} + k'\left(\frac{\mu_I \nu_{II} - \mu_{II} \nu_I}{\varrho_{II}} + \frac{\mu_I o_{III} - \mu_{III} o_I}{\varrho_{III}}\right)\right] \frac{d^4 y_I}{dx^4}$$
$$+ (1 + \mu_I \cdot k') y_I = 0. \tag{380}$$

Die Auflösung dieser Gleichung vollzieht sich in derselben Weise wie bei Wasserdruckbelastung (S. 65, 66). Im Anwendungsfall empfiehlt es sich, an dieser Stelle die Zahlenwerte einzusetzen, da die Rechnung mit unbestimmten Zahlen zu unübersichtlich wird. Die zu Gl. (380) gehörende charakteristische Gleichung hat nun die drei Wurzeln:

$$\pm (1 \pm i) \alpha_I,$$
$$\pm (1 \pm i) \alpha_{II},$$
$$\pm (1 \pm i) \alpha_{III}.$$

Mit diesen Werten $\alpha_I$, $\alpha_{II}$, $\alpha_{III}$ lautet die allgemeine Lösung für $y_I$:

$$y_I = (A_1 \cdot e^{\alpha_I x} + A_2 \cdot e^{-\alpha_I x}) \cos \alpha_I x + (B_1 \cdot e^{\alpha_I x} + B_2 \cdot e^{-\alpha_I x}) \sin \alpha_I x$$
$$+ (A_3 \cdot e^{\alpha_{II} x} + A_4 \cdot e^{-\alpha_{II} x}) \cos \alpha_{II} x + (B_3 \cdot e^{\alpha_{II} x} + B_4 \cdot e^{-\alpha_{II} x}) \sin \alpha_{II} x$$
$$+ (A_5 \cdot e^{\alpha_{III} x} + A_6 \cdot e^{-\alpha_{III} x}) \cos \alpha_{III} x + (B_5 \cdot e^{\alpha_{III} x} + B_6 \cdot e^{-\alpha_{III} x}) \sin \alpha_{III} x$$
$$+ \frac{\mu_I \cdot k' \cdot t'}{1 + \mu_I \cdot k'}. \tag{381}$$

$y_{II}$ geht aus Gl. (379) hervor, deren Koeffizienten zur Abkürzung mit $h$, $i$, $l$, $m$ bezeichnet werden. Führt man in diese Gleichung $y_I$, $\frac{d^4 y_I}{dx^4}$, $\frac{d^8 y_I}{dx^8}$ ein und setzt:

$$\left.\begin{aligned}\sigma_I &= \frac{16 \alpha_I^8 \cdot h - 4 \alpha_I^4 \cdot i + l}{m}, \\ \sigma_{II} &= \frac{16 \alpha_{II}^8 \cdot h - 4 \alpha_{II}^4 \cdot i + l}{m}, \\ \sigma_{III} &= \frac{16 \alpha_{III}^8 \cdot h - 4 \alpha_{III}^4 \cdot i + l}{m},\end{aligned}\right\} \tag{382}$$

so wird

$$y_{II} = \sigma_I [(A_1 \cdot e^{\alpha_I x} + A_2 \cdot e^{-\alpha_I x}) \cos \alpha_I x + (B_1 \cdot e^{\alpha_I x} + B_2 \cdot e^{-\alpha_I x}) \sin \alpha_I x]$$
$$+ \sigma_{II} [(A_3 \cdot e^{\alpha_{II} x} + A_4 \cdot e^{-\alpha_{II} x}) \cos \alpha_{II} x + (B_3 \cdot e^{\alpha_{II} x} + B_4 \cdot e^{-\alpha_{II} x}) \sin \alpha_{II} x]$$
$$+ \sigma_{III} [(A_5 \cdot e^{\alpha_{III} x} + A_6 \cdot e^{-\alpha_{III} x}) \cos \alpha_{III} x + (B_5 \cdot e^{\alpha_{III} x} + B_6 \cdot e^{-\alpha_{III} x}) \sin \alpha_{III} x]$$
$$+ \frac{\mu_I \cdot k' \cdot t'}{1 + \mu_I \cdot k'}. \tag{383}$$

$y_{III}$ findet man aus Gl. (376) unter Verwendung folgender $\sigma'$-Werte:

$$\sigma_I' = \frac{1}{\nu_I o_{II} - \nu_{II} o_I} \left[\frac{4 \alpha_I^4}{o_I \cdot \varrho_I}((\mu_I o_{II} - \mu_{II} o_I)(\nu_I o_{III} - \nu_{III} o_I) - (\mu_I o_{III} - \mu_{III} o_I)\right.$$
$$\cdot (\nu_I o_{II} - \nu_{II} o_I)) - (1 + \mu_I \cdot k')(\nu_I o_{III} - \nu_{III} o_{II}) + k'(\mu_{II}(\nu_I o_{III} - \nu_{III} o_I)$$
$$\left.- \mu_{III}(\nu_I o_{II} - \nu_{II} o_I)) + \sigma_I(\nu_I o_{III} - \nu_{III} o_I)\right], \tag{384}$$

$$\sigma'_{II} = \frac{1}{\nu_I o_{II} - \nu_{II} o_I} \left[ \frac{4 a_{II}^4}{o_I \cdot \varrho_I} ((\mu_I o_{II} - \mu_{II} o_I)(\nu_I o_{III} - \nu_{III} o_I) - (\mu_I o_{III} - \mu_{III} o_I) \right.$$
$$\cdot (\nu_I o_{II} - \nu_{II} o_I)) - (1 + \mu_I k')(\nu_{II} o_{III} - \nu_{III} o_{II}) + k'(\mu_{II}(\nu_I o_{III} - \nu_{III} o_I)$$
$$\left. - \mu_{III}(\nu_I o_{II} - \nu_{II} o_I)) + \sigma_{II}(\nu_I o_{III} - \nu_{III} o_I) \right], \tag{385}$$

$$\sigma'_{III} = \frac{1}{\nu_I o_{II} - \nu_{II} o_I} \left[ \frac{4 a_{II}^4}{o_I \cdot \varrho_I} ((\mu_I o_{II} - \mu_{II} o_I)(\nu_I o_{III} - \nu_{III} o_I) - (\mu_I o_{III} - \mu_{III} o_I) \right.$$
$$\cdot (\nu_I o_{II} - \nu_{II} o)) - (1 + \mu_I \cdot k')(\nu_{II} o_{III} - \nu_{III} o_{II}) + k'(\mu_{II}(\nu_I o_{III} - \nu_{III} o_I)$$
$$\left. - \mu_{III}(\nu_I o_{II} - \nu_{II} o_I)) + \sigma_{III}(\nu_I o_{II} - \nu_{II} o_I) \right]. \tag{386}$$

$y_{III}$ ergibt sich dann zu:

$$y_{III} = \sigma'_I \left[ (A_1 \cdot e^{a_I x} + A_2 \cdot e^{-a_I x}) \cos a_I x + (B_1 \cdot e^{a_I x} + B_2 \cdot e^{-a_I x}) \sin a_I x \right]$$
$$+ \sigma'_{II} \left[ (A_3 \cdot e^{a_{II} x} + A_4 \cdot e^{-a_{II} x}) \cos a_{II} x + (B_3 \cdot e^{a_{II} x} + B_4 \cdot e^{-a_{II} x}) \sin a_{II} x \right]$$
$$+ \sigma'_{III} \left[ (A_5 \cdot e^{a_{III} x} + A_6 \cdot e^{-a_{III} x}) \cos a_{III} x + (B_5 \cdot e^{a_{III} x} + B_6 \cdot e^{-a_{III} x}) \sin a_{III} x \right]$$
$$+ \frac{\mu_{III} \cdot k' \cdot t'}{1 + \mu_I \cdot k'}. \tag{387}$$

### Bestimmung der Integrationskonstanten.

Die Integrationskonstanten sind dieselben wie bei dem entsprechenden Fall der Wasserdruckbelastung[1]), wenn man unter $\tau$, $\tau'$, $\tau''$ folgende Werte versteht:

$$\tau = \frac{k' \cdot t'}{1 + \mu_I \cdot k'} \cdot \frac{\mu_I (\sigma_{II} \cdot \sigma'_{III} - \sigma'_{II} \cdot \sigma_{III}) + \mu_{II}(\sigma'_{II} - \sigma'_{III}) - \mu_{III}(\sigma_{II} - \sigma_{III})}{(\sigma_I - \sigma_{III})(\sigma'_{II} - \sigma'_{III}) - (\sigma'_I - \sigma'_{III})(\sigma_{II} - \sigma_{III})} \tag{388}$$

$$\tau' = \frac{k' \cdot t'}{1 + \mu_I \cdot k'} \cdot \frac{\mu_I (\sigma_I \cdot \sigma'_{III} - \sigma'_I \cdot \sigma_{III}) + \mu_{II}(\sigma'_I - \sigma'_{III}) - \mu_{III}(\sigma_I - \sigma_{III})}{(\sigma_{II} - \sigma_{III})(\sigma'_I - \sigma'_{III}) - (\sigma'_{II} - \sigma'_{III})(\sigma_I - \sigma_{III})} \tag{389}$$

$$\tau'' = \frac{k' \cdot t'}{1 + \mu_I \cdot k'} \cdot \frac{\mu_I (\sigma_{II} \cdot \sigma'_I - \sigma'_{II} \cdot \sigma_I) + \mu_{II}(\sigma'_{II} - \sigma'_I) - \mu_{III}(\sigma_{II} - \sigma_I)}{(\sigma_{III} - \sigma_I)(\sigma'_{II} - \sigma'_I) - (\sigma'_{III} - \sigma'_I)(\sigma_{II} - \sigma_I)}. \tag{390}$$

### Bestimmung von $t'$.

Bezeichnet man in $\tau$, $\tau'$, $\tau''$ den zweiten Bruch, der sich aus den $\mu$- und $\sigma$-Werten zusammensetzt, mit $\tau_1$, $\tau_1'$, $\tau_1''$, so wird

**a) für frei aufliegende Längsträger**

$$t' = \frac{P}{k' \cdot L} \cdot \frac{1}{1 - \frac{k'}{1 + \mu_I \cdot k'}} \left[ \mu_I - \frac{\tau_1}{\lambda_I} \cdot \frac{\mathfrak{Sin}\, \lambda_I + \sin \lambda_I}{\mathfrak{Cos}\, \lambda_I + \cos \lambda_I} - \frac{\tau_1'}{\lambda_{II}} \right.$$
$$\left. \cdot \frac{1}{\frac{\mathfrak{Sin}\, \lambda_{II} + \sin \lambda_{II}}{\mathfrak{Cos}\, \lambda_{II} + \cos \lambda_{II}} - \frac{\tau_1''}{\lambda_{III}} \cdot \frac{\mathfrak{Sin}\, \lambda_{III} + \sin \lambda_{III}}{\mathfrak{Cos}\, \lambda_{III} + \cos \lambda_{III}}} \right]. \tag{391}$$

---

[1]) Vgl. S. 69, 70 Gl. (170) bis (181).

b) für vollkommen eingespannten Mittelträger

$$t' = \frac{P}{k' \cdot L} \cdot \cfrac{1}{1 - \cfrac{k'}{1 + \mu_I \cdot k'} \left[ \mu_I - \cfrac{2\tau_1}{\lambda_I} \cdot \cfrac{\mathfrak{Cos}\,\lambda_I - \cos\lambda_I}{\mathfrak{Sin}\,\lambda_I + \sin\lambda_I} - \cfrac{2\tau_1'}{\lambda_{II}} \right.} \cdot \cfrac{1}{\cfrac{\mathfrak{Cos}\,\lambda_{II} - \cos\lambda_{II}}{\mathfrak{Sin}\,\lambda_{II} + \sin\lambda_{II}} - \cfrac{2\tau_1''}{\lambda_{III}} \cdot \cfrac{\mathfrak{Cos}\,\lambda_{III} - \cos\lambda_{III}}{\mathfrak{Sin}\,\lambda_{III} + \sin\lambda_{III}}} \quad (392)$$

Betreffs der Endformeln usw. gilt das bei zwei Seitenträgern Gesagte (S. 114, 115). Im übrigen vgl. den Fall der Wasserdruckbelastung (S. 70).

Bei einer größeren Anzahl von Seitenträgern läßt sich die Auflösung der Differentialgleichungen mit unbestimmten Zahlen nicht mehr durchführen. Der Gang der Untersuchung ist jedoch derselbe wie bei den einfacheren Fällen. Vgl. auch das diesbezüglich bei Wasserdruckbelastung Gesagte (S. 70, 71). In Zahlenbeispiel 3 ist ein Fall mit 6 Seitenträgern behandelt worden.

Die Belastung durch den Stützdruck im Dock ist ungünstiger als die durch den Wasserdruck. Vergleicht man nämlich die $\alpha$-Werte, z. B. bei einem Längsträger (Gl. (37) und (343)), so zeigt sich, daß bei derselben Bodenkonstruktion $\alpha$ für die Belastung durch den Stützdruck größer ist als für die durch den Wasserdruck. $\frac{1}{\varrho_I} \cdot \frac{d^4 y_I}{d x^4}$ (Stützdruckbelastung) in der Trägermitte strebt also schneller dem Wert 0 zu als $q_I$ (Wasserdruckbelastung) (vgl. Abb. 18, Kurve I und III). Bei derselben Bodenkonstruktion kann daher für Wasserdruckbelastung $q_I$ in der Trägermitte noch positiv sein, während für die Belastung durch den Stützdruck im Dock $\frac{1}{\varrho_I} \cdot \frac{d^4 y_I}{d x^4}$ bereits negativ ist, so daß hier die mittleren Querträger durch den Längsträger zusätzlich belastet werden. — Außerdem wird bei großen Fahrgastschiffen, deren Dockgewicht nur wenig geringer ist als das Gewicht des vollbeladenen Schiffes im Wasser, die Belastung durch den Stützdruck im Dock ungünstiger als die durch den Wasserdruck, da der Stützdruck nur in der Mittschiffsebene angreift, während der Wasserdruck über die ganze Bodenfläche gleichmäßig verteilt ist.

# III. Zahlenbeispiele.

Die im Vorausgegangenen entwickelte Theorie einer Statik der Bodenkonstruktion der Schiffe soll nun durch mehrere Zahlenbeispiele ergänzt und erläutert werden. Diese Zahlenbeispiele sollen zeigen, wie auf Grund der Theorie in praktischen Fällen vorzugehen und wie eine Bodenuntersuchung am zweckmäßigsten durchzuführen ist. Wie schon eingangs erwähnt, soll an Hand dieser Beispiele keine Kritik an den heute üblichen Systemen der Bodenkonstruktion geübt werden, zumal da hierfür das in den Beispielen dargestellte Material zu gering ist.

Diese Beispiele beschränken sich nicht auf einfache Fälle, sondern sie behandeln vor allem auch verwickeltere; denn gerade die verwickelten Fälle sind oft von problematischer Natur und geben in der Praxis Anlaß zu eingehender Untersuchung. Die Beispiele sind vollkommen durchgerechnet und die Berechnungsergebnisse graphisch dargestellt, um einen genaueren Einblick in die statischen Verhältnisse der Bodenkonstruktion zu erhalten. In der Praxis wird man sich vielfach damit begnügen können, die Grenzwerte und die Maxima bzw. Minima der elastischen Größen der Längs- und Querträger zu ermitteln.

Die Anwendung der Theorie auf eine vorliegende Bodenkonstruktion stößt auf einige Schwierigkeiten, da es nicht unzweifelhaft feststeht, welche Konstruktionsteile eines Trägers man für sein Trägheitsmoment in Rechnung setzen soll. Auf theoretischem Wege läßt sich darüber keine Klarheit erlangen; von Versuchen mit Schiffbauträgern sind nur die des Reichsmarineamts bekannt, soweit ihre Ergebnisse durch Pietzker[1]) veröffentlicht sind. Der Verfasser hat sich bei der Bewertung der Trägheitsmomente an diese Ergebnisse und an die heute in der Praxis herrschenden Anschauungen gehalten. Es lassen sich dann die folgenden beiden Grundsätze aufstellen:

1. Für das Trägheitsmoment eines Trägers werden nur die durchlaufenden Konstruktionsteile des Trägers berücksichtigt.

---

[1]) Pietzker, F.: Festigkeit der Schiffe.

## Zahlenbeispiele.

2. Für die Breite der Gurtung eines Trägers wird die 45fache Plattendicke der Gurtung in Rechnung gesetzt.

Gegen letzteren Grundsatz kann eingewendet werden, daß er vielleicht zu ungünstige Ergebnisse liefert. Es ist jedoch zu beachten, daß die Gurtungen der in Frage kommenden Träger aus aneinandergenieteten Platten bestehen und somit eine Schwächung des vollen Plattenquerschnitts eintritt.

Bei den Bodenquerträgern, Spanten und Deckbalken ist die Gurtungsbreite natürlich höchstens gleich der Spantentfernung.

Welche Trägheitsmomente für die einzelnen Träger in Ansatz gebracht werden, ergibt sich aus folgender Zusammenstellung:

| Träger | Querschnitt | Bemerkungen |
|---|---|---|
| Mittelträger (wasserdicht) | | Voller Querschnitt. Für Flachkiel und evtl. Dopplung ausnahmsweise volle Breite gerechnet. |
| Seitenträger (interkostal) | | Nur obere und untere Gurtung mitgerechnet. |
| Seitenträger (durchlaufend, wasserdicht) | | Voller Querschnitt. |
| Seitenträger (durchlaufend, nicht wasserdicht) | | Querschnitt im Bereich eines Erleichterungsloches. |
| Randplatte | | Voller Querschnitt. |
| Bodenquerträger | | Mitterer Querschnitt im Bereich eines Erleichterungsloches. Stehengebliebener Steg nur mitgerechnet, wenn Steg von Randplatte bis Mittelträger durchläuft. Sonst wie interkostaler Seitenträger. |
| Spanten | | Voller Querschnitt. |
| Deckbalken | | Voller Querschnitt. |

Es werden folgende drei Beispiele behandelt:

1. Bodenuntersuchung eines kleinen Frachtdampfers bei Wasserdruckbelastung;

2. Bodenuntersuchung eines Fracht- und Fahrgastdampfers bei Wasserdruckbelastung;

3. Bodenuntersuchung eines großen Fahrgastdampfers im Dock.

## Zahlenbeispiele.

Sämtliche Beispiele sind dem Seeschiffbau entnommen, da dem Verfasser aus den Flußschiffbau kein entsprechendes Material zur Verfügung stand. Selbstverständlich lassen sich diese Bodenuntersuchungen in gleicher Weise auch für Flußschiffe durchführen.

Die in den Formeln vorkommenden Kreis- und Hyperbelfunktionen sind den Tafelwerken von Burrau[1]) und Hayashi[2]) entnommen worden.

### Beispiel 1.

# Kleiner Frachtdampfer bei Wasserdruckbelastung.

Schiffsabmessungen:
$$L_{PP} = 74{,}4 \text{ m},$$
$$B = 10{,}97 \text{ m},$$
$$H = 5{,}72 \text{ m},$$
$$T = 5{,}1 \text{ m},$$
$$V = 3300 \text{ t},$$
$$[B + H] \cdot L = 1239, \text{ Eindeckschiff}.$$

Die Abmessungen der Verbandsteile sind nach G. L. 1914 bestimmt.

Es soll die Bodenkonstruktion des vor dem Maschinen- und Kesselraum liegenden Laderaums untersucht werden.

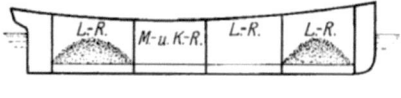

Abb. 34.

Ladezustand des Schiffes (vgl. Abb. 34):

Vorderster und hinterster Laderaum mit Erz oder ähnlicher schwerer Ladung beladen, Bunker gefüllt. Das Schiff schwimmt auf seinem größten Tiefgang. Der zu untersuchende Laderaum ist leer. Dieser Ladezustand ist deshalb besonders ungünstig.

Länge des zu untersuchenden Laderaums $L = 15{,}93$ m = 27 Spantentfernungen. Spantentfernung $e = 0{,}59$ m (Abb. 36).

Das Beispiel gliedert sich in folgende vier Untersuchungen:

I. Bodenkonstruktion bestehend aus dem Mittelträger und 26 Querträgern;

---

[1]) Burrau, C.: Tafeln der Funktionen Cosinus und Sinus, Berlin 1907.
[2]) Hayashi, K.: Fünfstellige Tafeln der Kreis- und Hyperbelfunktionen sowie der Funktionen $e^x$ und $e^{-x}$. Berlin und Leipzig 1921.

Kleiner Frachtdampfer bei Wasserdruckbelastung. 123

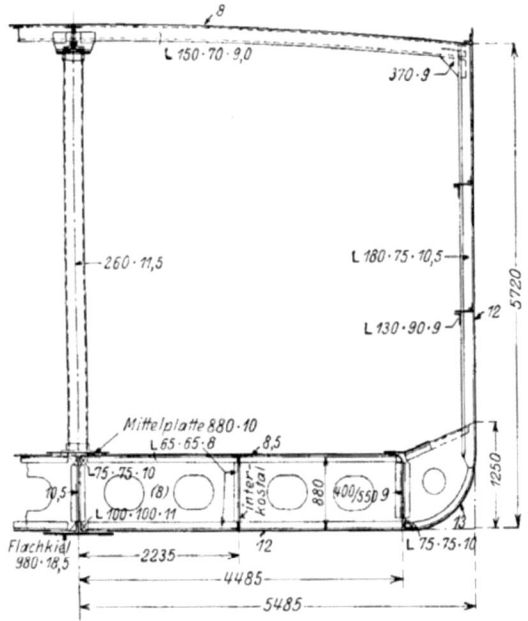

Abb. 35. Hauptspant. 1 : 83,3.

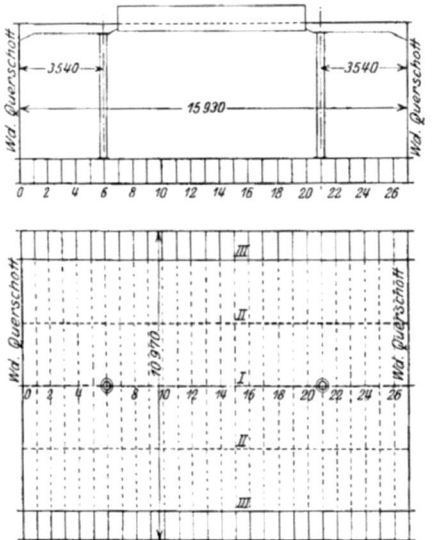

Abb. 36. Längsschnitt und Doppelbodenansicht.
1 : 250.

124  Zahlenbeispiele.

II. Bodenkonstruktion bestehend aus dem Mittelträger, zwei symmetrisch zur Mitte gelegenen Seitenträgern und 26 Querträgern.

III. Bodenkonstruktion bestehend aus dem Mittelträger, den beiden Randplatten und 26 Querträgern;

IV. Bodenkonstruktion bestehend aus dem Mittelträger und 26 Querträgern, auf dem Mittelträger zwei symmetrisch zur Mitte angeordnete Raumstützen.

In diesen Untersuchungen soll der Einfluß der Seitenträger, Randplatten und Raumstützen gezeigt werden.

Zur Ermittlung der Einspannmomente der Querträger wird eine für alle vier Untersuchungen geltende Rahmenrechnung durchgeführt. Hierbei wird zunächst der Widerstand aller Längsträger, d. h. $q_I$, $q_{II}$, $q_{III}$ angesetzt; je nach der einzelnen Untersuchung wird dann später $q_{II}$ oder $q_{III}$ bzw. beide gleich Null gesetzt.

Die Trägheits- und Widerstandsmomente der Verbandsteile haben auf Grund der im Klassifikations-Hauptspant (Abb. 35) angegebenen Abmessungen folgende Werte:

| Trägerbezeichnung | $J$ cm$^4$ | $W_{min}$ cm$^3$ |
|---|---|---|
| Mittelträger | $5{,}315 \cdot 10^5$ | $8{,}65 \cdot 10^3$ |
| Seitenträger | $1{,}7 \cdot 10^5$ | $2{,}85 \cdot 10^3$ |
| Randplatte | $1{,}92 \cdot 10^5$ | $3{,}03 \cdot 10^3$ |
| Bodenwrangen (Querträger) | $2{,}163 \cdot 10^5$ | $3{,}88 \cdot 10^4$ |
| Spanten | $2{,}371 \cdot 10^3$ | $0{,}15 \cdot 10^2$ |
| Deckbalken | $1{,}326 \cdot 10^3$ | $0{,}108 \cdot 10^3$ |

## Rahmenberechnung.

Abb. 37 zeigt den idealisierten Rahmen und seine Belastung.

Belastung:

| | Belastung t/m$^2$ | Belastung für 1 Rahmen t/m | Bemerkungen |
|---|---|---|---|
| Äußere Bodenbelastung | 5,1 | $p_1 = 3{,}0$ | |
| Innere Bodenbelastung | 0,34 | $p_2 = 0{,}2$ | Gewicht der Bodenkonstr., geschätzt. |
| Decksbelastung | 1,2 | $p_3 = 0{,}71$ | Nach G. L. für freies Deck. |

Außerdem ist der Bodenquerträger durch die Widerstände der Längsträger $q_I \cdot e$, $q_{II} \cdot e$, $q_{III} \cdot e$ belastet.

Die Rahmenberechnung wird wie bei dem ausführlich behandelten Zahlenbeispiel S. 18 bis 22 durchgeführt und liefert für das Einspannmoment des Bodenquerträgers den Wert

$$M_E = -2{,}734 + e \cdot [0{,}046\,173\, q_I - 0{,}077\,026\, q_{II} - 0{,}030\,608\, q_{III}] \text{ mt}.$$

Mit Hilfe dieses Wertes lassen sich die Durchbiegungen des Querträgers an den Kreuzungsstellen mit den Längsträgern *I*, *II* und *III* berechnen. Das geschieht am zweckmäßigsten, indem man die Gleichung der elastischen Linie des Querträgers aufstellt. Man erhält für die Durchbiegung des Querträgers

I. am Mittelträger:

$$y^I = [104{,}7 - 3{,}4011\, q_I - 5{,}3293\, q_{II} - 1{,}8292\, q_{III}] \cdot 10^{-4}\ \text{m};$$

II. am Seitenträger:

$$y^{II} = [84{,}17 - 2{,}6648\, q_I - 4{,}32405\, q_{II} - 1{,}51497\, q_{III}] \cdot 10^{-4}\ \text{m};$$

III. an der Randplatte:

$$y^{III} = [29{,}66 - 0{,}9144\, q_I - 1{,}5216\, q_{II} - 0{,}59198\, q_{III}] \cdot 10^{-4}\ \text{m}.$$

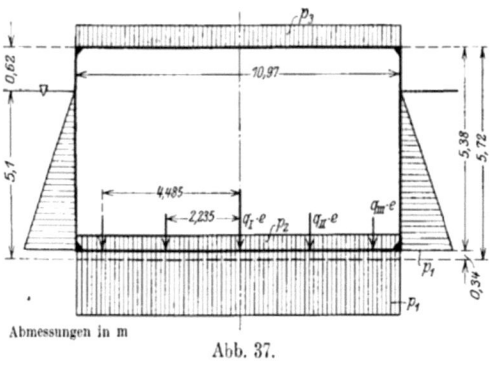

Abmessungen in m

Abb. 37.

Diese drei Gleichungen entsprechen dem Gleichungssystem (15) (S. 31); man hat damit die zur Berechnung des Trägernetzes erforderlichen Größen $\left|\eta_k, \mu_k, \nu_k, o_k\right|_{k=I}^{k=III}$ gewonnen. Nachstehend sind diese Größen tabellarisch zusammengestellt.

| $k$ | $\eta_k$ | $\mu_k$ | $\nu_k$ | $o_k$ | |
|---|---|---|---|---|---|
| I | 104,7 | 3,4011 | 5,3293 | 1,8292 | |
| II | 84,17 | 2,6648 | 4,32405 | 1,51497 | $\cdot 10^{-4}$ m |
| III | 29,66 | 0,9144 | 1,5216 | 0,59198 | |

## Untersuchung I.

### Bodenkonstruktion bestehend aus dem Mittelträger und 26 Querträgern.

Da $q_{II}$ und $q_{III} = 0$, so braucht man nur die Werte

$$\eta_I = 104{,}7 \cdot 10^{-4}\ \text{m}; \qquad \mu_I = 3{,}4011 \cdot 10^{-4}\ \text{m}.$$

126 Zahlenbeispiele.

Ferner ist
$$\varrho_I = \frac{1}{EJ_I} = 0{,}087\,51 \cdot 10^{-4}\ 1/\text{tm}^2.$$

Mit Hilfe von Gl. (37) ergibt sich
$$\alpha = 0{,}2832\ 1/\text{m},$$
$$\lambda = \alpha \cdot L = 4{,}5114.$$

Bestimmung der Integrationskonstanten.

a) **Mittelträger frei aufliegend.**

Gl. (48), (49) liefern  $A_1 = 7{,}0477 \cdot 10^{-4}$ m,
$B_1 = -8{,}4359 \cdot 10^{-4}$ m.

b) **Mittelträger vollkommen eingespannt.**

Gl. (52), (53) liefern  $A_1 = -1{,}7599 \cdot 10^{-4}$ m,
$B_1 = -15{,}801 \cdot 10^{-4}$ m.

Berechnung der elastischen Größen des Mittelträgers.

Die elastischen Größen des Mittelträgers $y_I$, $M_I$, $Q_I$, $q_I$ gehen mit Hilfe der gefundenen Integrationskonstanten und sonstigen Größen aus Gl. (54) bis (57) hervor. Die Berechnungsordinaten liegen im Abstand von drei Querträgern. Die Ergebnisse sind:

a) **Mittelträger frei aufliegend**[1]).

| $x$ m | $y_I$ cm | $M_I$ mt | $Q_I$ t | $q_I$ t/m |
|---|---|---|---|---|
| 0 | 1,188 | 30,926 | 0 | −4,144 |
| 0,885 | 1,177 | 32,534 | 3,579 | −3,831 |
| 2,665 | 1,084 | 43,927 | 8,938 | −1,102 |
| 4,425 | 0,873 | 57,75 | −5,482 | 5,124 |
| 6,195 | 0,507 | 54,412 | −12,423 | 15,917 |
| 7,965 | 0 | 0 | −53,392 | 30,784 |

b) **Mittelträger vollkommen eingespannt**[1]).

| $x$ m | $y_I$ cm | $M_I$ mt | $Q_I$ t | $q_I$ t/m |
|---|---|---|---|---|
| 0 | 1,012 | 57,926 | 0 | 1,035 |
| 0,885 | 0,992 | 57,478 | −1,089 | 1,621 |
| 2,665 | 0,834 | 51,125 | −7,427 | 6,257 |
| 4,425 | 0,5435 | 24,412 | −25,464 | 14,802 |
| 6,195 | 0,193 | −48,083 | −60,777 | 25,041 |
| 7,965 | 0 | −200,453 | −111,637 | 30,784 |

In Abb. 38 sind diese Ergebnisse graphisch dargestellt.

---

[1]) Koordinatenanfang ist die Mitte des Mittelträgers.

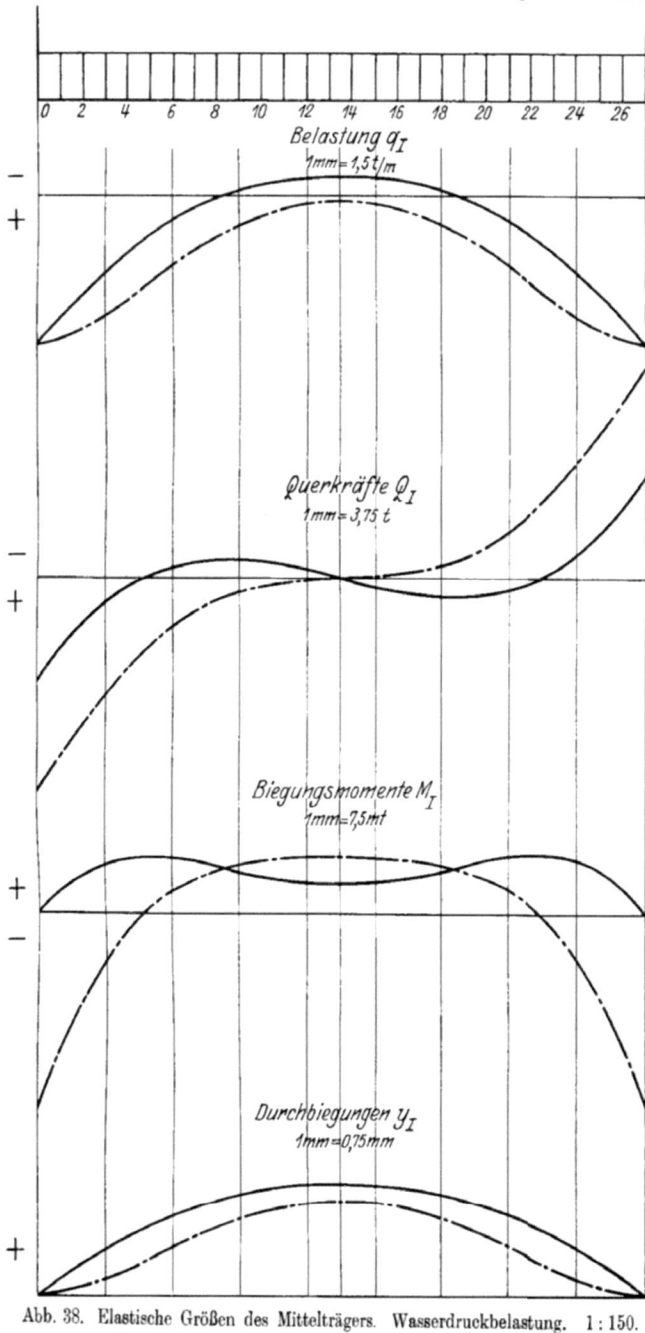

Abb. 38. Elastische Größen des Mittelträgers. Wasserdruckbelastung. 1 : 150.
——— Mittelträger frei aufliegend, —·—·— Mittelträger vollkommen eingespannt.

Die Richtigkeit der Rechnung läßt sich durch Einsetzen von $q_I$ in die Gleichung der Durchbiegung des Querträgers am Mittelträger ($y'$) kontrollieren ($q_{II}$ und $q_{III}$ wieder gleich Null gesetzt). Es müssen sich dann dieselben Werte wie für die Durchbiegung des Mittelträgers ($y_I$) an der betreffenden Stelle ergeben. Eine weitere Kontrolle erhält man, wenn man aus der Belastungskurve $q_I$ des Mittelträgers graphisch die $Q_I$-, $M_I$- und $y_I$-Kurve bestimmt.

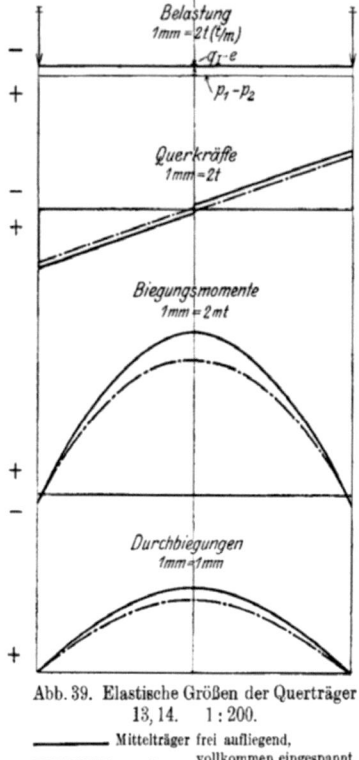

Abb. 39. Elastische Größen der Querträger 13, 14.   1 : 200.
────── Mittelträger frei aufliegend,
── ── ──    „    vollkommen eingespannt.

**Elastische Größen der am ungünstigsten beanspruchten Querträger.**

Am ungünstigsten sind die Querträger 13 und 14 beansprucht, die ungefähr in der Mitte zwischen den Querschotten liegen (vgl. Abb. 38). Hier treten nämlich die kleinsten Werte von $q_I$ auf; bei frei aufliegendem Mittelträger wird $q_I$ sogar negativ, so daß die beiden Querträger durch den Mittelträger zusätzlich belastet werden.

Es ergeben sich für $Z_{13,14}$, $Q_{13,14}$, $M_{13,14}$, $y_{13,14}$ folgende Zahlenwerte:

a) **Mittelträger frei aufliegend**[1])[2]).

| $z$ m | $Z_{13,14} = q^{13,14} \cdot e$ t | $Q_{13,14}$ t | $M_{13,14}$ mt | $y_{13,14}$ cm |
|---|---|---|---|---|
| 0 | — | 16,538 | − 2,843 | 0 |
| 5,485 | − 2,36 | 1,18 | 45,749 | 1,183 |

[1]) Koordinatenanfang ist der linke Auflagerpunkt.
[2]) Das rechnungsmäßig sich ergebende Vorzeichen von $Z_{13,14} = q^{13,14} \cdot e$ entspricht nicht der tatsächlichen Richtung dieser Kräfte und müßte umgekehrt werden. Das rührt daher, daß $Z_{13,14}$ in den Durchbiegungsgleichungen der Querträger mit dem richtigen (normalerweise) negativen Vorzeichen angesetzt ist, so daß die Lösung ein positives Vorzeichen ergeben muß.

b) **Mittelträger vollkommen eingespannt**[1]).

| $z$ m | $Z_{13,14} = q^{13,14} \cdot e$ t | $Q_{13,14}$ t | $M_{13,14}$ mt | $y_{13,14}$ cm |
|---|---|---|---|---|
| 0 | — | 15,033 | −2,704 | 0 |
| 5,485 | 0,649 | 0,325 | 37,633 | 1,01 |

Diese beiden Querträger sind auch hinsichtlich der Querkräfte am ungünstigsten beansprucht; denn der am Querträger 1 auftretende Höchstwert von $q_I$ ruft bei frei aufliegendem bzw. vollkommen eingespanntem Mittelträger eine Querkraft von nur 7,55 t bzw. 8,91 t hervor.

Die elastischen Größen der Querträger 13, 14 sind in Abb. 39 graphisch dargestellt.

## Untersuchung II.

### Bodenkonstruktion bestehend aus dem Mittelträger, zwei symmetrisch zur Mitte gelegenen Seitenträgern und 26 Querträgern.

$q_{III}$ wird gleich Null gesetzt, so daß von folgenden Größen auszugehen ist:

$$\eta_I = 104{,}7 \cdot 10^{-4}\,\text{m}; \qquad \eta_{II} = 84{,}17 \cdot 10^{-4}\,\text{m},$$
$$\mu_I = 3{,}4011 \cdot 10^{-4}\,\text{m}; \qquad \mu_{II} = 2{,}6648 \cdot 10^{-4}\,\text{m},$$
$$\nu_I = 5{,}3293 \cdot 10^{-4}\,\text{m}; \qquad \nu_{II} = 4{,}32405 \cdot 10^{-4}\,\text{m},$$
$$\varrho_I = 0{,}08751 \cdot 10^{-4}\,1/\text{tm}^2; \ \varrho_{II} = 0{,}2736 \cdot 10^{-4}\,1/\text{tm}^2.$$

Aus Gl. (91) wird $\alpha_I$ und $\alpha_{II}$ errechnet:

$$\alpha_I = 0{,}26044\ 1/\text{m}; \qquad \alpha_{II} = 0{,}8956\ 1/\text{m},$$
$$\lambda_I = 4{,}1488\ 1/\text{m}; \qquad \lambda_{II} = 14{,}2669\ 1/\text{m}.$$

Ferner sind die Hilfsgrößen $\sigma_I, \sigma_{II}$ aus Gl. (94, 95) und $\tau, \tau'$ aus Gl. (106), (109) zu ermitteln.

$$\sigma_I = 0{,}7914; \qquad \sigma_{II} = -1{,}9748,$$
$$\tau = 105{,}174 \cdot 10^{-4}\,\text{m}; \quad \tau' = -0{,}474 \cdot 10^{-4}\,\text{m}.$$

### Bestimmung der Integrationskonstanten.

a) **Längsträger frei aufliegend.**

Gl. (107), (108), (110) und (111) liefern

$$A_1 = 6{,}58671 \cdot 10^{-4}\,\text{m}; \quad A_3 = 2{,}49528 \cdot 10^{-8}\,\text{m},$$
$$B_1 = -11{,}58228 \cdot 10^{-4}\,\text{m}; \ B_3 = 2{,}84222 \cdot 10^{-8}\,\text{m}.$$

---

[1]) Siehe Fußnoten S. 128.

130    Zahlenbeispiele.

a) **Längsträger vollkommen eingespannt.**

Gl. (112) bis (115) liefern

$A_1 = -5,63061 \cdot 10^{-4}$ m; $\quad A_3 = 5,3375 \cdot 10^{-5}$ m,
$B_1 = -18,53021 \cdot 10^{-4}$ m; $\quad B_3 = 0,34695 \cdot 10^{-8}$ m.

Berechnung der elastischen Größen der Längsträger.

Aus Gl. (116) bis (123) ergeben sich die elastischen Größen des Mittelträgers und der Seitenträger, wie folgt:

a) **Längsträger frei aufliegend.**

| $x$ m | $y_I$ cm | $M_I$ mt | $Q_I$ t | $q_I$ t/m | $y_{II}$ cm | $M_{II}$ mt | $Q_{II}$ t | $q_{II}$ t/m |
|---|---|---|---|---|---|---|---|---|
| 0 | 1,179 | 35,898 | 0 | −2,785 | 0,946 | 9,097 | 0 | −0,692 |
| 0,885 | 1,166 | 36,966 | 2,386 | −2,535 | 0,936 | 9,362 | 0,59 | −0,621 |
| 2,665 | 1,062 | 44,407 | 5,313 | −0,326 | 0,854 | 11,175 | 1,283 | −0,08 |
| 4,425 | 0,839 | 51,992 | 1,779 | 5,074 | 0,677 | 13,152 | 0,721 | 0,739 |
| 6,195 | 0,475 | 43,423 | −13,621 | 12,072 | 0,389 | 12,567 | −2,017 | 3,02 |
| 7,965 | 0 | 0 | −34,232 | 8,177 | 0 | 0 | −15,552 | 14,404 |

b) **Längsträger vollkommen eingespannt.**

| $x$ m | $y_I$ cm | $M_I$ mt | $Q_I$ t | $q_I$ t/m | $y_{II}$ cm | $M_{II}$ mt | $Q_{II}$ t | $q_{II}$ t/m |
|---|---|---|---|---|---|---|---|---|
| 0 | 0,934 | 57,446 | 0 | 2,337 | 0,753 | 14,544 | 0 | 0,619 |
| 0,885 | 0,915 | 56,506 | −2,184 | 2,746 | 0,737 | 14,295 | −0,618 | 0,722 |
| 2,665 | 0,761 | 46,92 | −9,587 | 6,139 | 0,615 | 11,809 | −2,432 | 1,449 |
| 4,425 | 0,485 | 17,585 | −25,632 | 12,418 | 0,397 | 4,765 | −5,92 | 2,611 |
| 6,195 | 0,168 | −50,148 | −51,948 | 15,686 | 0,144 | −11,097 | −13,109 | 6,46 |
| 7,965 | 0 | −163,279 | −73,197 | 8,177 | 0 | −49,023 | −32,302 | 14,404 |

Abb. 40 gibt die graphische Darstellung dieser Ergebnisse wieder.
Die Kontrollen für die Richtigkeit der Rechnung sind dieselben wie bei Untersuchung I.

**Elastische Größen der am ungünstigsten beanspruchten Querträger.**

Auch hier sind die Querträger 13 und 14 am ungünstigsten beansprucht. Die Rechnung liefert folgende Werte für die elastischen Größen:

a) **Längsträger frei aufliegend.**

| $z$ m | $Z_{13,14} = q^{13,14} \cdot e$ t | $Q_{13,14}$ t | $M_{13,14}$ mt | $y_{13,14}$ cm |
|---|---|---|---|---|
| 0 | — | 16,577 | −2,84 | 0 |
| 3,25 | −0,407 | 7,477 / 7,07 | 36,248 | 0,944 |
| 5,485 | −1,623 | 0,812 | 46,875 | 1,177 |

## b) Längsträger vollkommen eingespannt.

| $z$ m | $Z_{13,14} = q^{13.14} \cdot e$ t | $Q_{13,14}$ t | $M_{13,14}$ mt | $y_{13,14}$ cm |
|---|---|---|---|---|
| 0 | — | 14,242 | −2,637 | 0 |
| 3,25 | 0,378 | 5,142 / 5,52 | 28,862 | 0,748 |
| 5,485 | 1,475 | −0,738 | 32,516 | 0,929 |

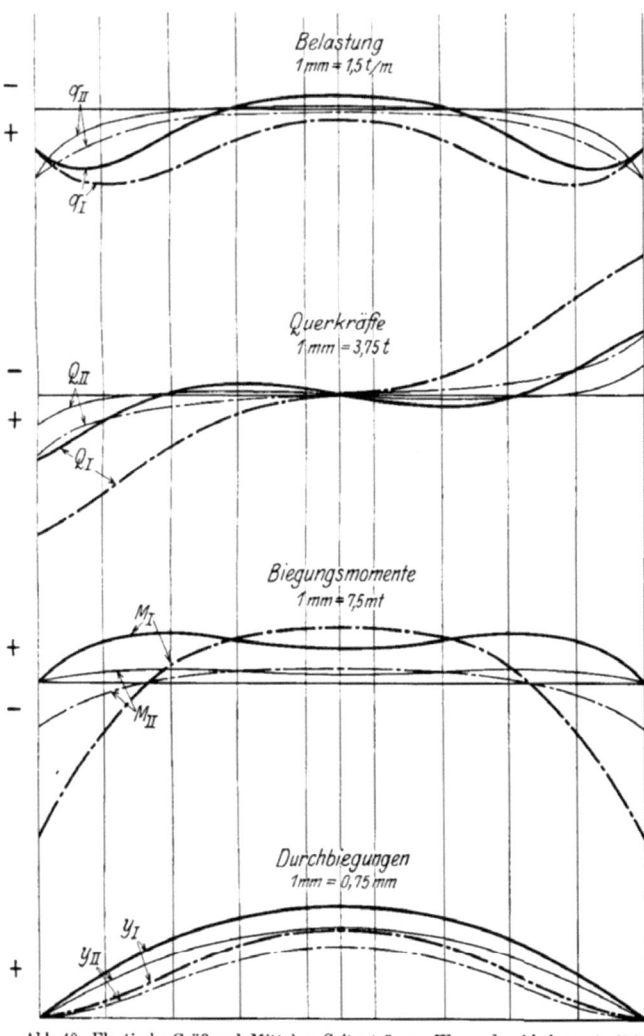

Abb. 40. Elastische Größen d. Mittel- u. Seitenträgers. Wasserdruckbelast. 1:150.
——— Längsträger frei aufliegend.   — · — · — Längsträger vollkommen eingespannt.

An diesen beiden Querträgern treten auch die größten Querkräfte auf, wovon man sich durch Vergleich mit den etwa in Frage kommenden Querträgern 1 und 3 leicht überzeugen kann.

Graphische Darstellung dieser Ergebnisse in Abb. 41.

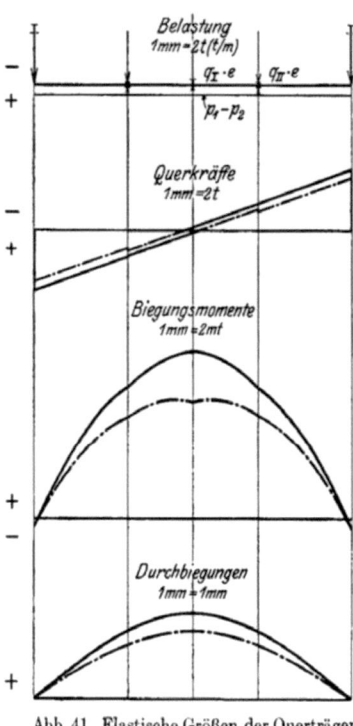

Abb. 41. Elastische Größen der Querträger 13, 14.   1 : 200.
——————  Längsträger frei aufliegend,
— · — · —  „  vollkommen eingespannt.

## Untersuchung III.

**Bodenkonstruktion bestehend aus dem Mittelträger, den beiden Randplatten und 26 Querträgern.**

Diese Untersuchung ist im Prinzip dieselbe wie II, nur wird hier $q_{II} = 0$ gesetzt. Es ist

$\eta_I = 104{,}7 \cdot 10^{-4}$ m,
$\mu_I = 3{,}4011 \cdot 10^{-4}$ m,
$o_I = 1{,}8292 \cdot 10^{-4}$ m,
$\varrho_I = 0{,}08751 \cdot 10^{-4}$ 1/tm²,
$\eta_{III} = 29{,}66 \cdot 10^{-4}$ m,
$\mu_{III} = 0{,}9144 \cdot 10^{-4}$ m,
$o_{III} = 0{,}59198 \cdot 10^{-2}$ m,
$\varrho_{III} = 0{,}24162 \cdot 10^{-4}$ 1/tm².

Hieraus

$\alpha_I = 0{,}27957$ 1/m,
$\lambda_I = 4{,}4536$,
$\alpha_{II} = 0{,}8926$ 1/m,
$\lambda_{II} = 14{,}219$.

Ferner    $\sigma_I = 0{,}271606$;    $\sigma_{II} = -5{,}081727$,
$\tau = 104{,}9284 \cdot 10^{-4}$ m;    $\tau' = -0{,}2284 \cdot 10^{-4}$ m.

### Bestimmung der Integrationskonstanten.

a) Längsträger frei aufliegend.

$A_1 = 7{,}02524 \cdot 10^{-4}$ m;    $A_3 = 1{,}26509 \cdot 10^{-8}$ m,
$B_1 = -8{,}91709 \cdot 10^{-4}$ m;    $B_3 = 1{,}37306 \cdot 10^{-8}$ m.

b) Längsträger vollkommen eingespannt.

$A_1 = -2{,}30237 \cdot 10^{-4}$ m;    $A_3 = 2{,}638145 \cdot 10^{-8}$ m,
$B_1 = -16{,}26579 \cdot 10^{-4}$ m;    $B_3 = 0{,}10797 \cdot 10^{-8}$ m.

Berechnung der elastischen Größen der Längsträger.

a) Längsträger frei aufliegend.

| $x$ m | $y_I$ cm | $M_I$ mt | $Q_I$ t | $q_I$ t/m | $y_{III}$ cm | $M_{III}$ mt | $Q_{III}$ t | $q_{III}$ t/m |
|---|---|---|---|---|---|---|---|---|
| 0 | 1,1875 | 31,854 | 0 | − 3,931 | 0,3352 | 3,143 | 0 | − 0,373 |
| 0,885 | 1,177 | 33,333 | 3,362 | − 3,631 | 0,332 | 3,283 | 0,317 | − 0,334 |
| 2,665 | 1,082 | 44,145 | 7,93 | − 0,968 | 0,306 | 4,272 | 0,715 | − 0,094 |
| 4,425 | 0,867 | 56,908 | 4,741 | 5,303 | 0,248 | 5,592 | 0,767 | − 0,024 |
| 6,195 | 0,499 | 52,059 | − 13,205 | 15,304 | 0,148 | 6,783 | 0,198 | 1,482 |
| 7,965 | 0 | 0 | − 47,805 | 22,673 | 0 | 0 | − 11,901 | 15,082 |

b) Längsträger vollkommen eingespannt.

| $x$ m | $y_I$ cm | $M_I$ mt | $Q_I$ t | $q_I$ t/m | $y_{III}$ cm | $M_{III}$ mt | $Q_{III}$ t | $q_{III}$ t/m |
|---|---|---|---|---|---|---|---|---|
| 0 | 1,001 | 58,114 | 0 | 1,271 | 0,284 | 5,717 | 0 | 0,155 |
| 0,885 | 0,9814 | 57,56 | − 1,275 | 1,817 | 0,279 | 5,651 | − 0,152 | 0,207 |
| 2,665 | 0,823 | 50,617 | − 7,863 | 6,304 | 0,236 | 4,907 | − 0,777 | 0,508 |
| 4,425 | 0,534 | 23,128 | − 25,206 | 14,613 | 0,158 | 2,611 | − 1,931 | 0,883 |
| 6,195 | 0,19 | − 50,277 | − 59,496 | 22,591 | 0,0613 | − 3,269 | − 5,825 | 4,847 |
| 7,965 | 0 | − 200,232 | − 100,463 | 22,674 | 0 | − 26,944 | − 24,28 | 15,082 |

Diese Ergebnisse sind in Abb. 42 graphisch dargestellt.

Kontrollen wie früher!

### Elastische Größen der am ungünstigsten beanspruchten Querträger.

Die Querträger 13 und 14 haben wieder die größten Biegungsmomente und Querkräfte aufzunehmen. Die zahlenmäßigen Ergebnisse der Rechnung sind folgende:

a) Längsträger frei aufliegend.

| $z$ m | $Z_{13,14} = q^{13,14} \cdot e$ t | $Q_{13,14}$ t | $M_{13,14}$ mt | $y_{13,14}$ cm |
|---|---|---|---|---|
| 0 | — | 16,7 | − 2,855 | 0 |
| 1,00 | − 0,212 | 13,9<br>13,688 | 12,45 | 0,334 |
| 5,485 | − 2,26 | 1,13 | 47,576 | 1,184 |

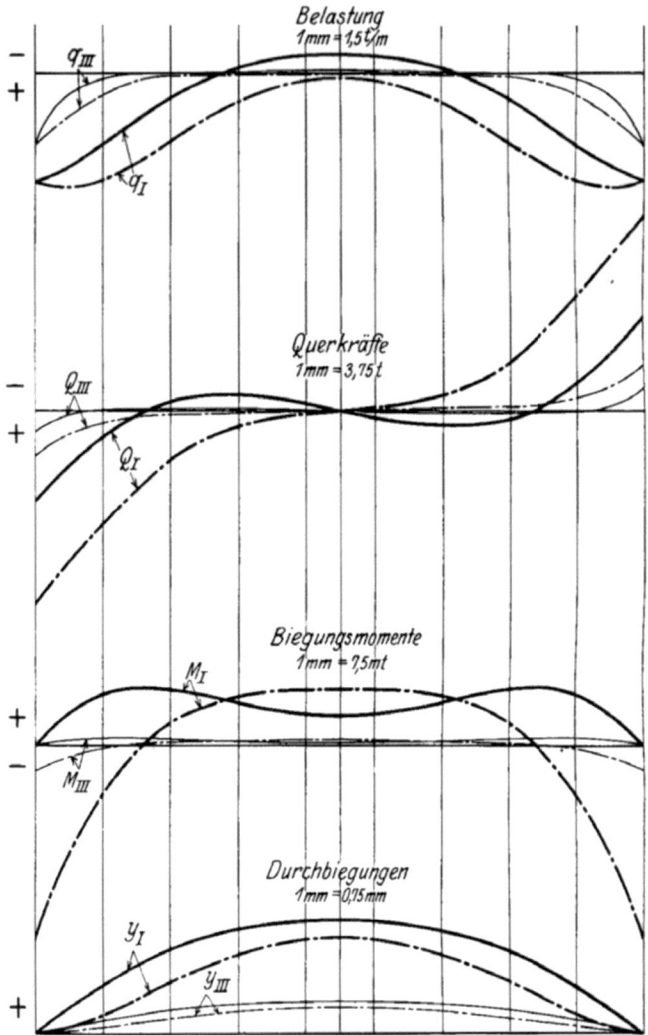

Abb. 42. Elastische Größen des Mittelträgers und der Randplatte. Wasserdruckbelastung.

1 : 150.

———— Längsträger frei aufliegend,
— · — · — ,,  vollkommen eingespannt.

### b) Längsträger vollkommen eingespannt.

| $z$ m | $Z_{13,14} = q^{13,14} \cdot e$ t | $Q_{13,14}$ t | $M_{13,14}$ mt | $y_{13,14}$ cm |
|---|---|---|---|---|
| 0 | — | 14,828 | −2,687 | 0 |
| 1,00 | 0,102 | 12,028 / 12,13 | 10,741 | 0,282 |
| 5,485 | 0,856 | −0,428 | 36,068 | 0,994 |

Graphische Darstellung siehe Abb. 43.

### Untersuchung IV.

**Bodenkonstruktion bestehend aus dem Mittelträger und 26 Querträgern, auf dem Mittelträger zwei symmetrisch zur Mitte angeordnete Raumstützen.**

Die Bodenkonstruktion ist von unten durch den Wasserdruck und von oben durch die Raumstützen belastet. Den Fall der Wasserdruckbelastung behandelt Untersuchung I; über diesen ist der hier zu untersuchende Fall der Belastung durch die beiden Stützenkräfte zu lagern.

Abb. 44 zeigt die Anordnung der Raumstützen. Die Größe einer Stützenkraft berechnet sich aus der mutmaßlich durch die Stütze übertragenen Decksbelastung bei einem Belastungsfeld von 33,8 m² Fläche und einer Belastung von 1,2 tm² (einschließlich Eigengewicht des Decks) zu

$$P_1 = -40 \text{ t}.$$

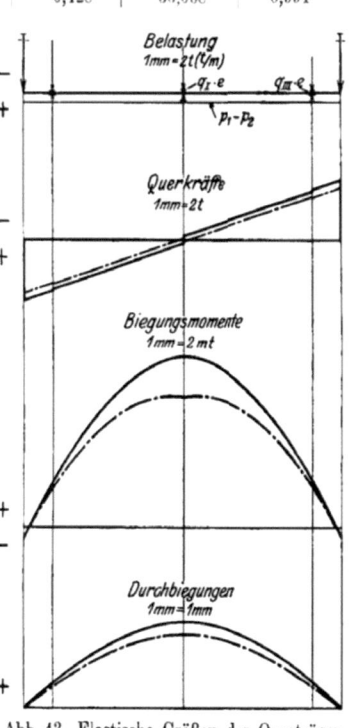

Abb. 43. Elastische Größen der Querträger 13, 14. 1 : 200.
—— Längsträger frei aufliegend,
- - - - „ vollkommen eingespannt.

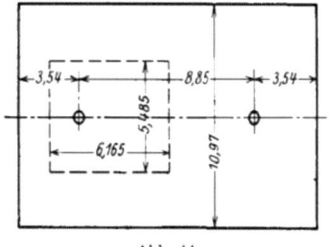

Abb. 44.

136    Zahlenbeispiele.

Nach den Erörterungen auf S. 37 ff. gilt hier derselbe Wert $\alpha$ wie bei Wasserdruckbelastung, nämlich

$$\alpha = 0{,}2832 \ 1/\mathrm{m},$$
$$\lambda = \alpha \cdot L = 4{,}512; \qquad \alpha_1 = \alpha \cdot a_1 = 1{,}003.$$

Bestimmung der Integrationskonstanten,
a) **Mittelträger frei aufliegend.**

Gl. (296), (297) liefern

$$A_1 = -9{,}00263 \cdot 10^{-4} \ \mathrm{m}; \qquad B_1 = -2{,}59044 \cdot 10^{-4} \ \mathrm{m}.$$

Ferner ergibt sich aus Gl. (298) bis (301)

$$A_1' = 0{,}10821 \cdot 10^{-4} \ \mathrm{m}; \qquad A_2' = -18{,}2879 \cdot 10^{-4} \ \mathrm{m},$$
$$B_1' = -2{,}36696 \cdot 10^{-4} \ \mathrm{m}; \qquad B_2' = -22{,}55741 \cdot 10^{-4} \ \mathrm{m}.$$

b) **Mittelträger vollkommen eingespannt.**

Gl. (305) bis (307) liefern

$$B_1 = -2{,}54154 \cdot 10^{-4} \ \mathrm{m}; \qquad B_2 = 21{,}05671 \cdot 10^{-4} \ \mathrm{m},$$
$$A_1 = -9{,}25759 \cdot 10^{-4} \ \mathrm{m}.$$

Aus Gl. (308) bis (311)

$$A_1' = -0{,}15326 \cdot 10^{-4} \ \mathrm{m}; \qquad A_2' = -10{,}92529 \cdot 10^{-4} \ \mathrm{m},$$
$$B_1' = -1{,}7092 \cdot 10^{-4} \ \mathrm{m}; \qquad B_2' = -17{,}97195 \cdot 10^{-4} \ \mathrm{m}.$$

**Berechnung der elastischen Größen des Mittelträgers bei der Belastung durch die Stützenkräfte.**

Die elastischen Größen des Mittelträgers werden aus den Formeln (231) bis (242) berechnet. Die Bezeichnungen linkes und rechtes Trägerstück sind auf S. 92 erklärt. Koordinatenanfang für das linke Trägerstück ist die linke Auflagerstelle, für das rechte die linke Laststelle. Die Berechnungsordinaten sind dieselben wie bei Wasserdruckbelastung (Untersuchung I).

Die Rechnung liefert folgende Ergebnisse:

a) **Mittelträger frei aufliegend.**

| $x$ m | $y_l$ cm | $M_l$ mt | $Q_l$ t | $q_l$ t/m |
|---|---|---|---|---|
| 0 | 0 | 0 | $-6{,}656$ | 0 |
| 1,77 | $-0{,}111$ | $-13{,}533$ | $-9{,}604$ | 3,25 |
| 3,54 | $-0{,}182$ | $-37{,}009$ | $-17{,}507$ | 5,345 |
| 0 | $-0{,}182$ | $-37{,}009$ | 22,485 | 5,345 |
| 1,77 | $-0{,}18$ | $-5{,}781$ | 12,842 | 5,293 |
| 3,54 | $-0{,}159$ | 9,028 | 4,056 | 4,665 |
| 4,425 | $-0{,}155$ | 10,811 | 0 | 4,559 |

b) **Mittelträger vollkommen eingespannt.**

| $x$ | $y_I$ | $M_I$ | $Q_I$ | $q_I$ |
|---|---|---|---|---|
| m | cm | mt | t | t/m |
| 0 | 0 | 43,256 | − 19,22 | 0 |
| 1,77 | − 0,0437 | 8,867 | − 20,043 | 1,284 |
| 3,54 | − 0,111 | − 29,81 | − 24,185 | 3,257 |
| 0 | − 0,111 | − 29,81 | 15,806 | 3,257 |
| 1,77 | − 0,126 | − 7,367 | 9,438 | 3,709 |
| 3,54 | − 0,119 | 3,643 | 3,051 | 3,489 |
| 4,425 | − 0,117 | 4,987 | 0 | 3,441 |

Übereinanderlagerung der elastischen Größen des Mittelträgers für Wasserdruck- und Stützenbelastung.

Bei dieser Übereinanderlagerung ist zu beachten, daß bei Wasserdruckbelastung der Koordinatenanfang in der Trägermitte liegt. In nachstehender Zusammenstellung zählen die Abszissen wie bei der Stützenbelastung. Ferner ist zu beachten, daß bei der Wasserdruckbelastung die elastischen Größen für die rechte Hälfte des Mittelträgers gelten; es ist daher bei der Übereinanderlagerung das Vorzeichen von $Q_I$ (bei Wasserdruckbelastung) umzukehren.

Es ergeben sich bei gemeinsamer Belastung durch den Wasserdruck und die beiden Stützenkräfte folgende Werte für die elastischen Größen des Mittelträgers:

a) **Mittelträger frei aufliegend.**

| $x$ | $y_I$ | $M_I$ | $Q_I$ | $q_I$ |
|---|---|---|---|---|
| m | cm | mt | t | t/m |
| 0 | 0 | 0 | 46,736 | 30,784 |
| 1,77 | 0,396 | 40,879 | 2,819 | 19,167 |
| 3,54 | 0,691 | 20,741 | − 22,989 | 10,469 |
| 0 | 0,691 | 20,741 | 17,003 | 10,469 |
| 1,77 | 0,904 | 38,146 | 3,938 | 4,191 |
| 3,54 | 1,018 | 41,562 | 0,477 | 0,834 |
| 4,425 | 1,033 | 41,737 | 0 | 0,415 |

b) **Mittelträger vollkommen eingespannt.**

| $x$ | $y_I$ | $M_I$ | $Q_I$ | $q_I$ |
|---|---|---|---|---|
| m | cm | mt | t | t/m |
| 0 | 0 | − 157,197 | 92,417 | 30,784 |
| 1,77 | 0,149 | − 39,216 | 40,734 | 26,325 |
| 3,54 | 0,433 | − 5,398 | 1,279 | 18,059 |
| 0 | 0,433 | − 5,398 | 41,27 | 18,059 |
| 1,77 | 0,708 | 43,758 | 16,865 | 9,966 |
| 3,54 | 0,873 | 61,121 | 4,14 | 5,11 |
| 4,425 | 0,895 | 62,913 | 0 | 4,476 |

138  Zahlenbeispiele.

In Abb. 45 sind diese Ergebnisse graphisch dargestellt.

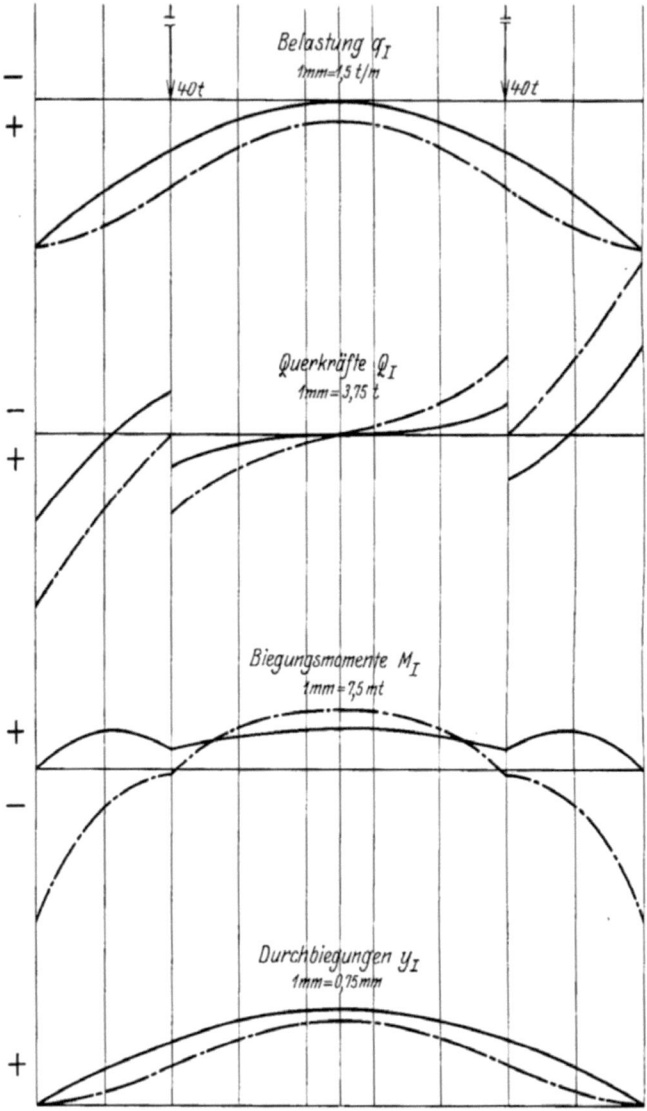

Abb. 45. Elastische Größen des Mittelträgers. Belastung durch Wasserdruck und Stützenkräfte.
1 : 150.

——————— Mittelträger frei aufliegend,  —··—··—··— Mittelträger vollkommen eingespannt.

### Elastische Größen der am ungünstigsten beanspruchten Querträger.

Auch hier treten an den Querträgern 13 und 14 die größten Biegungsmomente und Querkräfte auf. Man erhält folgende Zahlenwerte:

#### a) Mittelträger frei aufliegend.

| $z$ m | $Z_{13,14} = q^{13,14} \cdot e$ t | $Q_{13,14}$ t | $M_{13,14}$ mt | $y_{13,14}$ cm |
|---|---|---|---|---|
| 0 | — | 15,196 | − 2,719 | 0 |
| 5,485 | 0,325 | − 0,162 | 38,412 | 1,028 |

#### b) Mittelträger vollkommen eingespannt.

| $z$ m | $Z_{13,14} = q^{13,14} \cdot e$ t | $Q_{13,14}$ t | $M_{13,14}$ mt | $y_{13,14}$ cm |
|---|---|---|---|---|
| 0 | — | 13,971 | − 2,606 | 0 |
| 5,485 | 2,773 | − 1,337 | 31,906 | 0,887 |

Graphische Darstellung siehe Abb. 46.

## Zusammenstellung der Ergebnisse.

Tabelle 1 zeigt die maximalen Biegungsmomente der Längsträger in den vier Untersuchungen. Für vollkommen eingespannte Längsträger sind außer den Einspannmomenten auch die maximalen Momente zwischen den Querschotten angegeben. Den Momenten sind die betreffenden Biegungsspannungen beigefügt, um die Ergebnisse dem Praktiker näherzubringen.

In Tabelle 2 sind die maximalen Querkräfte der Längsträger nebst den zugehörigen Schubspannungen in der neutralen Faser zusammengestellt. (Für die Träger mit

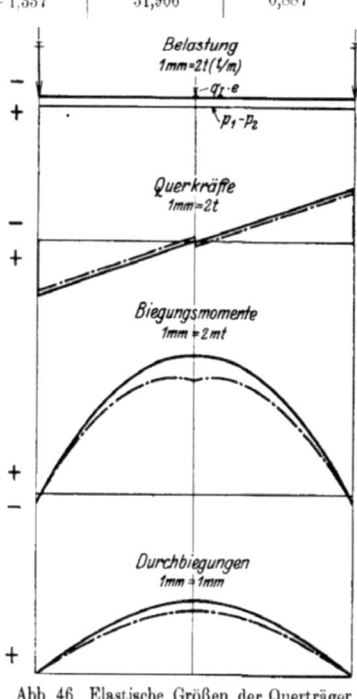

Abb. 46. Elastische Größen der Querträger 13, 14. 1 : 200.
—————— Mittelträger frei aufliegend,
------------ „ vollkommen eingespannt.

Erleichterungslöchern ist angenommen, daß die Schubspannungen nur von den durchlaufenden Stegteilen aufgenommen werden.)

1. **Maximale Biegungsmomente und -spannungen der Längsträger.**

| Unters. | Bezeichnung d. Längstr. | $M_I$ mt ($\sigma_I$ kg/cm²) | | $M_{II}$ mt ($\sigma_{II}$ kg/cm²) | | $M_{III}$ mt ($\sigma_{III}$ kg/cm²) | |
|---|---|---|---|---|---|---|---|
| | | frei aufliegend | vollk. eingespannt | frei aufliegend | vollk. eingespannt | frei aufliegend | vollk. eingespannt |
| I | Mittelträger | ~60 (695) | −200,453 (2320) 57,926 (670) | — | — | — | — |
| II | Mittel- und Seitenträger | ~52 (600) | −163,279 (1890) 57,446 (665) | ~14 (490) | −49,023 (1720) 14,544 (510) | — | — |
| III | Mittelträger u. Randplatte | ~59 (685) | −200,232 (2320) 58,114 (670) | — | — | ~7,0 (230) | −26,944 (890) 5,717 (190) |
| IV | Mittelträger mit Stützen | 41,737 (485) | −157,197 (1820) 62,913 (730) | — | — | — | — |

2. **Maximale Querkräfte und Schubspannungen der Längsträger.**

| Unters. | Bezeichnung d. Längstr. | $Q_I$ t ($\tau_I$ kg/cm²) | | $Q_{II}$ t ($\tau_{II}$ kg/cm²) | | $Q_{III}$ t ($\tau_{III}$ kg/cm²) | |
|---|---|---|---|---|---|---|---|
| | | frei aufliegend | vollk. ein. gespannt | frei aufliegend | vollk. ein. gespannt | frei aufliegend | vollk. ein. gespannt |
| I | Mittelträger | 53,392 (630) | 111,637 (1310) | — | — | — | — |
| II | Mittel- und Seitenträger | 34,232 (405) | 73,197 (860) | 15,552 (220) | 32,302 (455) | — | — |
| III | Mittelträger u. Randplatte | 47,805 (575) | 100,463 (1180) | — | — | 11,901 (115) | 24,28 (230) |
| IV | Mittelträger mit Stützen | 46,736 (550) | 92,417 (1090) | — | — | — | — |

Tabelle 3 gibt die maximalen Biegungsmomente und Querkräfte mit den betreffenden Spannungen der am ungünstigsten beanspruchten Querträger 13, 14 in den vier Untersuchungen wieder. Diesen Ergebnissen sind zum Vergleich die Biegungsmomente, Querkräfte usw. gegenübergestellt, die sich ergeben, wenn man die Querträger ohne den Einfluß der Längsträger berechnet, und zwar sind einmal die Querträger nur durch den auf sie entfallenden Streifen der Wasserdruckbelastung belastet gedacht, das andere Mal gleichzeitig durch die Stützenkräfte, die man bei Annahme gleichmäßiger Verteilung der 80 t Stützenkräfte in der Längsrichtung erhält.

3. **Maximale Biegungsmomente, -spannungen, Querkräfte und Schubspannungen der Querträger 13, 14.**

| Unters. | Bezeichnung d. Längstr. | $M_{13,14}$ mt ($\sigma_{13,14}$ kg/cm²) | | $Q_{13,14}$ t ($\tau_{13,14}$ kg/cm²) | |
|---|---|---|---|---|---|
| | | Längstr. frei aufliegend | Längstr. vollk. eingespannt | Längstr. frei aufliegend | Längstr. vollk. eingespannt |
| I | Mittelträger | 45,749 (1180) | 37,633 (970) | 16,538 (245) | 15,033 (220) |
| II | Mittel- und Seitenträger | 46,875 (1210) | 32,516 (840) | 16,577 (245) | 14,242 (210) |
| III | Mittelträger u. Randplatte | 47,576 (1230) | 36,068 (930) | 16,7 (245) | 14,828 (220) |
| IV | Mittelträger mit Stützen | 38,412 (995) | 31,906 (825) | 15,196 (225) | 13,971 (205) |
| Ohne Längsträger, ohne Stützen. | | 42,119 (1085) | | 15,358 (225) | |
| Ohne Längsträger, mit Stützen. | | 31,396 (810) | | 13,877 (203) | |

Um den Einfluß der Seitenträger, Randplatten und Stützen besser zu veranschaulichen, sind nachstehend die prozentualen Verminderungen des maximalen Biegungsmomentes und der maximalen Querkraft des Mittelträgers und der mittleren Querträger gegenüber Untersuchung I angegeben.

Verminderung des maximalen Biegungsmomentes und der maximalen Querkraft des Mittelträgers in %.

| Verminderung von durch | $M_{I\,max}$ um | | $Q_{I\,max}$ um | |
|---|---|---|---|---|
| | Längstr. frei aufliegend | Längstr. vollk. eingespannt | Längstr. frei aufliegend | Längstr. vollk. eingespannt |
| Seitenträger . . . | 13,0 | 18,5 | 36,0 | 34,5 |
| Randplatte . . . | 1,6 | 0,11 | 10,5 | 10,0 |
| Stützen . . . . . | 30,0 | 21,0 | 12,5 | 17,0 |

Verminderung des maximalen Biegungsmomentes und der maximalen Querkraft der mittleren Querträger in %.

| Verminderung von durch | $M_{13,14\,max}$ um | | $Q_{13,14\,max}$ um | |
|---|---|---|---|---|
| | Längstr. frei aufliegend | Längstr. vollk. eingespannt | Längstr. frei aufliegend | Längstr. vollk. eingespannt |
| Seitenträger . . . | − 2,5 | 13,5 | − 0,24 | 5,3 |
| Randplatte . . . | − 4,0 | 4,0 | − 1,6 | 1,35 |
| Stützen . . . . . | 16,0 | 15,0 | 8,0 | 7,0 |

Die maximalen Biegungsmomente und Querkräfte der Querträger nach der Vergleichsrechnung: ohne Längsträger liegen zwischen den Fällen freier Auflagerung und vollkommener Einspannung der Längsträger in den Untersuchungen I bis III (siehe Tab. 3). Die Vergleichungsrechnung: ohne Längsträger, mit Stützen liefert ein maximales Biegungsmoment, das um $\sim 1{,}7\,^0/_0$ kleiner ist als das entsprechende für vollkommen eingespannten Mittelträger mit Stützen (Unters. IV); die maximale Querkraft ist $\sim 0{,}6\,^0/_0$ kleiner als in Unters. IV. Daraus ergibt sich, daß man in diesem Falle die Querträgerbeanspruchungen nach diesen einfachen Rechnungen ermitteln kann; dieser Schluß läßt sich aber nicht verallgemeinern.

Bei alleiniger Belastung der Bodenkonstruktion durch den Wasserdruck erhält man für frei aufliegende Längsträger in den Trägermitten negative $q$-Werte, die zusätzliche Belastungen der Querträger bedeuten. Das maximale Biegungsmoment der mittleren Querträger wird gegenüber der Rechnung ohne Längsträger um folgende Prozentsätze vergrößert:

| Mittelträger | Mittel- und Seitenträger | Mittelträger und Randplatte |
|---|---|---|
| $16\,^0/_0$ | $19\,^0/_0$ | $22\,^0/_0$ |

Daß Seitenträger und Randplatte die Verhältnisse ungünstiger gestalten, rührt daher, daß diese Träger zwar das negative $q_I$ verringern, aber dafür auch negative $q_{II}$ und $q_{III}$ liefern, so daß die Gesamtwirkung ungünstiger wird.

Bei vollkommen eingespanntem Längsträger werden sämtliche $q$-Werte in der Trägermitte positiv. Die Seitenträger bewirken eine erhebliche Verminderung der Längs- und Querträgerbeanspruchungen. Der Einfluß der Randplatte ist hier sowie bei frei aufliegenden Längsträgern sehr gering (vgl. Tab. S. 141). Da die Randplatte sehr nahe an der Außenhaut liegt, wird sie nur wenig durchgebogen und liefert daher nur geringe Kräfte $q_{III}$. Es ist somit angängig, die Randplatte gänzlich zu vernachlässigen, besonders wenn sie sehr schräg steht, da dann ihr Trägheitsmoment klein ist.

Einen günstigen Einfluß haben die Stützen; $q_I$ wird sowohl für frei aufliegenden als auch für vollkommen eingespannten Mittelträger positiv. Der ungünstige Fall, daß $q_I$ in der Mitte zwischen den Stützen das Vorzeichen wechselt, tritt nicht ein (vgl. Abb. 27). Allerdings übertrifft der Einfluß der Stützen nur wenig den der vollkommen eingespannten Seitenträger (S. 141). Die Wirkung der Stützen ist größer bei frei aufliegendem als bei vollkommen eingespanntem Mittelträger, da die Stützen in ersterem Fall eine größere negative Durchbiegung des Mittelträgers hervorrufen.

Die in den Tabellen 1 bis 3 (S. 140 u. 141) angegebenen Spannungen sind nur Vergleichswerte. Um die wirklichen Spannungen zu erhalten, hätte man hierzu die Spannungen infolge der Längsbiegung des Schiffes und infolge der Formänderung eines Plattenfeldes zwischen zwei Längs- und zwei Querträgern zu addieren bzw. zu subtrahieren (vgl. S. 1). Außerdem ist zu beachten, daß sich ein Teilchen der Trägergurtung an einem Kreuzungspunkt zweier Träger infolge der Biegungsspannungen dieser Träger im zweiachsigen Spannungszustand befindet. Die größte Spannung in einem solchen Teilchen ist also unter Berücksichtigung der Querkontraktion zu ermitteln[1]). Immerhin veranschaulichen die in den Tabellen angegebenen Spannungen die Ergebnisse deutlicher als die Momente und Querkräfte.

Die hohen Biegungs- und Schubspannungen an den Enden der vollkommen eingespannten Längsträger, insbesondere des Mittelträgers, lassen erkennen, daß in allen vier Untersuchungen eine vollkommene Einspannung nicht erreicht wird. Die wirklichen Verhältnisse werden vielleicht in der Mitte zwischen vollkommener Einspannung und freier Auflagerung liegen.

Beispiel 2.

## Fracht- und Fahrgastdampfer bei Wasserdruckbelastung.

Schiffsabmessungen:

$L_{PP} = 153,0$ m,
$B = 20,0$ m,
$H_{IV.D} = 7,8$ m,
$T = 9,0$ m,
$V = 20000$ t,

Vierdeckschiff mit Brücke.

Die Abmessungen der Verbandsteile sind dem vorliegenden Klassifikationshauptspant (Abb. 47) entnommen.

Es soll die Bodenkonstruktion des Maschinenraums untersucht werden.

Ladezustand des Schiffes:

Das Schiff ist vollkommen beladen und schwimmt auf seinem größten Tiefgang von 9,0 m. Im Maschinenraum befinden sich $\sim$ 900 t Maschinengewichte.

---

[1]) Föppl, A.: Vorlesungen über Technische Mechanik, Bd. 3, S. 60. 9. Aufl. Leipzig-Berlin 1922.

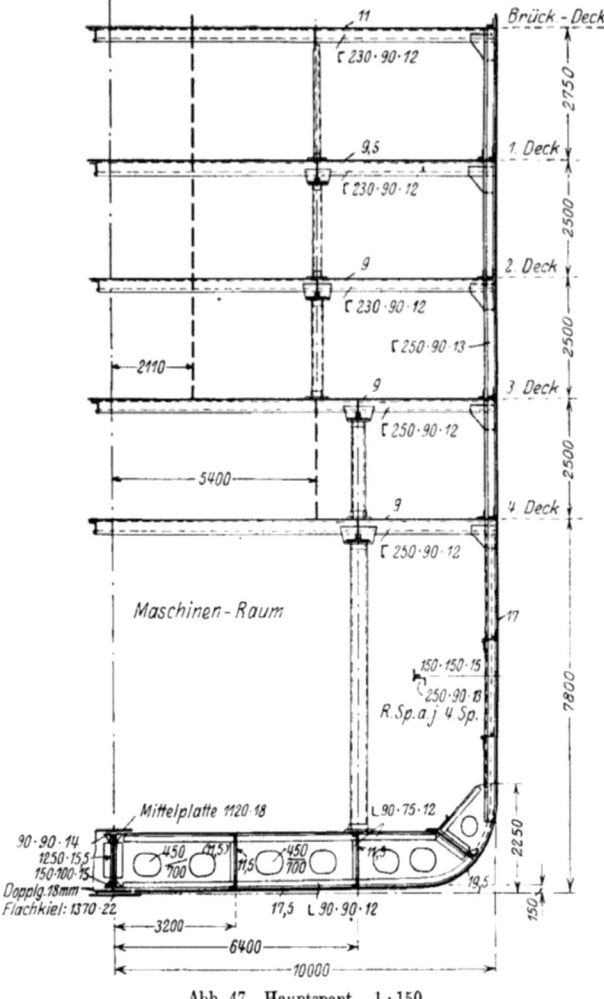

Abb. 47. Hauptspant. 1:150.

Länge des Maschinenraums:

$L = 24,0$ m $= 30$ Spantentfernungen.

Spantentfernung $e = 0,8$ m.

Die Bodenkonstruktion besteht aus dem Mittelträger, 4 symmetrisch zur Mitte gelegenen Seitenträgern und 29 Querträgern. Auf den beiden äußeren Seitenträgern sind je zwei Raumstützen symmetrisch zur Mitte der Seitenträger angeordnet (Abb. 48, 49).

Der Einfluß der sehr schräg stehenden Randplatten wird unter Bezugnahme auf Beispiel 1, Untersuchung III vernachlässigt.

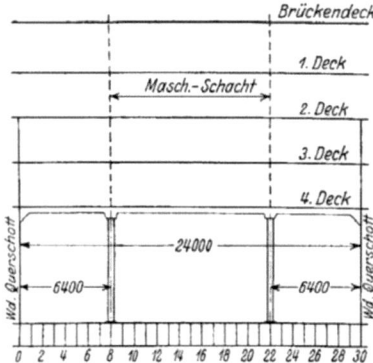

Abb. 48. Längsschnitt. 1:400.

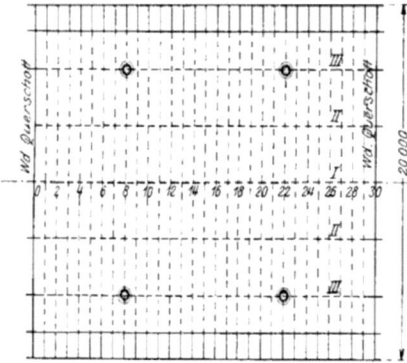

Abb. 49. Doppelbodenansicht. 1:400.

Trägheits- und Widerstandsmomente der Verbandsteile.

| Trägerbezeichnung | $J$ cm⁴ | $W_{min}$ cm³ |
|---|---|---|
| Mittelträger | $21{,}47 \cdot 10^5$ | $22{,}55 \cdot 10^3$ |
| Seitenträger (interkostal) | $6{,}1 \cdot 10^5$ | $7{,}2 \cdot 10^3$ |
| Bodenwrangen (Querträger) | $8{,}795 \cdot 10^5$ | $11{,}25 \cdot 10^3$ |
| Spanten bis IV. D. | $2{,}18 \cdot 10^4$ | $1{,}165 \cdot 10^3$ |
| Spanten über IV. D. | $0{,}965 \cdot 10^4$ | $0{,}434 \cdot 10^3$ |
| Deckbalken III. und IV. D. | $0{,}674 \cdot 10^4$ | $0{,}361 \cdot 10^3$ |

## Rahmenberechnung.

Auf Grund der Ergebnisse des Zahlenbeispiels zur Untersuchung des Einflusses der Stockwerkzahl auf das Einspannmoment des untersten Riegels eines Rahmens[1]) soll der fünfstöckige Rahmen, der den vorliegenden Schiffsquerschnitt darstellt, als Zweistockwerkrahmen berechnet werden. Abb. 50 zeigt diesen Rahmen und seine Belastung.

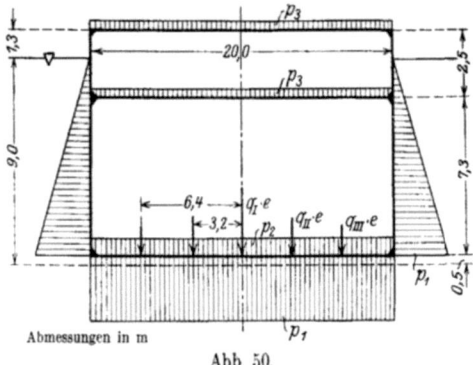

Abb. 50.

Belastung.

|  | Belastung t/m² | Belastung für 1 Rahmen t/m | Bemerkungen |
|---|---|---|---|
| Äußere Bodenbelastung | 9,0 | $p_1 = 7,2$ | |
| Innere Bodenbelastung . | 2,3125 | $p_2 = 1,85$ | Maschinengew. 900 t; Gew. der Doppelbodenkonstrukt. ∼ 210 t. |
| Decksbelastung III. und IV. D. . . . . . . | 1,09 | $p_3 = 0,872$ | |

Die Unterkante des der Rechnung zugrunde gelegten Rahmens liegt in Höhe der neutralen Faser des mittleren Bodenwrangenquerschnitts (∼ 5,0 m a. M. Sch.) unter gleichzeitiger Berücksichtigung der Aufkimmung, d. h. 0,5 m über O. K. K.

Dieser Rahmen ist genau derselbe wie der in dem Zahlenbeispiel S. 21 berechnete Zweistockwerkrahmen, jedoch tritt hier zu der Belastung des untersten Rahmenriegels die Belastung durch die Widerstände der Längsträger $q_I \cdot e$, $q_{II} \cdot e$, $q_{III} \cdot e$ hinzu. Unter Berücksichtigung dessen liefert die Rahmenberechnung für das Einspannmoment des untersten Riegels den Wert

$$M_E = -37,815 + e \cdot [0,26414\, q_I + 0,47418\, q_{II} + 0,3119\, q_{III}] \text{ mt.}$$

---

[1]) S. 18 ff.

Mit Hilfe dieses Einspannmomentes errechnen sich folgende Durchbiegungen des untersten Riegels (Querträgers) an den einzelnen Kreuzungspunkten der Längsträger:

I. Durchbiegung am Mittelträger:

$$y^I = [489{,}24 - 6{,}4924\, q_I - 11{,}164\, q_{II} - 6{,}6264\, q_{III}] \cdot 10^{-4}\,\text{m};$$

II. Durchbiegung am inneren Seitenträger:

$$y^{II} = [428{,}36 - 5{,}5822\, q_I - 9{,}794\, q_{II} - 5{,}9143\, q_{III}] \cdot 10^{-4}\,\text{m};$$

III. Durchbiegung am äußeren Seitenträger:

$$y^{III} = [260{,}39 - 3{,}3133\, q_I - 5{,}9143\, q_{II} - 3{,}7776\, q_{III}] \cdot 10^{-4}\,\text{m}.$$

Die durch diese Gleichungen erhaltenen $\eta_k$-, $\mu_k$-, $\nu_k$-, $o_k$-Werte sind in nachstehender Tabelle zusammengestellt (vgl. S. 31, Gl. (15)).

| $k$ | $\eta_k$ | $\mu_k$ | $\nu_k$ | $o_k$ | |
|---|---|---|---|---|---|
| I | 489,24 | 6,4924 | 11,164 | 6,6264 | |
| II | 428,36 | 5,5822 | 9,794 | 5,9143 | $\}\cdot 10^{-4}\,\text{m}$ |
| III | 260,39 | 3,3133 | 5,9143 | 3,7776 | |

## Berechnung der Längsträger.

Mit Hilfe der $\eta_k$-, $\mu_k$-, $\nu_k$-, $o_k$-Werte ergibt sich aus Gl. (153) bis (155) $\alpha_I$, $\alpha_{II}$ und $\alpha_{III}$:

$$\alpha_I = 0{,}7841315\ 1/\text{m}; \qquad \lambda_I = 18{,}8192.$$
$$\alpha_{II} = 0{,}1516897\ 1/\text{m}; \qquad \lambda_{II} = 3{,}6406.$$
$$\alpha_{III} = 0{,}4731383\ 1/\text{m}; \qquad \lambda_{III} = 11{,}3552.$$

Die Hilfswerte $\sigma_k$ und $\sigma_k'$ liefert Gl. (158) und (160) bis (162) zu:

$$\sigma_I = -3{,}1850594; \qquad \sigma_I' = 1{,}925269.$$
$$\sigma_{II} = 0{,}867656\,5; \qquad \sigma_{II}' = 0{,}5213088.$$
$$\sigma_{III} = -0{,}74167; \qquad \sigma_{III}' = -2{,}1415006.$$

## Bestimmung der Integrationskonstanten.

### 1. Wasserdruckbelastung.

Durch Einsetzen der Größen $\eta_k$, $\sigma_k$, $\sigma_k'$ in Gl. (167) bis (169) erhält man

$$\tau = -0{,}130058 \cdot 10^{-4}\,\text{m},$$
$$\tau' = 491{,}44587 \cdot 10^{-4}\,\text{m},$$
$$\tau'' = -2{,}07581 \cdot 10^{-4}\,\text{m}.$$

### a) Längsträger frei aufliegend.

Gl. (170) bis (175) liefern folgende Zahlenwerte für die Integrationskonstanten:

$A_1 = -1{,}0655 \cdot 10^{-9}$ m;   $B_1 = 0{,}016198 \cdot 10^{-9}$ m;
$A_3 = 21{,}13023 \cdot 10^{-4}$ m;   $B_3 = -78{,}68509 \cdot 10^{-4}$ m;
$A_5 = 0{,}584003 \cdot 10^{-6}$ m;   $B_5 = -0{,}404426 \cdot 10^{-6}$ m.

### b) Längsträger vollkommen eingespannt.

Gl. (176) bis (181) liefern

$A_1 = -1{,}049306 \cdot 10^{-9}$ m;   $B_1 = 1{,}0817013 \cdot 10^{-9}$ m;
$A_3 = -61{,}6114 \cdot 10^{-4}$ m;   $B_3 = -100{,}905 \cdot 10^{-4}$ m;
$A_5 = 0{,}179559 \cdot 10^{-6}$ m;   $B_5 = -0{,}988455 \cdot 10^{-6}$ m.

## 2. Belastung durch die Stützenkräfte.

Die Stützen sind auf den beiden äußeren Seitenträgern angeordnet. Die Rechnung ist dieselbe, wie wenn auf jeden Längsträger Stützenkräfte wirkten, jedoch wird $P_I$ und $P_{II}$ gleich Null gesetzt. $P_{III}$ ergibt sich aus den mutmaßlich von den Stützen aufgenommenen Deckslasten zu

$$P_{III} = -250 \text{ t.}$$

Hierbei ist eine Belastung von 1,09 t/m² für das III. und IV. Deck und von 0,9 t/m² für die drei oberen Decks zugrunde gelegt. Die Ausschnitte in den Decks (Maschinenschacht) sind von den Belastungsfeldern abgezogen. Die $\tau$-Werte für die Belastung durch die Stützenkräfte (zwei gleiche Einzellasten symmetrisch zur Mitte) errechnen sich aus Gl. (335) bis (337) zu

$$\tau = -2{,}43765 \cdot 10^{-4} \text{ m},$$
$$\tau' = -511{,}232 \cdot 10^{-4} \text{ m},$$
$$\tau'' = 27{,}94316 \cdot 10^{-4} \text{ m}.$$

### a) Längsträger frei aufliegend.

Die Integrationskonstanten ergeben sich aus Gl. (296) bis (301), indem man $\dfrac{P_I \varrho_I}{2 c^3}$ nacheinander durch $\tau$, $\tau'$, $\tau''$ und $\alpha$ durch $\alpha_I$, $\alpha_{II}$, $\alpha_{III}$ ersetzt (vgl. S. 102).

$A_1 = 0{,}2628418 \cdot 10^{-6}$ m;   $B_1 = 0{,}505796 \cdot 10^{-6}$ m;
$A_1' = 0{,}00211 \cdot 10^{-6}$ m;   $B_1' = -0{,}013386 \cdot 10^{-6}$ m;
$A_2' = -60{,}94495 \cdot 10^{-6}$ m;   $B_2' = -60{,}94189 \cdot 10^{-6}$ m.
$A_3 = -64{,}6139 \cdot 10^{-4}$ m;   $B_3 = -25{,}9429 \cdot 10^{-4}$ m;
$A_3' = -25{,}039 \cdot 10^{-4}$ m;   $B_3' = -25{,}691 \cdot 10^{-4}$ m;
$A_4' = -122{,}099 \cdot 10^{-4}$ m;   $B_4' = -153{,}556 \cdot 10^{-4}$ m.

$A_5 = -0,296956 \cdot 10^{-4}$ m; $\quad B_5 = 0,376625 \cdot 10^{-4}$ m;
$A_5' = -0,00965 \cdot 10^{-4}$ m; $\quad B_5' = -0,048337 \cdot 10^{-4}$ m;
$A_6' = 6,973573 \cdot 10^{-4}$ m; $\quad B_6' = 6,966045 \cdot 10^{-4}$ m.

**b) Längsträger vollkommen eingespannt.**

Man erhält die Integrationskonstanten in derselben Weise wie oben aus Gl. (305) bis (311).

$B_1 = 0,505797 \cdot 10^{-6}$ m; $\quad B_2 = -1,031482 \cdot 10^{-6}$ m;
$\quad\quad A_1 = 0,262825 \cdot 10^{-6}$ m;
$A_1' = 0,002003 \cdot 10^{-6}$ m; $\quad B_1' = -0,013235 \cdot 10^{-6}$ m;
$A_2' = -60,93526 \cdot 10^{-6}$ m; $\quad B_2' = -60,9495 \cdot 10^{-6}$ m.

$B_3 = -21,7897 \cdot 10^{-4}$ m; $\quad B_4 = 155,683 \cdot 10^{-4}$ m;
$\quad\quad A_3 = -66,9467 \cdot 10^{-4}$ m;
$A_3' = -19,4693 \cdot 10^{-4}$ m; $\quad B_3' = -14,416 \cdot 10^{-4}$ m;
$A_4' = -64,82 \cdot 10^{-4}$ m; $\quad B_4' = -115,4404 \cdot 10^{-4}$ m.

$B_5 = 0,376625 \cdot 10^{-4}$ m; $\quad B_6 = 0,217283 \cdot 10^{-4}$ m;
$\quad\quad A_6 = -0,296954 \cdot 10^{-4}$ m;
$A_5' = -0,0096935 \cdot 10^{-4}$ m; $\quad B_5' = -0,0483516 \cdot 10^{-4}$ m;
$A_6' = 6,9727 \cdot 10^{-4}$ m; $\quad B_6' = 6,973709 \cdot 10^{-4}$ m.

## Elastische Größen der Längsträger.

Die elastischen Größen der Längsträger für Wasserdruckbelastung findet man vermittelst der Formeln (116) bis (123), denen ein $\alpha_{III}$-Glied, das dem $\alpha_I$- und $\alpha_{II}$-Glied der betreffenden Formel entspricht, anzufügen ist. Tabelle 1 enthält die Zahlenwerte der elastischen Größen für Wasserdruckbelastung; dazu gehört die graphische Darstellung in Abb. 51, 52.

Für die Belastung durch die Stützenkräfte werden die elastischen Größen der Längsträger aus den Formeln (231) bis (242), denen ein entsprechendes $\alpha_{II}$- und $\alpha_{III}$-Glied anzufügen ist, berechnet. Die Bezeichnungen: linkes und rechtes Trägerstück sind auf S. 92 erklärt. Tabelle 2 gibt die zahlenmäßigen Ergebnisse der Rechnung wieder.

Durch Übereinanderlagerung dieser beiden Belastungsfälle erhält man die elastischen Größen für gleichzeitige Belastung durch den Wasserdruck und die Stützenkräfte (Tabelle 3 und Abb. 53, 54). Hierbei ist die verschiedene Lage des Koordinatenanfangs in den beiden Fällen zu beachten (vgl. Beispiel 1, Untersuchung IV).

Die Richtigkeit der Rechnung wird durch Einsetzen der $q_I$, $q_{II}$, $q_{III}$ in die Gleichungen für die Querträgerdurchbiegungen kontrolliert und außerdem durch graphische Ermittlung der $Q_k$-, $M_k$-, $y_k$-Kurven aus den Belastungs-$(q_k$-)kurven.

150 Zahlenbeispiele.

## 1. Elastische Größen der Längsträger bei Wasserdruckbelastung.

### a) Längsträger frei aufliegend.

| $x$ m | $y_I$ cm | $M_I$ mt | $Q_I$ t | $q_I$ t/m | $y_{II}$ cm | $M_{II}$ mt | $Q_{II}$ t | $q_{II}$ t/m | $y_{III}$ cm | $M_{III}$ mt | $Q_{III}$ t | $q_{III}$ t/m |
|---|---|---|---|---|---|---|---|---|---|---|---|---|
| 0    | 5,315  | 334,467  | 0        | —4,238  | 4,6502 | 82,376  | 0       | —0,997 | 2,824  | 49,413 | 0       | —0,545 |
| 2,4  | 5,1053 | 345,633  | 8,425    | —2,066  | 4,4683 | 85,014  | 2,006   | —0,515 | 2,7149 | 50,869 | 1,122   | —0,319 |
| 84,  | 4,4632 | 366,464  | 6,179    | 4,779   | 3,9122 | 90,159  | 1,703   | 0,926  | 2,3819 | 54,024 | 1,279   | 0,232  |
| 5,6  | 4,1483 | 369,532  | 1,029    | 8,173   | 3,6396 | 91,156  | 0,693   | 1,612  | 2,2187 | 54,937 | 0,99    | 0,503  |
| 7,2  | 3,3668 | 357,405  | —18,375  | 16,355  | 2,9622 | 89,544  | —3,143  | 3,248  | 1,8123 | 55,545 | —0,498  | 1,52   |
| 9,6  | 1,8344 | 253,84   | —72,644  | 27,744  | 1,626  | 69,523  | —15,214 | 7,542  | 1,0022 | 46,624 | —8,809  | 6,246  |
| 12,0 | 0      | 0        | —135,52  | 19,759  | 0      | 0       | —49,355 | 24,107 | 0      | 0      | —33,119 | 18,836 |

### b) Längsträger vollkommen eingespannt.

| $x$ m | $y_I$ cm | $M_I$ mt | $Q_I$ t | $q_I$ t/m | $y_{II}$ cm | $M_{II}$ mt | $Q_{II}$ t | $q_{II}$ t/m | $y_{III}$ cm | $M_{III}$ mt | $Q_{III}$ t | $q_{III}$ t/m |
|---|---|---|---|---|---|---|---|---|---|---|---|---|
| 0    | 3,5602 | 429,105   | 0        | 12,015  | 3,2144 | 105,597  | 0         | 2,976  | 1,9615 | 63,744   | 0        | 1,805  |
| 2,4  | 3,3924 | 393,164   | —31,089  | 14,826  | 2,9858 | 96,747   | —7,615    | 3,567  | 1,8245 | 58,412   | —4,519   | 2,037  |
| 4,8  | 2,651  | 269,37    | —75,239  | 22,674  | 2,34   | 66,828   | —17,993   | 5,243  | 1,439  | 39,444   | —10,149  | 2,77   |
| 5,6  | 2,3182 | 201,467   | —94,725  | 26,012  | 2,0516 | 50,652   | —22,487   | 5,995  | 1,2843 | 28,801   | —12,546  | 3,25   |
| 7,2  | 1,5824 | 13,926    | —141,607 | 32,887  | 1,414  | 6,34     | —33,422   | 7,66   | 0,879  | —0,835   | —19,017  | 4,809  |
| 9,6  | 0,517  | —424,412  | —224,4   | 33,774  | 0,4724 | —99,933  | —57,213   | 13,102 | 0,2995 | —66,5    | —37,614  | 10,847 |
| 12,0 | 0      | —1062,26  | —288,13  | 19,759  | 0      | —272,983 | —102,923  | 24,107 | 0      | —192,739 | —68,772  | 18,836 |

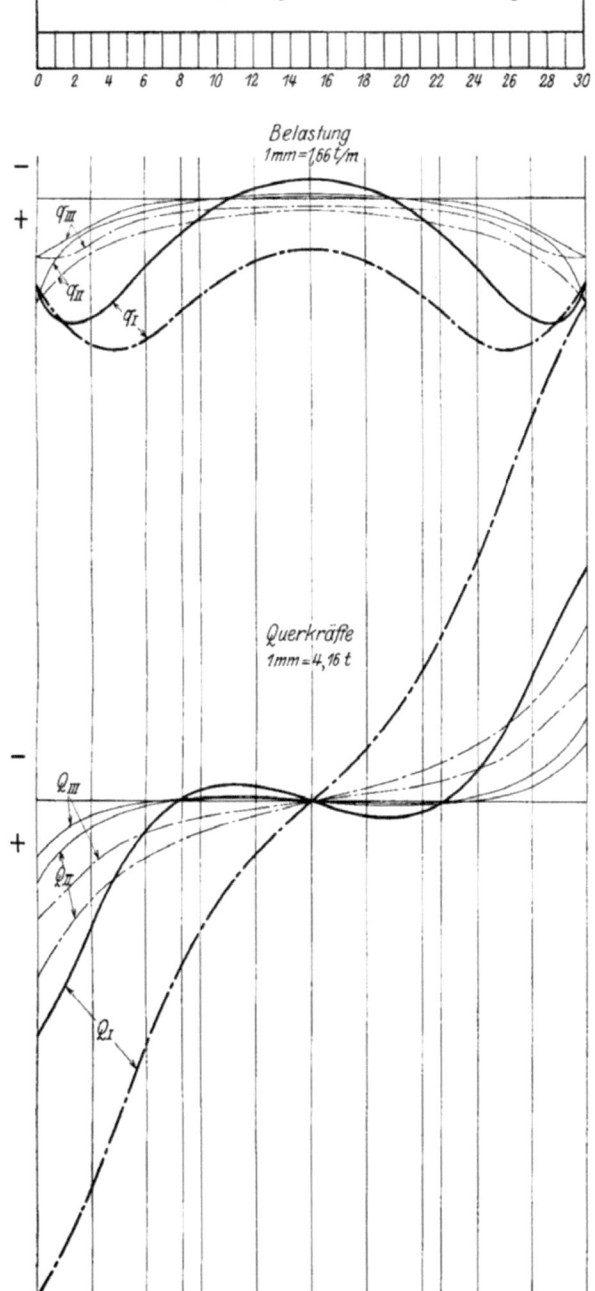

Abb. 51. Elastische Größen der Längsträger. Wasserdruckbelastung. 1:250.
——— Längsträger frei aufliegend, –·–·– Längsträger vollkommen eingespannt.

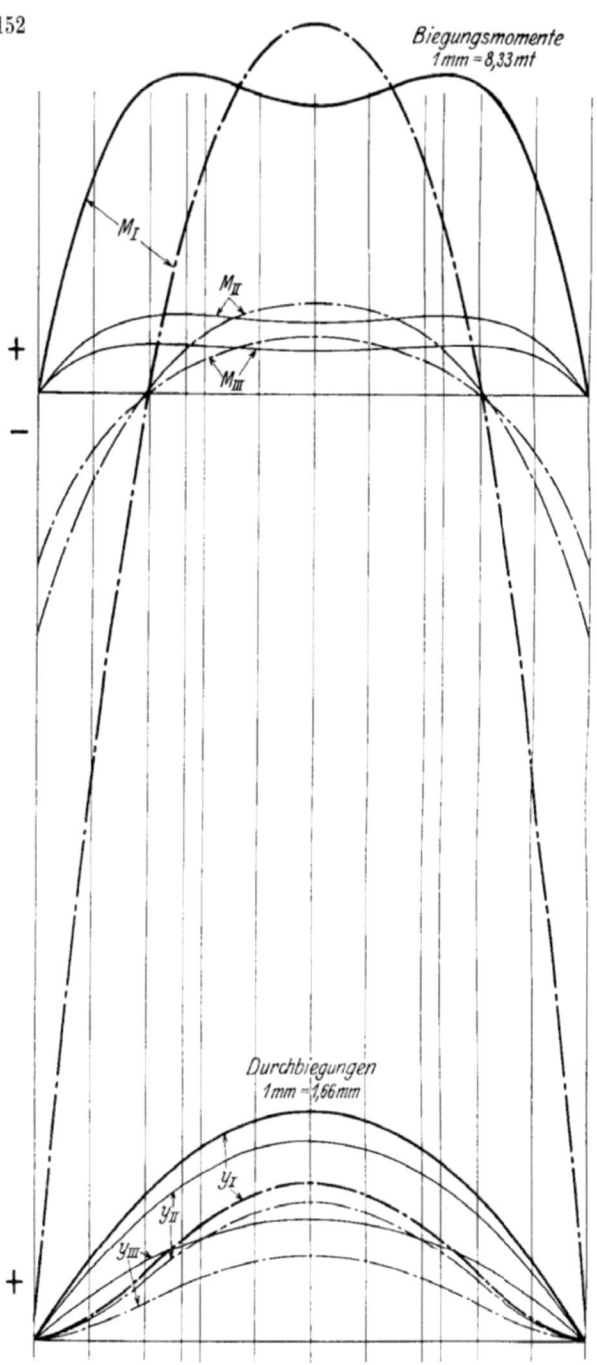

Abb. 52. Elastische Größen der Längsträger. Wasserdruckbelastung. 1:250.
——— Längsträger frei aufliegend, ―·―·― Längsträger vollkommen eingespannt.

## 2. Elastische Größen der Längsträger bei Belastung durch die Stützenkräfte.

### a) Längsträger frei aufliegend.

| $x$ m | $y_I$ cm | $M_I$ mt | $Q_I$ t | $q_I$ t/m | $y_{II}$ cm | $M_{II}$ mt | $Q_{II}$ t | $q_{II}$ t/m | $y_{III}$ cm | $M_{III}$ mt | $Q_{III}$ t | $q_{III}$ t/m |
|---|---|---|---|---|---|---|---|---|---|---|---|---|
| 0 | 0 | 0 | −38,311 | 0 | 0 | 0 | −3,172 | 0 | 0 | 0 | 4,206 | 0 |
| 2,4 | −0,6379 | −92,713 | −45,823 | −3,203 | −0,5679 | −11,673 | −6,844 | −4,883 | −0,3382 | 8,27 | 5,905 | 4,587 |
| 4,8 | −1,1625 | −159,479 | −12,133 | −15,964 | −1,0745 | −47,54 | −19,068 | −1,867 | −0,729 | 22,718 | 39,472 | 36,324 |
| 6,4 | −1,4079 | −161,245 | 7,379 | 7,51 | −1,3089 | −66,209 | 1,486 | −21,373 | −0,9279 | −147,353 | −124,434 | 64,606 |
| 0 | −1,4079 | −161,245 | 7,367 | −7,51 | −1,3089 | −66,209 | 1,491 | −21,373 | −0,9279 | −147,353 | 125,571 | 64,606 |
| 0,8 | −1,4967 | −152,706 | 14,146 | −10,154 | −1,3795 | −58,767 | 16,013 | −12,976 | −0,951 | −66,988 | 76,919 | 54,389 |
| 3,2 | −1,6462 | −91,655 | 31,646 | 2,67 | −1,451 | −13,095 | 13,598 | 7,319 | −0,8851 | 11,052 | 6,481 | 9,889 |
| 5,6 | −1,6795 | −46,072 | 0 | 18,78 | −1,4515 | 1,89 | 0 | 4,467 | −0,8645 | 13,812 | 0 | −0,587 |

### b) Längsträger vollkommen eingespannt.

| $x$ m | $y_I$ cm | $M_I$ mt | $Q_I$ t | $q_I$ t/m | $y_{II}$ cm | $M_{II}$ mt | $Q_{II}$ t | $q_{II}$ t/m | $y_{III}$ cm | $M_{III}$ mt | $Q_{III}$ t | $q_{III}$ t/m |
|---|---|---|---|---|---|---|---|---|---|---|---|---|
| 0 | 0 | 372,835 | −97,376 | 0 | 0 | 94,421 | −19,248 | 0 | 0 | 57,366 | 5,485 | 0 |
| 2,4 | −0,1826 | 141,791 | −92,388 | −8,389 | −0,1748 | 46,293 | −22,363 | 3,836 | −0,1194 | 43,856 | 7,521 | 4,512 |
| 4,8 | −0,5495 | −42,226 | −54,481 | −21,856 | −0,5426 | −18,754 | −29,494 | −3,355 | −0,4181 | −5,506 | −45,773 | 35,357 |
| 6,4 | −0,7793 | −104,065 | −25,496 | −13,653 | −0,7636 | −52,184 | −6,478 | −22,884 | −0,6002 | −139,005 | −129,081 | 63,687 |
| 0 | −0,7793 | −104,065 | −25,28 | −13,653 | −0,7636 | −52,184 | 6,524 | −22,884 | −0,6002 | −139,005 | 120,758 | 63,687 |
| 0,8 | −0,8744 | −119,798 | −13,606 | −16,175 | −0,8362 | −50,632 | 9,207 | −14,463 | −0,6266 | −62,128 | 72,854 | 53,408 |
| 3,2 | −0,0593 | −107,949 | 17,86 | 3,083 | −0,942 | −17,108 | 10,527 | 5,908 | −0,5893 | 8,638 | 4,338 | 9,047 |
| 5,6 | −1,1114 | −79,016 | 0 | 25,24 | −0,9586 | −5,646 | 0 | 3,094 | −0,5684 | 8,749 | 0 | −1,401 |

## 3. Elastische Größen der Längsträger bei gleichzeitiger Belastung durch Wasserdruck und Stützenkräfte.

### a) Längsträger frei aufliegend.

| $x$ m | $y_I$ cm | $M_I$ mt | $Q_I$ t | $q_I$ t/m | $y_{II}$ cm | $M_{II}$ mt | $Q_{II}$ t | $q_{II}$ t/m | $y_{III}$ cm | $M_{III}$ mt | $Q_{III}$ t | $q_{III}$ t/m |
|---|---|---|---|---|---|---|---|---|---|---|---|---|
| 0 | 0 | 0 | 97,209 | 19,759 | 0 | 0 | 46,183 | 24,107 | 0 | 0 | 37,325 | 13,836 |
| 2,4 | 1,1965 | 161,127 | 26,821 | 24,541 | 1,0581 | 57,85 | 8,37 | 12,425 | 0,6639 | 54,894 | 14,714 | 10,783 |
| 4,8 | 2,2043 | 197,926 | 6,242 | 0,391 | 1,8877 | 42,004 | −15,925 | 1,381 | 1,0833 | 32,882 | −38,974 | 37,844 |
| 6,4 | 2,7404 | 208,287 | 6,35 | 0,663 | 2,3307 | 24,947 | 0,793 | −19,761 | 1,2908 | −92,416 | −125,424 | 65,109 |
| 0 | 2,7404 | 208,287 | 6,338 | 0,663 | 2,3307 | 24,947 | 0,798 | −19,761 | 1,2908 | −92,416 | 124,581 | 65,109 |
| 0,8 | 2,9665 | 213,758 | 7,967 | −5,875 | 2,5327 | 31,392 | 14,31 | −12,05 | 1,4309 | −12,964 | 75,64 | 54,621 |
| 3,2 | 3,4591 | 253,978 | 23,221 | 0,604 | 3,0173 | 71,919 | 11,592 | 6,804 | 1,8198 | 61,921 | 5,359 | 9,57 |
| 5,6 | 3,6355 | 288,395 | 0 | 14,542 | 3,1987 | 84,266 | 0 | 3,47 | 1,9595 | 63,225 | 0 | −1,132 |

### a) Längsträger vollkommen eingespannt.

| $x$ m | $y_I$ cm | $M_I$ mt | $Q_I$ t | $q_I$ t/m | $y_{II}$ cm | $M_{II}$ mt | $Q_{II}$ t | $q_{II}$ t/m | $y_{III}$ cm | $M_{III}$ mt | $Q_{III}$ t | $q_{III}$ t/m |
|---|---|---|---|---|---|---|---|---|---|---|---|---|
| 0 | 0 | −689,625 | 190,754 | 19,759 | 0 | −178,562 | 83,675 | 24,107 | 0 | −135,378 | 68,814 | 13,836 |
| 2,4 | 0,8344 | −282,621 | 132,012 | 25,385 | 0,2981 | −52,64 | 34,85 | 16,889 | 0,1801 | −23,114 | 30,093 | 15,359 |
| 4,8 | 1,0829 | −28,3 | 87,126 | 11,081 | 0,8714 | −12,414 | 3,928 | 4,305 | 0,4659 | −6,341 | 26,756 | 40,166 |
| 6,4 | 1,5389 | 97,402 | 69,229 | 12,359 | 1,288 | −0,582 | 16,009 | −16,889 | 0,66406 | −110,204 | −116,535 | 66,937 |
| 0 | 1,5389 | 97,402 | 69,445 | 12,359 | 1,288 | −0,582 | 15,963 | −16,889 | 0,66406 | −110,204 | 133,331 | 66,937 |
| 0,8 | 1,7766 | 149,572 | 61,683 | 6,499 | 1,5088 | 16,196 | 27,2 | 9,22 | 0,8124 | −22,684 | 83,003 | 56,178 |
| 3,2 | 2,3331 | 285,215 | 48,949 | 11,743 | 2,0438 | 79,639 | 18,142 | 9,475 | 1,2352 | 67,05 | 8,857 | 11,084 |
| 5,6 | 2,5488 | 350,089 | 0 | 25,24 | 2,2558 | 99,953 | 0 | 6,07 | 1,3931 | 72,493 | 0 | 0,404 |

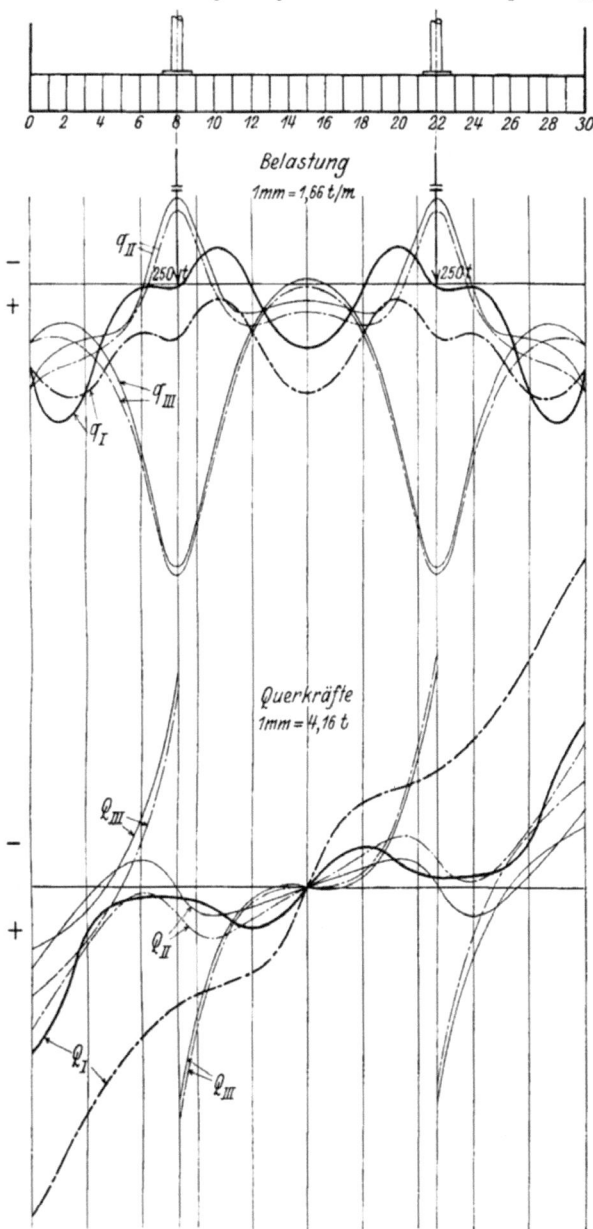

Abb. 53. Elastische Größen der Längsträger. Belastung durch Wasserdruck und Stützenkräfte. 1 : 250.

——— Längsträger frei aufliegend.   ≡≡≡≡≡ Längsträger vollkommen eingespannt.

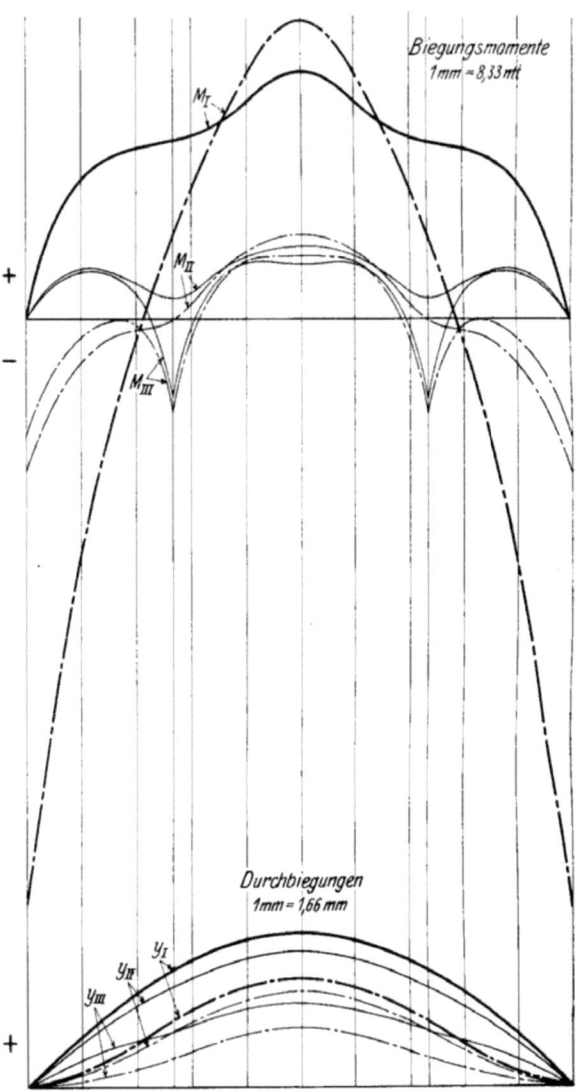

Abb. 54. Elastische Größen der Längsträger. Belastung durch Wasserdruck und Stützenkräfte.
1 : 250.
——— Längsträger frei aufliegend, ≡≡≡≡ Längsträger vollkommen eingespannt.

## Elastische Größen der am ungünstigsten beanspruchten Querträger.

### 1. Wasserdruckbelastung.

Bei alleiniger Belastung durch Wasserdruck wird der mittelste Querträger 15 hinsichtlich der Biegungs- und Schubspannungen am ungünstigsten beansprucht. Es errechnen sich folgende Werte für die elastischen Größen:

a) Längsträger frei aufliegend.

| $z$ m | $Z_{15} = q^{15} \cdot e$ t | $Q_{15}$ t | $M_{15}$ mt | $y_{15}$ cm |
|---|---|---|---|---|
| 0 | — | 56,429 | − 39,225 | 0 |
| 3,6 | − 0,436 | 37,169 / 36,733 | 129,25 | 2,824 |
| 6,8 | − 0,798 | 19,613 / 18,815 | 219,402 | 4,6502 |
| 10,0 | 3,389 | 1,695 | 252,216 | 5,315 |

b) Längsträger vollkommen eingespannt.

| $z$ m | $Z_{15} = q^{15} \cdot e$ t | $Q_{15}$ t | $M_{15}$ mt | $y_{15}$ cm |
|---|---|---|---|---|
| 0 | — | 44,869 | − 33,697 | 0 |
| 3,6 | 1,444 | 25,609 / 27,053 | 93,164 | 1,9615 |
| 6,8 | 2,381 | 9,933 / 12,314 | 152,341 | 3,2144 |
| 10,0 | 9,612 | − 4,806 | 164,354 | 3,6602 |

### 2. Gleichzeitige Belastung durch den Wasserdruck und die Stützenkräfte.

Bei gleichzeitiger Belastung durch den Wasserdruck und die Stützenkräfte treten an den Querträgern 12, 18 die größten Biegungsmomente und an den Querträgern 8, 22 (unter den Stützen) die größten Querkräfte auf. Die Zahlungswerte sind:

Querträger 12, 18.

a) Längsträger frei aufliegend.

| $z$ m | $Z_{12,18} = q^{12,18} \cdot e$ t | $Q_{12,18}$ t | $M_{12,18}$ mt | $y_{12,18}$ cm |
|---|---|---|---|---|
| 0 | — | 40,159 | − 32,719 | 0 |
| 3,6 | 7,656 | 20,899 / 28,555 | 77,187 | 1,8198 |
| 6,8 | 5,443 | 11,435 / 16,878 | 141,173 | 3,0173 |
| 10,0 | 0,483 | − 0,242 | 167,792 | 3,4591 |

158  Zahlenbeispiele.

b) Längsträger vollkommen eingespannt.

| $z$ m | $Z_{12,18} = q^{12,18} \cdot e$ t | $Q_{12,18}$ t | $M_{12,18}$ mt | $y_{12,18}$ cm |
|---|---|---|---|---|
| 0 | — | 32,356 | −28,974 | 0 |
| 3,6 | 8,867 | 13,096<br>21,963 | 52,839 | 1,2352 |
| 6,8 | 7,58 | 4,843<br>12,423 | 95,728 | 2,0438 |
| 10,0 | 9,394 | −4,697 | 108,089 | 2,3331 |

Querträger 8, 22 (unter den Stützen).

a) Längsträger frei aufliegend.

| $z$ m | $Z_{8,22} = q^{8,22} \cdot e$ t | $Q_{8,22}$ t | $M_{8,22}$ mt | $y_{8,22}$ cm |
|---|---|---|---|---|
| 0 | — | 16,95 | −28,926 | 0 |
| 3,6 | 52,087 | −2,302<br>49,785 | −2,545 | 1,2908 |
| 6,8 | −15,81 | 32,665<br>16,855 | 129,374 | 2,3307 |
| 10,0 | 0,53 | −0,265 | 155,919 | 2,7404 |

b) Längsträger vollkommen eingespannt.

| $z$ m | $Z_{8,22} = q^{8,22} \cdot e$ t | $Q_{8,22}$ t | $M_{8,22}$ mt | $y_{8,22}$ cm |
|---|---|---|---|---|
| 0 | — | 8,516 | −24,907 | 0 |
| 3,6 | 53,55 | −10,744<br>42,806 | −28,817 | 0,66406 |
| 6,8 | −13,51 | 25,686<br>12,176 | 80,67 | 1,288 |
| 10,0 | 9,887 | −4,944 | 92,24 | 1,5389 |

In Abb. 55 bis 57 sind die Ergebnisse der Querträgerberechnung graphisch dargestellt.

## Zusammenstellung der Ergebnisse.

Nachstehend sind die maximalen Biegungsmomente und Querkräfte der Längsträger und der am ungünstigsten beanspruchten Querträger nebst den zugehörigen Spannungen für die Belastung durch den Wasserdruck und für die gleichzeitige Belastung durch den Wasserdruck und die Stützenkräfte zusammengestellt. Für die

Querträger sind außerdem die betreffenden Werte bei Vernachlässigung des Einflusses der Längsträger angegeben; wie in Beispiel 1 (S. 140) sind die Querträger zunächst nur durch den auf sie ent-

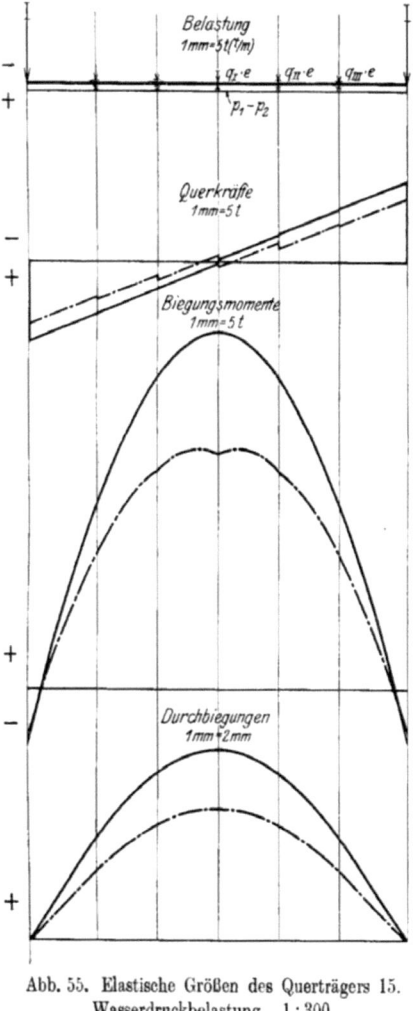

Abb. 55. Elastische Größen des Querträgers 15.
Wasserdruckbelastung. 1 : 300.
———— Längsträger frei aufliegend,
--------- „ vollkommen eingespannt.

fallenden Streifen der Bodenbelastung und dann außerdem durch die in der Längsrichtung gleichmäßig verteilten Stützenkräfte belastet gedacht.

160 Zahlenbeispiele.

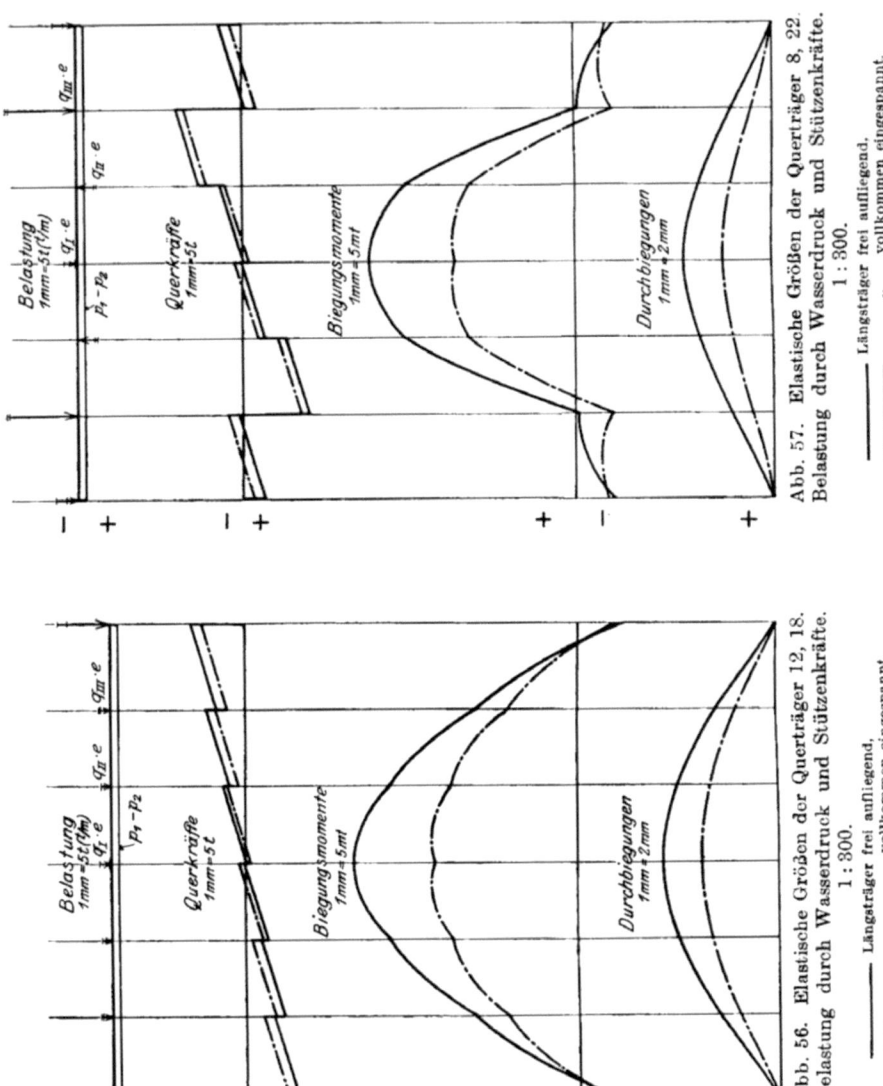

Abb. 57. Elastische Größen der Querträger 8, 22. Belastung durch Wasserdruck und Stützenkräfte. 1:300.
——— Längsträger frei aufliegend,
— · — vollkommen eingespannt.

Abb. 56. Elastische Größen der Querträger 12, 18. Belastung durch Wasserdruck und Stützenkräfte. 1:300.
——— Längsträger frei aufliegend,
— · — vollkommen eingespannt.

Fracht- und Fahrgastdampfer bei Wasserdruckbelastung.

### Maximale Biegungsmomente und -spannungen der Längsträger.

| Belastung | $M_I$ mt ($\sigma_I$ kg/cm²) | | $M_{II}$ mt ($\sigma_{II}$ kg/cm²) | | $M_{III}$ mt ($\sigma_{III}$ kg/cm²) | |
|---|---|---|---|---|---|---|
| | Längstr. frei aufliegend | Längstr. vollk. eingesp. | Längstr. frei aufliegend | Längstr. vollk. eingesp. | Längstr. frei aufliegend | Längstr. vollk. eingesp. |
| Wasserdruck | ∼ 370 (1640) | − 1062,26 (4720) 429,105 (1900) | ∼ 92 (1280) | − 272,983 (3800) 105,597 (1470) | ∼ 56 (780) | − 192,739 (2680) 63,744 (885) |
| Wasserdruck u. Stützenkräfte | 288,395 (1280) | − 689,625 (3050) 350,089 (1560) | 84,226 (1170) | − 178,562 (2480) 99,953 (1390) | − 92,416 (1280) | − 135,373 (1880) − 110,204 (1530) |

### Maximale Querkräfte und Schubspannungen der Längsträger.

| Belastung | $Q_I$ t ($\tau_I$ kg/cm²) | | $Q_{II}$ t ($\tau_{II}$ kg/cm²) | | $Q_{III}$ t ($\tau_{III}$ kg/cm²) | |
|---|---|---|---|---|---|---|
| | Längstr. frei aufliegend | Längstr. vollk. eingesp. | Längstr. frei aufliegend | Längstr. vollk. eingesp. | Längstr. frei aufliegend | Längstr. vollk. eingesp. |
| Wasserdruck | 135,52 (765) | 288,13 (1630) | 49,355 (355) | 102,923 (745) | 33,119 (240) | 68,772 (495) |
| Wasserdruck u. Stützenkräfte | 97,209 (550) | 190,754 (1075) | 46,183 (335) | 83,675 (605) | − 125,424 (910) | 133,331 (965) |

### Maximale Biegungsmomente, -spannungen, Querkräfte und Schubspannungen der am ungünstigsten beanspruchten Querträger.

| Belastung | $M$ mt ($\sigma$ kg/cm²) | | $Q$ t ($\tau$ kg/cm²) | |
|---|---|---|---|---|
| | Längstr. frei auflieg. | Längstr. vollk. eingesp. | Längstr. frei auflieg. | Längstr. vollk. eingesp. |
| Wasserdruck | 252,216 (2240) | 164,354 (1460) | 56,429 (390) | 44,869 (410) |
| Wasserdruck und Stützenkräfte | 167,792 (1490) | 108,089 (965) | 49,785 (345) | 42,806 (300) |
| ohne Längsträger, „ Stützen | 229,685 (2040) | | 53,5 (370) | |
| „ Längsträger, mit Stützen | 174,649 (1550) | | 36,8 (255) | |

Schilling, Statik.

Bei alleiniger Belastung der Bodenkonstruktion durch den Wasserdruck ergeben sich sehr ungünstige Verhältnisse. $q_I$ bis $q_{III}$ wird bei frei aufliegenden Längsträgern in der Trägermitte negativ, so daß die mittleren Querträger zusätzlich belastet werden. Dadurch wird das maximale Biegungsmoment dieser Querträger gegenüber dem unter Vernachlässigung der Längsträger ermittelten um $10\,^0/_0$ vergrößert. Bei vollkommener Einspannung der Längsträger ergeben sich positive $q_I$ bis $q_{III}$ und das maximale Biegungsmoment der mittleren Querträger aus der Rechnung ohne Längsträger wird um $28{,}5\,^0/_0$ verringert. Jedoch zeigen die hohen Biegungs- und Schubspannungen an den Enden der Längsträger, daß eine vollkommene Einspannung nicht möglich ist. Die Längsträger werden sich daher mehr dem Fall freier Auflagerung entsprechend einstellen.

Durch die Raumstützen wird das Bild wesentlich verändert. Bei gleichzeitiger Belastung durch den Wasserdruck und die Stützenkräfte erfährt das maximale Biegungsmoment der am ungünstigsten beanspruchten Querträger gegenüber dem für alleinige Belastung durch den Wasserdruck gefundenen eine Verminderung von $36{,}5\,^0/_0$ ($43{,}5\,^0/_0$).[1]) Bei einem Vergleich mit der Rechnung ohne Längsträger und mit gleichmäßig in der Längsrichtung verteilten Stützenkräften erhält man eine Verminderung von $4\,^0/_0$ ($38\,^0/_0$). Die Einspannmomente und Querkräfte an den Enden der Längsträger sind aber noch immer so groß, daß eine vollkommene Einspannung nicht zu erwarten ist. Große Querkräfte treten an den Enden der Längsträger und in den äußeren Seitenträgern unter den Stützen auf. Man hat an diesen Stellen mit großen Beanspruchungen in den Nieten der Längswinkel zu rechnen. Es ist bemerkenswert, daß die Querkraft in den äußeren Seitenträgern unter den Stützen nur etwa halb so groß wie die Stützenkraft ist, während bei einem gewöhnlichen Träger (ohne Querträgerunterstützung) die Querkraft gleich der Stützenkraft ist. Die Querkräfte der Querträger liefern in allen Fällen nur unbedeutende Schubspannungen, auch in den Querträgern unter den Raumstützen.

Nicht unbedenklich sind die großen Formänderungen, die auch bei dem Fall mit Stützen im Maximum noch $3{,}6355$ cm ($2{,}5488$ cm) betragen. Um dem Einwand zu begegnen, die Stützenentfernung von $11{,}2$ m wäre größer als im allgemeinen zulässig, wurde der Fall untersucht, daß in jeder Stützenreihe 3 Stützen stehen (1 Mittelstütze und 2 Stützen symmetrisch dazu an der gleichen Stelle wie oben) und außerdem der ideelle Fall, daß Stützen an jedem Spant

---

[1]) Die eingeklammerten Zahlen gelten für vollkommen eingespannte Längsträger.

angeordnet sind. Die Stützenreihen fallen mit den äußeren Seitenträger zusammen; die gesamte Last, die von jeder Stützenreihe auf den Boden übertragen wird, beträgt wie bei 2 Stützen 500 t. Es ergeben sich für die maximale Durchbiegung der Bodenkonstruktion und für das maximale Biegungsmoment des mittelsten Querträgers folgende Werte:

| Stützenanordnung | $y_{l\,max}$ cm | | $M_{15\,max}$ mt | |
|---|---|---|---|---|
| | Längstr. frei auflieg. | Längstr. vollk.eingesp. | Längstr. frei auflieg. | Längstr. vollk.eingesp. |
| 3 Stützen in j. Reihe | 3,3135 | 2,2186 | 171,895 | 113,201 |
| Stützen a. j. Sp. | 3,8137 | 2,6316 | 187,87 | 128,18 |

Die maximale Durchbiegung ist bei 3 Stützen kleiner als bei 2, was auf den Einfluß der Mittelstützen zurückzuführen ist; bei Stützen an jedem Spant ist sie größer als bei 2 und 3 Stützen, denn die Wirkung einer gleichmäßig verteilten Last ist geringer als die von Einzellasten in obiger Anordnung. Die maximalen Biegungsmomente der mittelsten Querträger sind in beiden Fällen größer als die betreffenden Größen bei 2 Stützen in jeder Reihe[1]). Die große Entfernung der beiden Stützen übt also keine ungünstige Wirkung auf die Bodenkonstruktion aus. Eine andere Frage ist es natürlich, welchen Einfluß die große Entfernung der Stützen auf die Unterstützung der Decks hat. Die Wirkung der Stützen auf die Bodenkonstruktion würde günstiger sein, wenn die Stützenreihen weniger weit aus Mitte Schiff lägen; obige Anordnung ist jedoch durch die Maschinenanlage bedingt.

In der graphischen Darstellung der $q_k$-Werte für gleichzeitige Belastung durch den Wasserdruck und die Stützenkräfte (Abb. 53) fallen die hohen Werte unter den Stützen auf. In Beispiel 1, Untersuchung IV prägte sich die Wirkung der Stützen nicht merklich aus. Das ist so zu erklären, daß in Beispiel 1 die Stützen auf dem verhältnismäßig starken Mittelträger stehen, während sie hier auf dem schwachen interkostalen Seitenträger angeordnet sind, der nicht viel von der Stützenkraft aufzunehmen vermag. Die Verteilung der Stützenkraft auf die Längs- und Querträger gibt einen interessanten Einblick in das Kräftespiel in einem solchen Trägernetz. Von den

---

[1]) Es ist nicht gesagt, daß bei 3 Stützen i. j. R. der mittelste Querträger am ungünstigsten beansprucht ist, jedenfalls wird er aber hier stärker beansprucht als bei 2 Stützen i. j. R.

250 t Stützenkraft wird etwa $^1/_5$ an den Querträger unter der Stütze abgegeben, der Rest wird teils von dem Seitenträger, teils von den benachbarten Querträgern aufgenommen. Der Querträger unter den Stützen gibt unter der Belastung von $^1/_5$ der Stützenkraft (je $^1/_5$ auf beiden Seiten) nach und ruft durch seine Verbiegung die Widerstände $q_{II}$ und $q_I$ des inneren Seitenträgers und des Mittelträgers hervor; diese stützen den Querträger, daher ist $q_{II}$ und $q_I$ negativ. (Vgl. Tabelle 2, S. 153.)

In dem vorstehenden Beispiel ist der Einfluß der Rahmenspanten außer acht gelassen worden, weil Rahmenspanten die Gleichmäßigkeit der elastischen Querträgerunterlage, auf der die Rechnung basiert, unterbrechen würden. Da aber die Rahmenspanten in dem behandelten Maschinenraum an jedem 4. Spant angeordnet sind, ist es nötig, einiges über ihren Einfluß auf die Bodenkonstruktion zu sagen. Rechnerisch ist das Problem allerdings kaum zu erfassen[1]). Die Rahmenspanten vergrößern das Einspannmoment der mit ihnen verbundenen Querträger und unter der Wirkung der Längsverbände auch das der benachbarten Querträger. Die Steifigkeit der Querträgerunterlage erfährt dadurch eine Erhöhung, die zwar keine gleichmäßige ist, aber doch mit einer gleichmäßigen verglichen werden kann. Eine größere Steifigkeit der Querträgerunterlage wirkt sich dahin aus, daß die $\eta$- und $\tau$-Werte abnehmen, während $\lambda_{II}$, das für die elastischen Größen der Längsträger in der Trägermitte fast ausschließlich in Frage kommt, vergrößert wird. Die Zunahme von $\lambda_{II}$ ist jedoch bedeutend geringer als die Abnahme der $\eta$- und $\tau$-Werte, da in der Formel für $\lambda_{II}$ bzw. $\alpha_{II}$ die Vergrößerung der Querträgereinspannung unter der 4. Wurzel in Erscheinung tritt. Aus den Formeln für $y_I$ in der Trägermitte und aus Abb. 18, Kurve I und III läßt sich nunmehr leicht einsehen, daß durch die Rahmenspanten eine Verringerung der gesamten Durchbiegung der Bodenkonstruktion und damit eine Verringerung der Querträgerbeanspruchungen hervorgerufen wird.

---

[1]) Dem Verfasser ist bisher erst die rechnerische Erfassung der Fälle: Rahmenspant in der Mitte zwischen den Schotten und 2 Rahmenspanten symmetrisch zur Mitte zwischen den Schotten unter gewissen Voraussetzungen gelungen.

## Beispiel 3.
## Großer Fahrgastdampfer im Dock.

Schiffsabmessungen: $L_{pp} = 277{,}975$ m,
$B = 30{,}479$ „
$H_{I.D.} = 19{,}507$ „

Dockgewicht des Schiffes = 51 000 t,

Unterstützte Länge = 240 m.

Die Abmessungen der Verbandsteile findet man in dem in Abb. 58 wiedergegebenen Hauptspant.

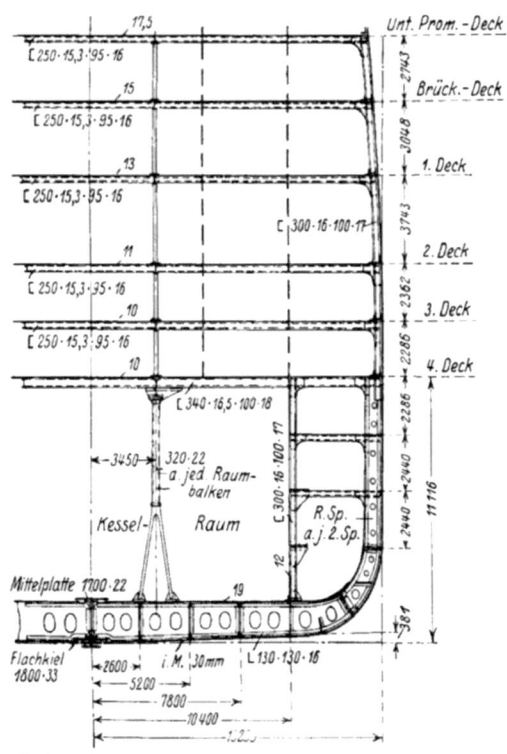

Doppelboden:

| | | | |
|---|---|---|---|
| Flachkiel: | 1800·33. | Vertik.-⊿ am Mittelträger: | 100·100·17. |
| Dopplung: | 1360·33. | Ob. Längs-⊿ am Mittelträger: | 150·150·18. |
| Kielsohle: | 870·45. | Unt. „ „ „ | 180·180·18. |
| Mittelträger: | 1800·25. | Bodenstücke, a. j. Sp.: | 18 mm. |

Tankspt.: ⊿ 130·130·16, Tankgegensp.: ⊿ 100·100·17.
Seitenträger: 18 mm. mit ⊿ 100·100·17, durchlaufende Seitenträger: 22 mm.
Tankdecke: Mittelpl. 1700·22, Seitenpl.: 19 mm.

Abb. 58. Hauptspant. 1:300.

## Zahlenbeispiele.

Es soll die Bodenkonstruktion des mittleren Kesselraums untersucht werden. (Abb. 59, 60.)

Kesselgewicht = 850 t, Länge des Kesselraums $L = 22{,}8$ m, gleich 25 Spantentfernungen, Spantentfernung $e = 0{,}912$ m.

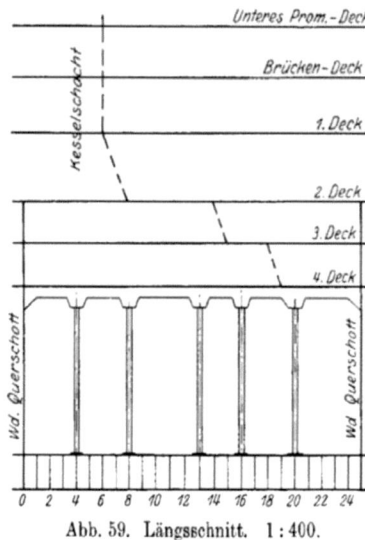

Abb. 59. Längsschnitt. 1 : 400.

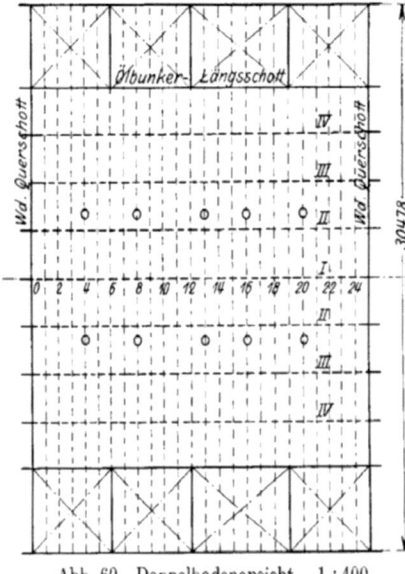

Abb. 60. Doppelbodenansicht. 1 : 400.

Die besondere Konstruktion des Schiffes gestattet eine Vereinfachung der Rechnung. Durch den Kesselraum läuft ein 12 mm dickes Öl-Längsschott, das in kurzen Abständen stark versteift ist. An jedem 2. Spant sind Rahmenspanten angeordnet, die in die Kimmstützplatten übergehen; diese Kimmstützplatten laufen über dem Öl-Längsschott bis zum nächsten Seitenträger ununterbrochen durch. Auf diese Weise bilden Außenhaut und Öl-Längsschott einen Kastenträger, der wegen seiner großen Höhe als starr in der Vertikalrichtung angesehen werden kann. Es genügt daher die Bodenkonstruktion zwischen den Längsschotten zu untersuchen. Die Querträger sollen an den Längsschotten als vollkommen eingespannt angenommen werden. (Vgl. Abb. 58.) Die Rahmenberechnung fällt also hier fort.

Die zu untersuchende Bodenkonstruktion besteht aus dem Mittelträger, 6 symmetrisch zur Mitte gelegenen Seitenträgern und 24 Querträgern. Die beiden äußeren Seitenträger sind durchlaufend, die übrigen interkostal. In einer Entfernung von 3,45 m a.M.Sch. sind 2 Reihen zu je 5 Raumstützen angeordnet (Abb. 58 bis 60). Da die große Zahl und der unregelmäßige Abstand der Stützen einer genauen Berechnung der Bodenkonstruktion Schwierigkeiten entgegensetzt, so wird eine gleichmäßige Verteilung der Stützenkräfte in der Längsrichtung angenommen. Auf jeden Querträger wirkt also die gleiche Stützenkraft, deren Größe sich zu 35,75 t berechnet, wenn eine Stützenreihe eine Last von 875 t[1]) auf den Boden überträgt. Die Konstruktion der gespreizten Stützenfüße wird nicht berücksichtigt, sondern die Stützenkräfte werden in der Verlängerung der Stützenachse angreifend gedacht.

Für die Berechnung der vorliegenden Bodenkonstruktion sind im theoretischen Teil keine Formeln angegeben worden, so daß die Untersuchung von den Differentialgleichungen ausgehen muß. (Vgl. S. 106.)

Trägheits- und Widerstandsmomente der Längs- und Querträger.

| Träger-bezeichnung | $J$ cm$^4$ | $W_{min}$ cm$^3$ |
|---|---|---|
| Mittelträger | $11,115 \cdot 10^6$ | $7,87 \cdot 10^4$ |
| Seitenträger, interkostal | $4,025 \cdot 10^6$ | $3,16 \cdot 10^4$ |
| Seitenträger, durchlaufend | $4,674 \cdot 10^6$ | $4,475 \cdot 10^4$ |
| Querträger | $3,4993 \cdot 10^6$ | $3,755 \cdot 10^4$ |

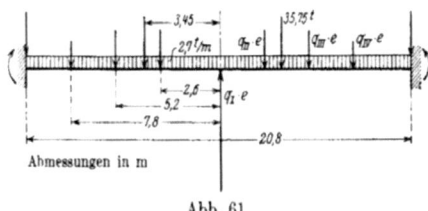

Abmessungen in m

Abb. 61.

Belastung der Querträger (Abb. 61):

Innenbelastung, gleichmäßig verteilt, $p_2$
Kesselgewicht . . . . . . . . . . . . . = 850 t,
Gewicht der Bodenkonstruktion, geschätzt = 560 t,
 Ges. Innenbelastung = 1410 t,
  $p_2$ = 2,70 t/m,
 Stützenkraft . . . = −35,75 t.

---

[1]) Näherungsweise berechnet.

## Aufstellung und Auflösung der Differentialgleichungen zur Berechnung des der Bodenkonstruktion statisch gleichwertigen Trägernetzes.

Zur Aufstellung der Differentialgleichungen sind die Durchbiegungen der Querträger an den Kreuzungsstellen mit den Längsträgern erforderlich. Die Rechnung liefert dafür folgende Ausdrücke: (Querträger vollkommen eingespannt).

Durchbiegung an Mittelträger:

$$y^I = [-50{,}586 + 0{,}5681\, q_I - 0{,}9588\, q_{II} - 0{,}5682\, q_{III} - 0{,}18097\, q_{IV}] \cdot 10^{-4}\ \text{m};$$

Durchbiegung am 1. Seitenträger:

$$y^{II} = [-44{,}74 + 0{,}47934\, q_I - 0{,}8389\, q_{II} - 0{,}5149\, q_{III} - 0{,}16422\, q_{IV}] \cdot 10^{-4}\ \text{m};$$

Durchbiegung am 2. Seitenträger:

$$y^{III} = [-28{,}438 + 0{,}28405\, q_I - 0{,}51485\, q_{II} - 0{,}3551\, q_{III} - 0{,}12425\, q_{IV}] \cdot 10^{-4}\ \text{m};$$

Durchbiegung am 3. Seitenträger:

$$y^{IV} = [-9{,}424 + 0{,}08876\, q_I - 0{,}16422\, q_{II} - 0{,}12425\, q_{III} - 0{,}0577\, q_{IV}] \cdot 10^{-4}\ \text{m}.$$

Auf Grund der Erörterungen auf S. 106 lassen sich hieraus ohne weiteres die Differentialgleichungen für die Funktionen $y_I$ bis $y_{IV}$ bilden. Es soll an dieser Stelle der Zahlenwert für die Elastizitätsziffer der Holzunterlage, auf der das Schiff ruht, eingeführt werden. Nach Pietzker[1]) ergibt sich für die Zusammenpressung einer 0,05 m dicken Auflage von gebrauchtem Weichholz um 1 cm ein Druck von 270 t/m². Da in Metern gerechnet wird, so ist die Elastizitätsziffer $k = 27000$ t/m² für 1 m Zusammenpressung. Für den Bereich der hier vorkommenden geringen Zusammenpressungen kann diese Zahl als konstant angesehen werden. Wird als Breite $b$ der zusammengepreßten Weichholzauflage die Breite der Kielsohle angesetzt ($= 0{,}87$ m), so wird $k' = k \cdot b = 23500$ t/m.

Die vier Differentialgleichungen lauten nun nach Einsetzen sämtlicher Zahlenwerte:

---

[1]) Pietzker, F.: Festigkeit der Schiffe, S. 96.

I. $135{,}7759\dfrac{d^4y_I}{dx^4}+82{,}97455\dfrac{d^4y_{II}}{dx^4}+49{,}172\dfrac{d^4y_{III}}{dx^4}+18{,}18749\dfrac{d^4y_{IV}}{dx^4}$
$+2{,}335\,y_I=1{,}335\,t'-0{,}0050586;$

II. $114{,}5623\dfrac{d^4y_I}{dx^4}+72{,}59841\dfrac{d^4y_{II}}{dx^4}+44{,}55945\dfrac{d^4y_{III}}{dx^4}$
$+16{,}5021\dfrac{d^4y_{IV}}{dx^4}+1{,}12645\,y_I+y_{II}=1{,}12645\,t'-0{,}004474;$

III. $67{,}88795\dfrac{d^4y_I}{dx^4}+44{,}55512\dfrac{d^4y_{II}}{dx^4}+30{,}73035\dfrac{d^4y_{III}}{dx^4}$
$+12{,}48713\dfrac{d^4y_{IV}}{dx^4}+0{,}667518\,y_I+y_{III}=0{,}667518\,t'-0{,}0028438;$

IV. $21{,}21364\dfrac{d^4y_I}{dx^4}+14{,}2116\dfrac{d^4y_{II}}{dx^4}+10{,}75519\dfrac{d^4y_{III}}{dx^4}+5{,}79885\dfrac{d^4y_{IV}}{dx^4}$
$+0{,}208586\,y_I+y_{IV}=0{,}208586\,t'-0{,}0009424.$

Eliminiert man aus den zugehörigen homogenen Gleichungen nacheinander $\dfrac{d^4y_{IV}}{dx^4}$, $\dfrac{d^4y_{III}}{dx^4}$ und $\dfrac{d^4y_{II}}{dx^4}$, so erhält man

a) $y_{IV}=\dfrac{1}{30{,}66339}\cdot\left[22{,}190916\dfrac{d^4y_I}{dx^4}+66{,}182725\,y_I\right.$
$\left.-98{,}841707\,y_{II}+51{,}64105\,y_{III}\right].$

Dieser Ausdruck wird viermal differenziert und in die zu Gl. I bis III gehörenden homogenen Gleichungen eingesetzt. Es ergibt sich

Ia) $131{,}6217\dfrac{d^8y_I}{dx^8}+175{,}031\dfrac{d^4y_I}{dx^4}+24{,}34823\dfrac{d^4y_{II}}{dx^4}$
$+79{,}80206\dfrac{d^4y_{III}}{dx^4}+2{,}335\,y_I=0;$

IIa) $119{,}4247\dfrac{d^8y_I}{dx^8}+150{,}17978\dfrac{d^4y_I}{dx^4}+19{,}40487\dfrac{d^4y_{II}}{dx^4}$
$+72{,}35109\dfrac{d^4y_{III}}{dx^4}+1{,}12645\,y_I+y_{II}=0;$

IIIa) $90{,}3686\dfrac{d^8y_I}{dx^8}+94{,}83969\dfrac{d^4y_I}{dx^4}+4{,}30358\dfrac{d^4y_{II}}{dx^4}$
$+51{,}76028\dfrac{d^4y_{III}}{dx^4}+0{,}667518\,y_I+y_{III}=0.$

170  Zahlenbeispiele.

Nach Elimination von $\dfrac{d^4 y_{III}}{dx^4}$ und $\dfrac{d^4 y_{II}}{dx^4}$ wird

b) $y_{III} = -\dfrac{1}{1{,}3978} \cdot \Bigg[ 6{,}43122\, \dfrac{d^8 y_I}{dx^8} + 25{,}05701\, \dfrac{d^4 y_I}{dx^4}$
$\qquad\qquad\qquad\qquad + 4{,}773867\, y_I - 6{,}01469\, y_{II} \Bigg].$

Dieser Ausdruck wird nach viermaliger Differentiation in Gl. Ia) und IIa) eingesetzt, so daß sich ergibt:

Ib) $-367{,}166\, \dfrac{d^{12} y_I}{dx^{12}} - 1298{,}9128\, \dfrac{d^8 y_I}{dx^8} - 97{,}51492\, \dfrac{d^4 y_I}{dx^4}$
$\qquad\qquad + 367{,}73403\, \dfrac{d^4 y_{II}}{dx^4} + 2{,}335\, y_I = 0;$

IIb) $-332{,}884\, \dfrac{d^{12} y_I}{dx^{12}} - 1177{,}5434\, \dfrac{d^8 y_I}{dx^8} - 96{,}91903\, \dfrac{d^4 y_I}{dx^4}$
$\qquad\qquad + 330{,}72937\, \dfrac{d^4 y_{II}}{dx^4} + 1{,}12645\, y_I + y_{II} = 0.$

Die Elimination von $\dfrac{d^4 y_{II}}{dx^4}$ liefert

c) $y_{II} = \dfrac{1}{1{,}111888} \cdot \Bigg[ 2{,}96373\, \dfrac{d^{12} y_I}{dx^{12}} + 10{,}3821\, \dfrac{d^8 y_I}{dx^8}$
$\qquad\qquad\qquad + 10{,}24819\, \dfrac{d^4 y_I}{dx^4} + 1{,}08251\, y_I \Bigg].$

Nach viermaliger Differentiation wird dieser Ausdruck in Gl. Ib) eingesetzt und man erhält folgende homogene lineare Differentialgleichung 16. Ordnung für $y_I$:

Ic) $980{,}19265\, \dfrac{d^{16} y_I}{dx^{16}} + 3066{,}4997\, \dfrac{d^{12} y_I}{dx^{12}} + 2090{,}4649\, \dfrac{d^8 y_I}{dx^8}$
$\qquad\qquad + 260{,}50296\, \dfrac{d^4 y_I}{dx^4} + 2{,}335\, y_I = 0.$

Die Lösung dieser Differentialgleichung ist ihrer Form nach bekannt (vgl. Gl. (24), S. 34). Die in der Lösung vorkommenden Werte $\left| \alpha_k \right|_{k=1}^{k=IV}$ ergeben sich zu

$\alpha_I = 0{,}65777\ 1/m;\qquad \lambda_I = 14{,}997;$
$\alpha_{II} = 0{,}86334\ 1/m;\qquad \lambda_{II} = 19{,}684;$
$\alpha_{III} = 0{,}22197\ 1/m;\qquad \lambda_{III} = 5{,}0609;$
$\alpha_{IV} = 0{,}43834\ 1/m;\qquad \lambda_{IV} = 9{,}9942.$

Die Lösungen für $y_{II}$, $y_{III}$, $y_{IV}$ (homogen) erhält man durch Einsetzen von $y_I$ bzw. der betreffenden Ableitungen von $y_I$ in die Gleichungen c, b, a. Die allgemeine Form dieser homogenen Lösungen ist durch Gl. (25) gegeben. Die darin vorkommenden Größen $\sigma_k^{(k-I)}\Big|_{k=I}^{k=IV}$ bestimmen sich aus den Gleichungen c, b, a. Es ist

$$\sigma_k = \frac{1}{1{,}111\,888} \cdot \left[ -2{,}963\,73 \cdot 64\,a_k^{12} + 10{,}3821 \cdot 16\,a_k^8 \right.$$
$$\left. - 10{,}248\,19 \cdot 4\,a_k^4 + 1{,}082\,51 \right]\Big|_{k=I}^{k=IV};$$

$$\sigma_k' = \frac{1}{1{,}3978} \cdot \left[ 6{,}431\,22 \cdot 16\,a_k^8 - 25{,}057\,01 \cdot 4\,a_k^4 \right.$$
$$\left. + 4{,}773\,867 - 6{,}014\,69\,\sigma_k \right]\Big|_{k=I}^{k=IV};$$

$$\sigma_k'' = \frac{1}{30{,}663\,39} \cdot \left[ -22{,}190\,916 \cdot 4\,a_k^4 + 66{,}182\,725 \right.$$
$$\left. - 98{,}841\,707\,\sigma_k + 51{,}641\,05\,\sigma_k' \right]\Big|_{k=I}^{k=IV}.$$

Nach Einsetzen der Zahlenwerte ergibt sich:

$\sigma_I = -1{,}811\,72;$  $\sigma_{II} = -2{,}649\,01;$  $\sigma_{III} = 0{,}884\,95;$
$\sigma_{IV} = -0{,}192\,48.$

$\sigma_I' = -0{,}367\,97;$  $\sigma_{II}' = 2{,}308\,18;$  $\sigma_{III}' = 0{,}566\,276;$
$\sigma_{IV}' = -1{,}696\,64.$

$\sigma_I'' = 1{,}959\,73;$  $\sigma_{II}'' = -1{,}497\,53;$  $\sigma_{III}'' = 0{,}189\,183;$
$\sigma_{IV}'' = -1{,}147\,25.$

Zu den allgemeinen Lösungen der homogenen Gleichungen ist je eine partikuläre Lösung der inhomogenen Gleichungen zu addieren, um die allgemeinen Lösungen der inhomogenen Gleichungen zu erhalten. Diese partikulären Lösungen ergeben sich nach Gl. (340); es ist aber zu beachten, daß die rechte Seite der Differentialgleichungen außer dem Glied $\mu_k \cdot k' \cdot t'$ noch ein konstantes Glied enthält, das von der Innenbelastung des Bodens herrührt. Die partikulären Lösungen haben dann folgende Werte[1]):

$\eta_I = 0{,}571\,735\,t' - 0{,}002\,1781$ m,
$\eta_{II} = 0{,}482\,31\,t' - 0{,}002\,020\,05$ m,
$\eta_{III} = 0{,}285\,875\,t' - 0{,}001\,3899$ m,
$\eta_{IV} = 0{,}089\,33\,t' - 0{,}000\,4881$ m.

---

[1]) Die partikulären Lösungen sind der Einfachheit halber mit $\eta_k$ bezeichnet. An Stelle des Wertes $\dfrac{\mu_k \cdot k' \cdot t'}{1 + \mu_I \cdot k'}$ ist jetzt $\eta_k$ zu setzen.

172  Zahlenbeispiele.

## Bestimmung der Integrationskonstanten.

Die Integrationskonstanten haben dieselbe Bauart wie bei fünf Längsträgern, jedoch tritt hier ein neues Paar für $\alpha_{IV}$ hinzu. Die vier $\tau$-Werte werden aus folgendem Gleichungssystem bestimmt (vgl. S. 62):

$$\tau + \tau' + \tau'' + \tau''' + \eta_I = 0,$$
$$\tau \cdot \sigma_I + \tau' \cdot \sigma_{II} + \tau'' \cdot \sigma_{III} + \tau''' \cdot \sigma_{IV} + \eta_{II} = 0,$$
$$\tau \cdot \sigma_I' + \tau' \cdot \sigma_{II}' + \tau'' \cdot \sigma_{III}' + \tau''' \cdot \sigma_{IV}' + \eta_{III} = 0,$$
$$\tau \cdot \sigma_I'' + \tau' \cdot \sigma_{II}'' + \tau'' \cdot \sigma_{III}'' + \tau''' \cdot \sigma_{IV}'' + \eta_{IV} = 0.$$

Die Auflösung dieser vier Gleichungen liefert nach Einsetzen der Zahlenwerte

$\tau = 0{,}00188837\ t' + 0{,}0000073272\ \text{m};$
$\tau' = 0{,}000310834\ t' + 0{,}000000449235\ \text{m};$
$\tau'' = 0{,}553334\ t'\ \ - 0{,}00225195\ \ \text{m};$
$\tau''' = 0{,}0162013\ t'\ \ + 0{,}0000660735\ \text{m}.$

Es ist jetzt $t'$ die Einsenkung der Querschotte in die zusammenhängend gedachte Holzunterlage zu berechnen. Hierzu ist die Kenntnis der Größe des gesamten auf das Bodenfeld wirkenden Stützdruckes nötig. Dieser ergibt sich nach dem Annäherungsverfahren zu $P = 1{,}25\ p_m \cdot L$, wobei $p_m$ der Quotient aus dem Dockgewicht des Schiffes und der unterstützten Länge ist, d. h.

$$p_m = 260\ \text{t/m}$$
und $$P = \sim 6000\ \text{t}.$$

$t'$ wird, wie folgt, ermittelt:

a) **Längsträger frei aufliegend.**

$$t' = \frac{P}{k' \cdot L} \cdot \frac{1}{1 - \frac{\eta_I}{t'} - \left|\frac{1}{\lambda_k} \cdot \frac{\tau^{(k-1)}}{t'} \cdot \frac{\mathfrak{Sin}\,\lambda_k + \sin\lambda_k}{\mathfrak{Cos}\,\lambda_k + \cos\lambda_k}\right|_{k=1}^{k=\text{IV}}}$$

Diese Formel ist analog der für fünf Längsträger (Gl. (391)) gebildet. (Die Schreibweise ist der Abkürzung halber etwas verändert.)

Nach Einsetzen der Zahlenwerte wird

$$t' = 0{,}017568\ \text{m}.$$

b) **Längsträger vollkommen eingespannt.**

$$t' = \frac{P}{k' \cdot L} \cdot \frac{1}{1 - \frac{\eta_I}{t'} - \left|\frac{2}{\lambda_k} \cdot \frac{\tau^{(k-1)}}{t'} \cdot \frac{\mathfrak{Cos}\,\lambda_k - \cos\lambda_k}{\mathfrak{Sin}\,\lambda_k + \sin\lambda_k}\right|_{k=1}^{k=\text{IV}}}$$

(Entsprechend Gl. (302).)
$$t' = 0,015\,184\,6 \text{ m}.$$

Die Integrationskonstanten ergeben sich nunmehr unter Beachtung des im theoretischen Teil Gesagten (S. 107):

**a) Längsträger frei aufliegend.**

Nach Gl. (170) bis (175):

$A_1 = -0,776513 \cdot 10^{-8}$ m;   $B_1 = -2,101225 \cdot 10^{-8}$ m;

$A_3 = 2,873016 \cdot 10^{-10}$ m;   $B_3 = 1,273446 \cdot 10^{-10}$ m;

$A_5 = 4,88012 \cdot 10^{-4}$ m;   $B_5 = -3,37476 \cdot 10^{-4}$ m;

$A_7 = -0,664133 \cdot 10^{-6}$ m;   $B_7 = 2,27391 \cdot 10^{-6}$ m;

**b) Längsträger vollkommen eingespannt.**

Nach Gl. (176) bis (181):

$A_1 = -2,55795 \cdot 10^{-8}$ m;   $B_1 = -1,177505 \cdot 10^{-8}$ m;

$A_3 = 3,62669 \cdot 10^{-10}$ m;   $B_3 = -1,39906 \cdot 10^{-10}$ m;

$A_5 = 1,17141 \cdot 10^{-4}$ m;   $B_5 = -6,89506 \cdot 10^{-4}$ m;

$A_7 = 1,432722 \cdot 10^{-6}$ m;   $B_7 = 2,614595 \cdot 10^{-6}$ m.

## Elastische Größen der Längsträger.

Die elastischen Größen der Längsträger werden nach denselben Formeln wie bei Wasserdruckbelastung berechnet. Den für drei Längsträger angegebenen Formeln Gl. (116) bis (123) ist ein Glied für $\alpha_{III}$, $\tau''$ und für $\alpha_{IV}$, $\tau'''$, das dem $\alpha_I$- und $\alpha_{II}$-Glied der betreffenden Formel entspricht, hinzuzufügen. Ferner ist zu beachten, daß die Formeln für $q_I$ sich hier auf $E J_I \cdot \dfrac{d^4 y_I}{d x^4}$ beziehen (vgl. S. 111).

Die Berechnungsordinaten liegen in zwei Spantentfernungen Abstand. Koordinatenanfang ist die Mitte der Längsträger. Die Rechnung liefert die in den Tabellen S. 174 und 175 angegebenen Ergebnisse.

Kontrollen sind in derselben Weise wie bei den ersten beiden Beispielen vorzunehmen. — Graphische Darstellung in Abb. 62, 63 S. 176, 177.

## a) Längsträger frei aufliegend[1].

| $x$ | $y_I$ | $M_I$ | $Q_I$ | $\frac{1}{\varrho_I}\cdot\frac{d^4y_I}{dx^4}$ | $k'(l'-y_I)$ | $q_{II}$ | $q_I$ | $y_{II}$ | $M_{II}$ | $Q_{II}$ | $q_{II}$ |
|---|---|---|---|---|---|---|---|---|---|---|---|
| m | cm | mt | t | t/m | t/m | t/m | t/m | cm | mt | t | t/m |
| 0     | 0,8841 | 154,716 | 0         | −22,111 | 205,09 | −4,942 | −227,201 | 0,7317 | 51,085  | 0       | −7,298 |
| 2,28  | 0,8662 | 211,266 | 48,455    | −19,546 | 209,29 | −3,058 | −228,836 | 0,7154 | 69,405  | 15,3    | −5,915 |
| 4,104 | 0,8189 | 329,252 | 77,976    | −12,452 | 220,4  | 1,597  | −232,852 | 0,6724 | 106,283 | 23,366  | −2,038 |
| 5,928 | 0,7253 | 481,68  | 87,042    | 3,783   | 242,4  | 8,459  | −238,617 | 0,5882 | 148,36  | 20,246  | 6,493  |
| 7,752 | 0,5646 | 615,13  | 47,02     | 44,739  | 280,17 | 10,556 | −235,431 | 0,4478 | 166,609 | −4,136  | 21,037 |
| 9,576 | 0,3197 | 580,575 | −120,073  | 155,598 | 337,73 | −3,418 | −182,132 | 0,2456 | 118,02  | −49,804 | 23,622 |
| 11,4  | 0      | 0       | −598,28   | 400,93  | 412,85 | −23,99 | 11,92    | 0      | 0       | −59,94  | −30,81 |

| $x$ | $y_{III}$ | $M_{III}$ | $Q_{III}$ | $q_{III}$ | $y_{IV}$ | $M_{IV}$ | $Q_{IV}$ | $q_{IV}$ |
|---|---|---|---|---|---|---|---|---|
| m | cm | mt | t | t/m | cm | mt | t | t/m |
| 0     | 0,4187 | 35,128 | 0       | −4,942 | 0,1267 | 14,712 | 0      | −2,002 |
| 2,28  | 0,4075 | 47,169 | 9,867   | −3,058 | 0,1227 | 19,411 | 3,634  | −0,748 |
| 4,104 | 0,3783 | 68,214 | 11,658  | 1,597  | 0,1124 | 26,002 | 2,776  | 1,815  |
| 5,928 | 0,323  | 83,089 | 2,452   | 8,459  | 0,0929 | 26,692 | −2,814 | 3,768  |
| 7,752 | 0,2374 | 71,407 | −16,162 | 10,556 | 0,0663 | 16,316 | −7,948 | 1,29   |
| 9,576 | 0,1243 | 29,69  | −25,257 | −3,418 | 0,0334 | 1,925  | −8,258 | −1,209 |
| 11,4  | 0      | 0      | −0,001  | −23,99 | 0      | 0      | 3,431  | −6,12  |

[1] Das Vorzeichen von $q_I$ ist in − verwandelt worden. Die Rechnung liefert positive $q_I$, da das negative Vorzeichen bei der Aufstellung der Gleichungen für die Querträgerdurchbiegungen (S. 168) berücksichtigt ist.

Großer Fahrgastdampfer im Dock.

b) Längsträger vollkommen eingespannt[1]).

| $x$ m | $y_I$ cm | $M_I$ mt | $Q_I$ t | $\frac{1}{\varrho_I}\cdot\frac{d^4y_I}{dx^4}$ t/m | $k'(t'-y_I)$ t/m | $q_I$ t/m | $y_{II}$ cm | $M_{II}$ mt | $Q_{II}$ t | $q_{II}$ t/m |
|---|---|---|---|---|---|---|---|---|---|---|
| 0 | 0,67406 | 320,027 | 0 | — 6,36 | 198,435 | — 204,795 | 0,55105 | 104,371 | 0 | — 1,728 |
| 2,28 | 0,63897 | 333,733 | 9,529 | 0,263 | 206,68 | — 206,417 | 0,5195 | 107,691 | 1,875 | 1,009 |
| 4,104 | 0,5589 | 343,878 | — 8,081 | 16,536 | 225,508 | — 208,972 | 0,4479 | 105,98 | 4,965 | 7,49 |
| 5,928 | 0,4317 | 294,188 | — 59,464 | 47,527 | 255,4 | — 207,873 | 0,3363 | 79,005 | — 28,003 | 18,115 |
| 7,752 | 0,2654 | 77,504 | — 195,409 | 107,996 | 294,47 | — 186,474 | 0,1962 | 8,692 | — 71,236 | 28,043 |
| 9,576 | 0,0925 | — 518,46 | — 493,228 | 227,036 | 335,11 | — 108,074 | 0,0625 | — 180,229 | — 112,893 | 11,931 |
| 11,4 | 0 | — 1862,7 | — 1028,97 | 345,415 | 356,84 | — 11,425 | 0 | — 388,832 | — 96,069 | — 30,54 |

| $x$ m | $y_{III}$ cm | $M_{III}$ mt | $Q_{III}$ t | $q_{III}$ t/m | $y_{IV}$ cm | $M_{IV}$ mt | $Q_{IV}$ t | $q_{IV}$ t/m |
|---|---|---|---|---|---|---|---|---|
| 0 | 0,3079 | 69,555 | 0 | — 0,509 | 0,0909 | 28,194 | 0 | 0,133 |
| 2,28 | 0,3007 | 69,659 | — 0,932 | 2,21 | 0,0837 | 27,174 | — 1,461 | 1,59 |
| 4,104 | 0,2403 | 61,552 | — 6,964 | 7,334 | 0,0678 | 21,145 | — 4,288 | 3,488 |
| 5,928 | 0,1708 | 29,409 | — 26,923 | 10,964 | 0,0454 | 3,306 | — 12,487 | 2,59 |
| 7,752 | 0,091 | — 35,597 | — 42,543 | 3,804 | 0,0222 | — 20,719 | — 12,396 | — 2,985 |
| 9,576 | 0,0253 | — 108,797 | — 31,55 | — 16,278 | 0,0053 | — 39,104 | — 6,054 | — 5,316 |
| 11,4 | 0 | — 133,626 | 7,911 | — 23,997 | 0 | — 30,443 | 8,869 | — 5,948 |

[1]) Siehe Fußnote auf vorhergehender Seite.

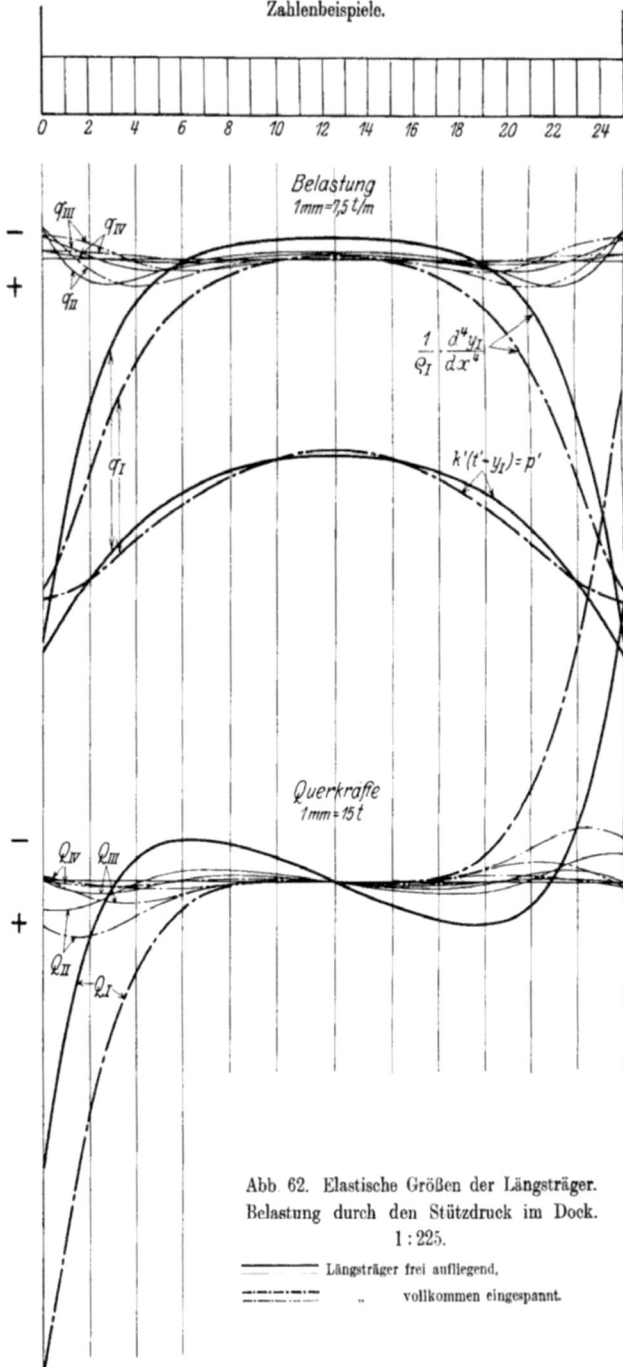

Abb. 62. Elastische Größen der Längsträger. Belastung durch den Stützdruck im Dock. 1 : 225.

———— Längsträger frei aufliegend,
–·–·–·– „ vollkommen eingespannt.

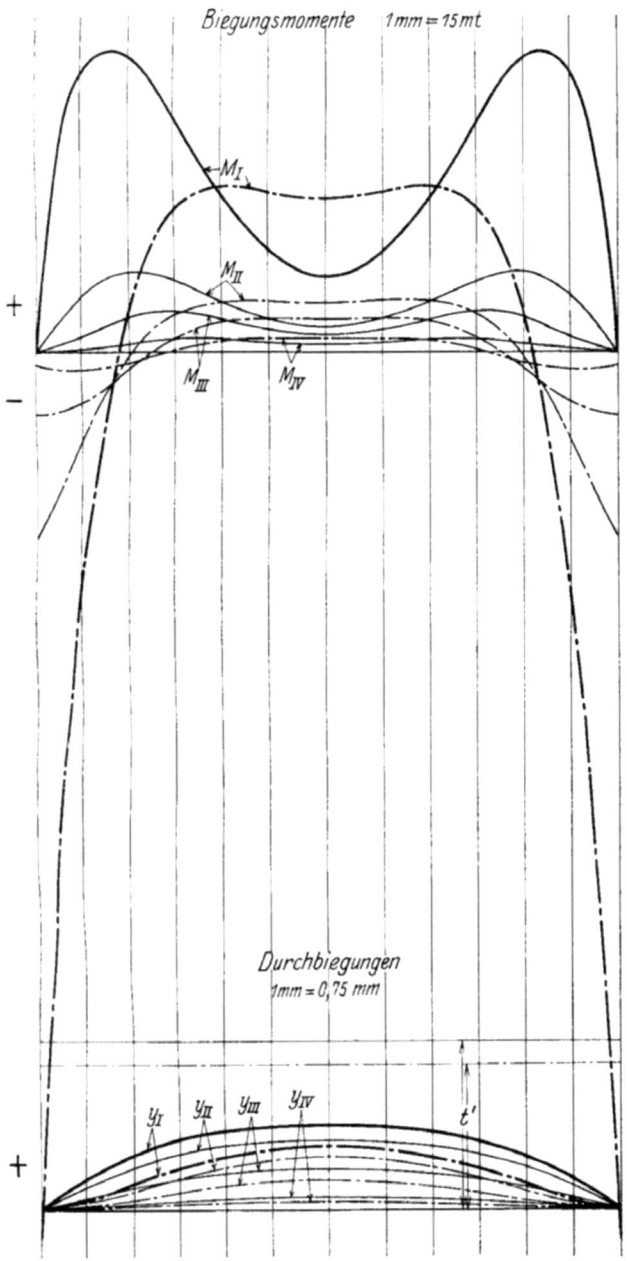

Abb. 63. Elastische Größen der Längsträger. Belastung durch den Stützdruck im Druck. 1 : 225.

———— Längsträger frei aufliegend. ≡≡≡≡ Längsträger vollkommen eingespannt.

## Elastische Größen der am ungünstigsten beanspruchten Querträger.

Hinsichtlich der Biegungsbeanspruchungen sind die mittleren Querträger 12 und 13 am ungünstigsten beansprucht (vgl. S. 115). Es ergeben sich folgende Zahlenwerte für die elastischen Größen dieser Querträger:

### a) Längsträger frei aufliegend.

| $z$ m | $Z_{12,13} = q^{12,13} \cdot e$ t | $Q_{12,13}$ t | $M_{12,13}$ mt | $y_{12,13}$ cm |
|---|---|---|---|---|
| 0 | — | 52,27 | − 322,23 | 0 |
| 2,6 | − 1,6 | 59,29 / 57,69 | − 177,2 | 0,126 |
| 5,2 | − 4,1 | 64,71 / 60,61 | − 18,07 | 0,417 |
| 6,95 | (Stütze − 35,75) | 65,34 / 101,09 | 92,12 | 0,64 |
| 7,8 | − 6,4 | 103,38 / 96,98 | 179,01 | 0,729 |
| 10,4 | − 208,0 | 104,0 | 440,23 | 0,881 |

### b) Längsträger vollkommen eingespannt.

| $z$ m | $Z_{12,13} = q^{12,13} \cdot e$ t | $Q_{12,13}$ t | $M_{12,13}$ mt | $y_{12,13}$ cm |
|---|---|---|---|---|
| 0 | — | 30,36 | − 226,8 | 0 |
| 2,6 | 0,38 | 37,38 / 37,76 | − 138,73 | 0,0908 |
| 5,2 | 0 | 44,78 / 44,78 | − 35,19 | 0,307 |
| 6,95 | (Stütze − 35,75) | 49,51 / 85,26 | 44,75 | 0,485 |
| 7,8 | − 1,07 | 87,55 / 86,48 | 116,97 | 0,545 |
| 10,4 | − 187,0 | 93,5 | 359,29 | 0,667 |

Graphische Darstellung dieser Ergebnisse in Abb. 64.

Die größte Querkraft tritt bei frei aufliegenden Längsträgern in den Querträgern 6, 19 auf, bei vollkommen eingespannten Längsträgern in den Querträgern 8, 17. Sie beträgt 109 bzw. 95 t und unterscheidet sich also nur wenig von der größten Querkraft in den mittleren Querträgern 12, 13.

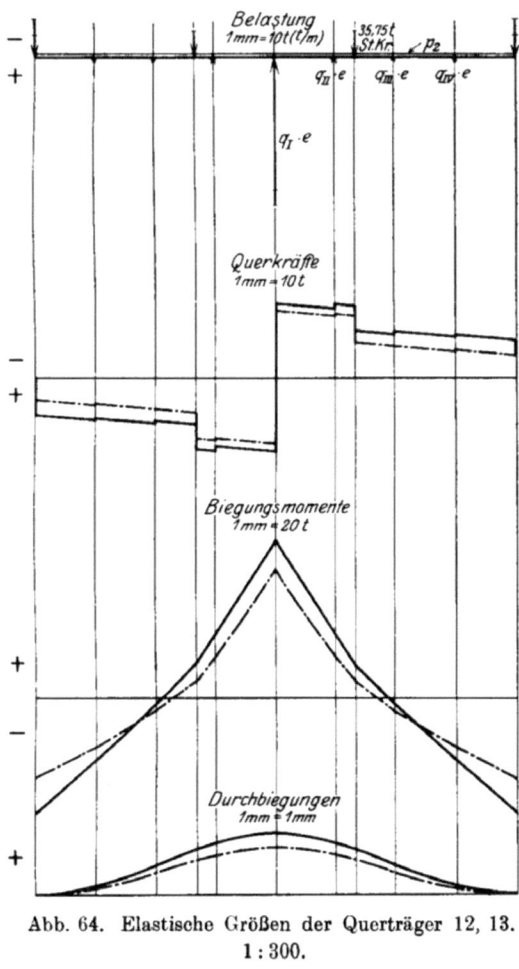

Abb. 64. Elastische Größen der Querträger 12, 13.
1 : 300.

——————— Längsträger frei aufliegend.
— · — · — · — vollkommen eingespannt.

## Zusammenstellung der Ergebnisse.

Die maximalen Biegungsmomente und Querkräfte der Längsträger und der mittleren Querträger sowie die zugehörigen Spannungen sind in den nachstehenden Tabellen zusammengestellt. Da die Widerstände $q_{II}$, $q_{III}$, $q_{IV}$ der Seitenträger im Verhältnis zu $q_I$ in den Trägermitten gering sind, ist zum Vergleich die Rechnung noch einmal für eine Bodenkonstruktion bestehend aus dem Mittelträger

180  Zahlenbeispiele.

allein und 24 Querträgern durchgeführt worden. Bei dieser Rechnug sind nur die maximalen Biegungsmomente und Querkräfte der Querträger 12, 13 ermittelt worden, da diese Größen zu einem Vergleich ausreichen. Dieselben Größen sind ferner für den Fall errechnet worden, daß die Längsträger gänzlich vernachlässigt und sämtliche Querträger durch $p_m \cdot e$ belastet gedacht werden, wobei $p_m$ wieder der Quotient aus dem Dockgewicht des Schiffes und der unterstützten Länge ist.

**Maximale Biegungsmomente, -spannungen, Querkräfte und Schubspannungen der Längsträger.**

|  | Mittelträger I | | Seitenträger II | |
|---|---|---|---|---|
|  | frei aufliegend | vollkommen eingespannt | frei aufliegend | vollkommen eingespannt |
| $M_{max}$ mt ($\sigma_{max}$ kg/cm²) | ∼ 628 (800) | — 1862,7 (2370) ∼ 345 (445) | ∼ 166 (525) | — 388,832 (1230) ∼ 108 (345) |
| $Q_{max}$ t ($\tau_{max}$ kg/cm²) | 598,28 (1430) | 1028,97 (2460) | ∼ 61 (190) | ∼ 116 (365) |

|  | Seitenträger III | | Seitenträger IV | |
|---|---|---|---|---|
|  | frei aufliegend | vollkommen eingespannt | frei aufliegend | vollkommen eingespannt |
| $M_{max}$ mt ($\sigma_{max}$ kg/cm²) | ∼ 83,089 (260) | — 133,626 (425) 69,659 (220) | 26,692 (60) | ∼ — 40 (90) 28,194 (65) |
| $Q_{max}$ t ($\tau_{max}$ kg/cm²) | ∼ 26 (82) | ∼ 46 (145) | ∼ 9 (27) | ∼ 15 (46) |

**Maximale Biegungsmomente, -spannungen, Querkräfte und Schubspannungen der Querträger 12, 13.**

| Bezeichnung d. Längsträger | $M_{12,\,13\,max}$ mt ($\sigma_{12,\,13\,max}$ kg/cm²) | | $Q_{12,\,13\,max}$ t ($\tau_{12,\,13\,max}$ kg/cm²) | |
|---|---|---|---|---|
|  | Längstr. frei aufliegend | Längstr. vollkommen eingesp. | Längstr. frei aufliegend | Längstr. vollkommen eingesp. |
| Mittelträger u. 6 Seitentr. | 440,23 (1170) | 359,29 (960) | 104 (365) | 93,5 (330) |
| Mittelträger allein | 423,56 (1130) | 363,54 (970) | 106,6 (375) | 95,3 (335) |
| ohne Längsträger | 492,53 (1310) | | 120 (425) | |

Die obigen Ergebnisse zeigen, daß der Stützdruck fast allein von dem Mittelträger und den Querträgern aufgenommen wird. (Abb. 62.) Die Seitenträger tragen, besonders in der Mitte zwischen den Querschotten, nur sehr wenig mit. Daher ergeben sich bei Vernachlässigung der Seitenträger nur geringe Abweichungen. (Vgl. die max. Biegungsmomente und Querkräfte der Querträger 12, 13.) Diese vereinfachte Rechnung hätte also zur Bestimmung der Beanspruchungen dieser Querträger und des Mittelträgers[1]) ausgereicht. Dagegen liefert die Rechnung bei Vernachlässigung aller Längsträger keine genügende Annäherung; das maximale Biegungsmoment und die maximale Querkraft der Querträger 12, 13 ist in diesem Falle um 12 bzw. 15% größer als nach der Rechnung mit (7) frei aufliegenden Längsträgern; gegenüber der Rechnung mit vollkommen eingespannten Längsträgern beträgt die Vergrößerung 37 bzw. 28%.

Der geringe Einfluß der Seitenträger in der Mitte zwischen den Querschotten erklärt sich daraus, daß die Durchbiegung der Bodenkonstruktion sehr klein ist und in der Querrichtung infolge der vollkommenen Einspannung der Querträger rasch abnimmt. Da außerdem $\lambda_{III}$, das für die Größen $q_k$ in den Trägermitten vor allem maßgebend ist, den hohen Wert 5,0609 hat, so wird, wie Abb. 18, Kurve I und III zeigt,

$$\frac{\mathfrak{Cof}\dfrac{\lambda_{III}}{2}\cdot\cos\dfrac{\lambda_{III}}{2}}{\mathfrak{Cof}\,\lambda_{III}+\cos\lambda_{III}} \quad \text{und} \quad \frac{\mathfrak{Cof}\dfrac{\lambda_{III}}{2}\cdot\sin\dfrac{\lambda_{III}}{2}+\mathfrak{Sin}\dfrac{\lambda_{III}}{2}\cdot\cos\dfrac{\lambda_{III}}{2}}{\mathfrak{Sin}\,\lambda_{III}+\sin\lambda_{III}}$$

sehr klein. Diese beiden Ursachen bewirken, daß die Widerstände $q_{II}, q_{III}, q_{IV}$ der Seitenträger in den Trägermitten sowohl bei frei aufliegenden als auch bei vollkommen eingespannten Längsträgern unbedeutend sind.

Das Zusammenwirken der Längs- und Querträger ist ungünstig, denn $\dfrac{1}{\varrho_I}\cdot\dfrac{d^4y_I}{dx^4}$, $q_{II}, q_{III}, q_{IV}$ werden bei freier Auflagerung und vollkommener Einspannung[1]) der Längsträger in den Trägermitten negativ. Diese ungünstigen Verhältnisse ergeben sich infolge der großen Steifigkeit der Querträgerunterlage im Vergleich zu der der Längsträger, wodurch $\lambda_{III}$ die kritischen Werte $\pi$ und $^3/_2\pi$ überschreitet.

Die Biegungsbeanspruchungen des frei aufliegenden Mittelträgers bleiben in normalen Grenzen. Auffallend ist jedoch die hohe Schub-

---

[1]) Abb. 62 zeigt nämlich, daß $q_{II}, q_{III}, q_{IV}$ in dem ganzen Schottbereich im Verhältnis zu $\dfrac{1}{\varrho_I}\cdot\dfrac{d^4y_I}{dx^4}$ klein ist.

[2]) Hier mit Ausnahme von $q_{IV}$.

beanspruchung an den Auflagerstellen, die um $80\,^0/_0$ größer ist als die maximale Biegungsbeanspruchung. Der Grund hierfür ist in folgendem zu erblicken: der Mittelträger nimmt an den Enden sehr viel von dem Stützdruck auf, in der Mitte jedoch nichts. Seine Belastung ist also nach den Enden zusammengedrängt. Dadurch ergeben sich zwar große Auflagerdrücke, aber geringe Biegungsmomente.

Bei vollkommen eingespanntem Mittelträger erhält man Biegungs- und Schubspannungen, die über der Elastizitätsgrenze des Materials liegen und auf ein Nachgeben der Einspannung hinweisen. Die hohen Schubspannungen in beiden Fällen rufen große Beanspruchungen der Niete in den Längswinkeln hervor. Die Seitenträger sind zufolge ihrer geringen Belastung ($q_{II}$ bis $q_{IV}$) bei freier Auflagerung und vollkommener Einspannung unbedeutend beansprucht.

Die Schubspannungen in der Mitte der Querträger 12, 13 erscheinen niedrig, trotzdem hier die großen Einzellasten $q_I \cdot e$ wirken. Untersucht man aber z. B. die Nietung der Längswinkel an der Außenhaut, so findet man Nietbeanspruchungen von 1400 kg/cm² bei frei aufliegenden und von 1260 kg/cm² bei vollkommen eingespannten Längsträgern. Die Schubspannungen sind bei der Belastung durch den Stützdruck im Dock besonders kritisch, wie es ja auch zu erwarten stand.

## IV. Schlußbemerkungen.

Die vorliegende Arbeit ist durch Forderungen der Praxis angeregt worden. Es treten in der Praxis häufig Probleme auf, die sich dem allgemeinen Erfahrungsbereich entziehen und mit den gewöhnlichen Rechnungsmethoden nicht zu lösen sind. So hatte sich z. B. bei einem großen Fahrgastdampfer beim Docken eine größere Anzahl Niete im Boden gelockert. (Vgl. Beispiel 3.) Hier handelte es sich um zu große Beanspruchungen. In einem anderen Falle waren die Formänderungen der Bodenkonstruktion zu untersuchen. In den Maschinenräumen von Schiffen, bei denen zwischen Maschine und Wellenleitung ein Zahnradgetriebe eingeschaltet ist, können große Durchbiegungen des Bodens Störungen im Getriebe hervorrufen. Eine weitere bisher nicht geklärte Frage ist die Wirkung von weitstehenden Raumstützen auf den Boden, d. h. die Verteilung der Stützenkräfte auf die Längs- und Querträger der Bodenkonstruktion.

Über derartige Probleme kann eine Längs- und vielfach auch eine Querfestigkeitsrechnung keine Klarheit verschaffen, so daß eine Untersuchung des Zusammenwirkens der Längs- und Querverbände erforderlich ist.

Die auf Grund der hier entwickelten Theorie der Statik der Bodenkonstruktion durchzuführenden Rechnungen sind für die Praxis ziemlich zeitraubend und verwickelt. Man könnte nun in die Versuchung geraten, aus den Beispielen den Schluß zu ziehen, daß die Längsträger den mittleren Querträgern gar keine oder nur eine geringe Unterstützung bieten und daher allgemein zu vernachlässigen sind. In der Tat liefern ja die einfachen Vergleichsrechnungen (ohne Berücksichtigung der Längsträger) teilweise nur kleine Abweichungen von der genauen Rechnung. Dieser Schluß wäre aber nicht richtig, wie die Ergebnisse einer anderen Bodenuntersuchung zeigen. Es handelt sich um die Bodenkonstruktion im Kesselraum eines neueren Fracht- und Fahrgastdampfers[1], die aus dem Mittel-

---

[1] $L_{pp} = 182{,}9$ m, $B = 22{,}18$ m, $H_{I.D.} = 16{,}92$ m. Schottenstellung nach dem Internationalen Vertrag. Der Kesselraum ist mit $L = 18{,}48$ m der längste Raum.

träger, 6 symmetrisch zur Mitte gelegenen Seitenträgern und 21 Querträgern besteht und durch Wasserdruck belastet ist. Die Untersuchung ergibt, daß schon bei frei aufliegenden Längsträgern in den Trägermitten positive $q_k$ auftreten. Das maximale Biegungsmoment der mittleren Querträger vermindert sich hier um $\sim 28\,^0/_0$ gegenüber der Rechnung ohne Längsträger; bei vollkommen eingespannten Längsträgern beträgt die Verminderung sogar $74\,^0/_0$. Die Raumstützen sind in dieser Rechnung nicht berücksichtigt.

Daß sich diese Ergebnisse wesentlich von denen der drei Beispiele unterscheiden, erklärt eine Betrachtung des Verhältnisses der Raumlänge zur -breite. Dieses ist hier $18,48 : 22,18 = 0,835$, jedoch in Beispiel 1 : 1,46, Beispiel 2 : 1,2, Beispiel 3 : 1,1. Hier ist im Gegensatz zu den drei Beispielen die Raumlänge kleiner als die -breite; somit ist das Verhältnis der Steifigkeit der Querträgerunterlage zu der der Längsträger erheblich günstiger, d. h. der kleinste Wert $\lambda_k$, der für die elastischen Größen in den Längsträgermitten maßgebend ist, bleibt unterhalb der kritischen Werte $\pi$ und $^3/_2 \pi$. Der Wert $\lambda_k$, und zwar bei mehreren Seitenträgern der kleinste $\lambda_k$-Wert, bildet also das Kriterium, ob die Längsträger die mittleren Querträger nennenswert unterstützen oder nicht. Bei mehreren Seitenträgern erfordert die genaue Ermittlung dieses $\lambda_k$-Wertes eine längere Rechnung; um aber einen schnellen Überblick über die Verhältnisse zu erhalten, kann man folgendermaßen vorgehen: Man vernachlässigt die Seitenträger und bestimmt für die Bodenkonstruktion bestehend aus dem Mittelträger und $n$ Querträgern nach Gl. (37) oder (79) $\alpha$ und erhält damit $\lambda$. Je nach der Zahl der Seitenträger verringert[1]) man diesen Wert um 8 bis $15\,^0/_0$; der so erhaltene Wert stimmt für eine Überschlagsrechnung hinreichend genau mit dem kleinsten Wert $\lambda_k$ für mehrere Seitenträger überein. Unter Benutzung der Kurven I und III in Abb. 18 kann man dann leicht den Einfluß der Längsträger abschätzen. Dieses einfache Verfahren ermöglicht es dem Praktiker, sich rasch über das Zusammenwirken der Längs- und Querträger einer Bodenkonstruktion zu orientieren und zu entscheiden, ob eine eingehende Untersuchung erforderlich ist oder ob der Einfluß der Längsträger vernachlässigt werden kann. Über die Wirkung der Raumstützen läßt sich auf Grund dieses Verfahrens allerdings nichts aussagen.

Es bestehen heute im Schiffbau Bestrebungen, die Zahl der Seitenträger wegen ihrer geringen Wirksamkeit zu verringern. Die

---

[1]) Durch den Einfluß der Seitenträger wird $\lambda$ verringert, wie Beispiel 1, Untersuchung II zeigt. Der angegebene Prozentsatz gründet sich auf die bisherigen Erfahrungen des Verfassers.

auf S. 183 erwähnte Untersuchung läßt jedoch einen beträchtlichen Einfluß der Seitenträger erkennen. Vernachlässigt man nämlich die Seitenträger und rechnet mit dem Mittelträger allein, so erhält man eine Verminderung des maximalen Biegungsmomentes der mittleren Querträger gegenüber der Rechnung ohne Längsträger von $\sim 10{,}5\,^0/_0$ bei frei aufliegenden und von $\sim 65\,^0/_0$ bei vollkommen eingespanntem Mittelträger. Die Differenz zwischen diesen Ergebnissen und denjenigen auf S. 184 ist also dem Einfluß der Seitenträger zuzuschreiben. Ferner zeigt Beispiel 1 (S. 122 ff.) wenigstens bei vollkommen eingespannten Längsträgern einen nicht unwesentlichen Einfluß der Seitenträger. Beispiel 2 erweist die Bedeutung der Seitenträger bei der Übertragung von Stützenkräften. Demnach können die Seitenträger nicht schlechthin als unwirksam verworfen werden. Es ist jedenfalls möglich, sie zu einem wirksamen Verband zu gestalten, denn es handelt sich nur darum, die Steifigkeit der Längsträger in ein richtiges Verhältnis zur Steifigkeit der Querträgerunterlage zu bringen. Wie auf S. 49 erörtert wurde, läßt sich das durch Verschwächung der Querträger oder Vergrößerung ihres Abstandes erreichen, vorausgesetzt, daß keine unzulässigen Beanspruchungen der Querträger eintreten.